“十三五”国家重点图书出版规划项目

中国近现代稀见史料丛刊【第五辑】

辜鸿铭信札辑证

张剑 徐雁平 彭国忠 主编

辜鸿铭 著

吴思远 编译

本辑执行主编 徐雁平

凤凰出版社

图书在版编目（CIP）数据

辜鸿铭信札辑证 / 辜鸿铭著 ; 吴思远编译. -- 南京 : 凤凰出版社, 2018.6（2024.10重印）
（中国近现代稀见史料丛刊. 第五辑）
ISBN 978-7-5506-2784-0

Ⅰ. ①辜… Ⅱ. ①辜… ②吴… Ⅲ. ①辜鸿铭（1856-1928）—书信集 Ⅳ. ①K825.4

中国版本图书馆CIP数据核字(2018)第125097号

书名	辜鸿铭信札辑证
著者	辜鸿铭 著 吴思远 编译
责任编辑	李相东
装帧设计	姜 嵩
责任监制	程明娇
出版发行	凤凰出版社(原江苏古籍出版社) 发行部电话025-83223462
出版社地址	江苏省南京市中央路165号,邮编:210009
照排	南京凯建文化发展有限公司
印刷	唐山楠萍印务有限公司 河北省唐山市芦台经济开发区场部
开本	880毫米×1230毫米 1/32
印张	8.625
字数	224千字
版次	2018年6月第1版
印次	2024年10月第2次印刷
标准书号	ISBN 978-7-5506-2784-0
定价	67.00元

(本书凡印装错误可向承印厂调换,电话:022-69381996)

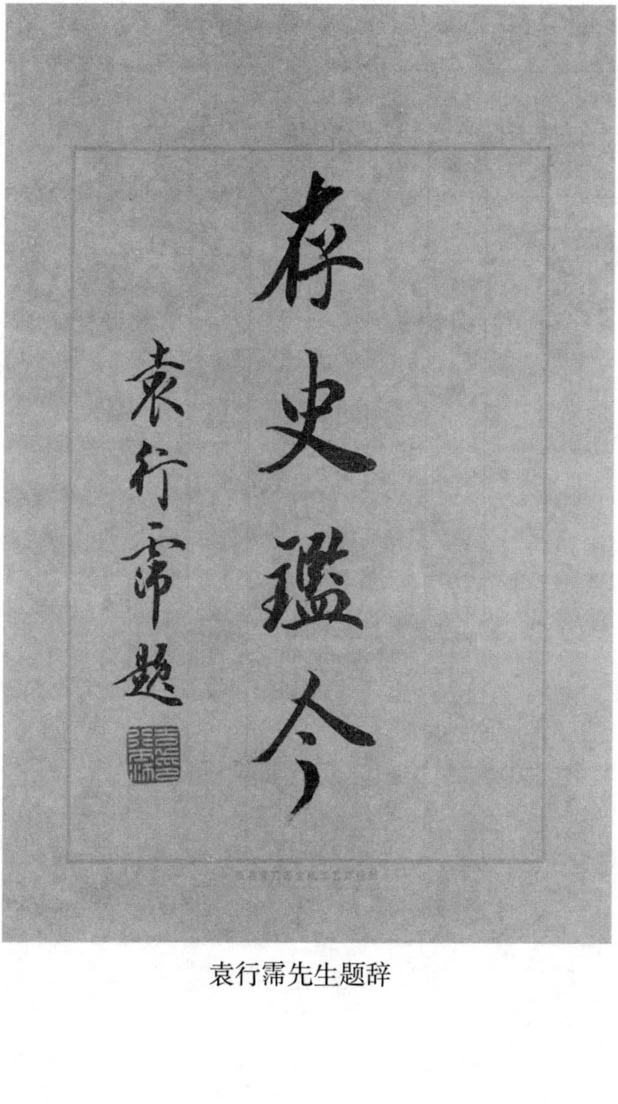

袁行霈先生题辞

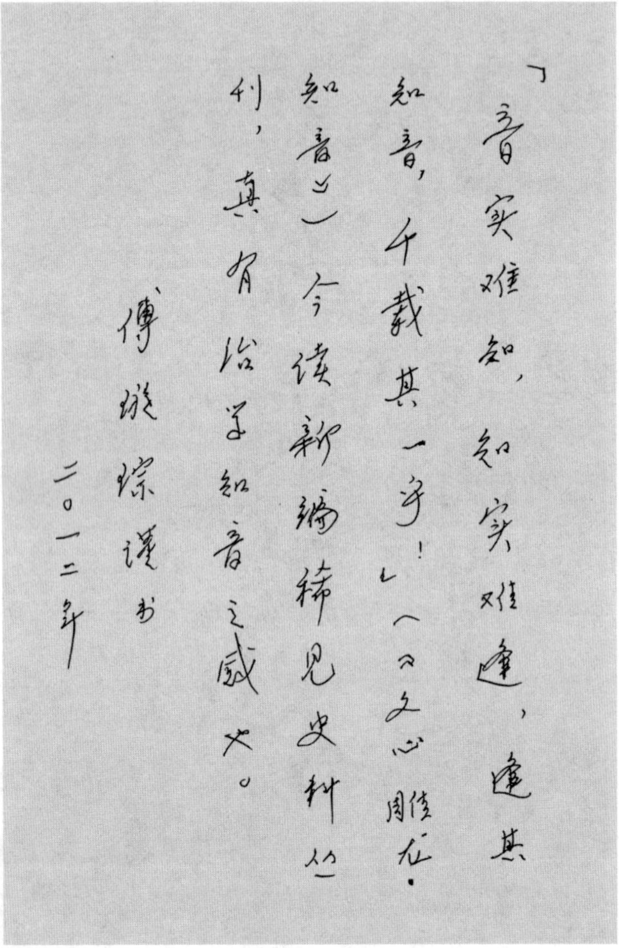
「音实难知，知实难逢，逢其知音，千载其一乎！」（《文心雕龙·知音》）今读新编稀见史料丛刊，真有治学知音之感矣。

傅璇琮谨书

二〇一二年

傅璇琮先生题辞

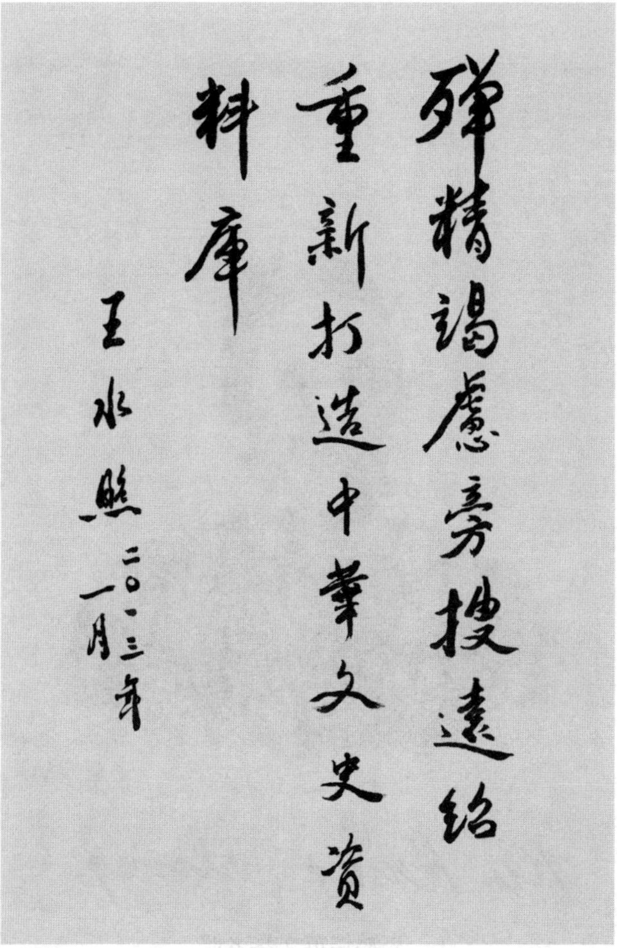

王水照先生题辞

辜鸿铭英文签名照

辜鸿铭中文签名照

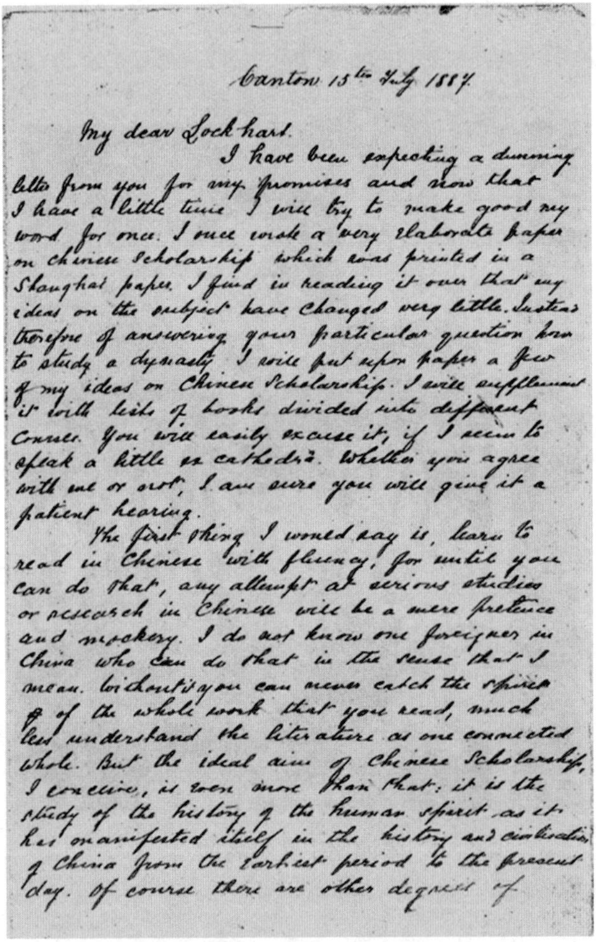
Canton 15th July 1887.

My dear Lockhart.

I have been expecting a dunning letter from you for my promises and now that I have a little time I will try to make good my word for once. I once wrote a very elaborate paper on Chinese Scholarship which was printed in a Shanghai paper. I find in reading it over that my ideas on the subject have changed very little. Instead therefore of answering your particular question how to study a dynasty I will put upon paper a few of my ideas on Chinese Scholarship. I will supplement it with lists of books divided into different courses. You will easily excuse it, if I seem to speak a little ex cathedra. Whether you agree with me or not, I am sure you will give it a patient hearing.

The first thing I would say is, learn to read in Chinese with fluency, for until you can do that, any attempt at serious studies or research in Chinese will be a mere pretence and mockery. I do not know one foreigner in China who can do that in the sense that I mean. Without it you can never catch the spirit of the whole work that you read, much less understand the literature as one connected whole. But the ideal aim of Chinese Scholarship, I conceive, is even more than that: it is the study of the history of the human spirit as it has manifested itself in the history and civilisation of China from the earliest period to the present day. Of course there are other degrees of

辜鸿铭在1887年7月寄给骆任廷的函（部分）

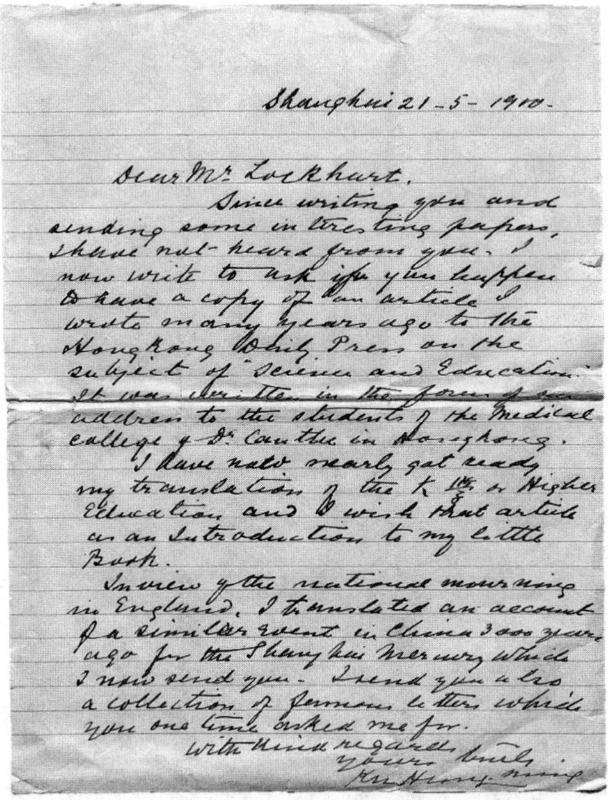

Shanghai 21-5-1910.

Dear Mr. Lockhart,

Since writing you and sending some interesting papers, I have not heard from you. I now write to ask if you happen to have a copy of an article I wrote many years ago to the Hongkong Daily Press on the subject of "Science and Education". It was written in the form of an address to the students of the Medical college of Dr. Cantlie in Hongkong.

I have now nearly got ready my translation of the 大學 or Higher Education and I wish that article as an Introduction to my little Book.

In view of the national mourning in England, I translated an account of a similar event in China 3000 years ago for the Shanghai Mercury which I now send you. I send you also a collection of famous letters which you one time asked me for.

With kind regards,

Yours truly

Ku Hung-ming

辜鸿铭在1910年5月寄给骆任廷的函（部分）

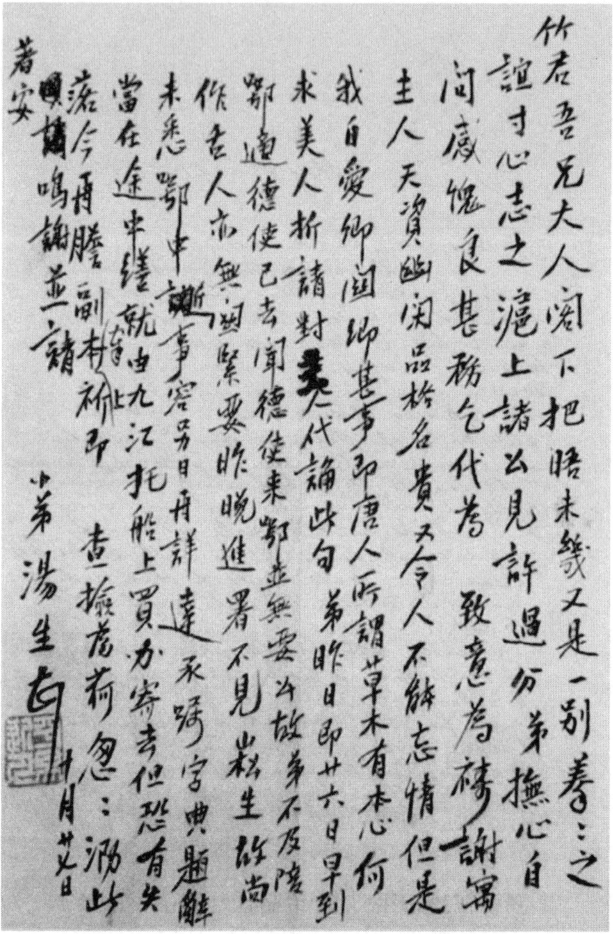

幸鸿铭在1901年12月寄给赵凤昌的函

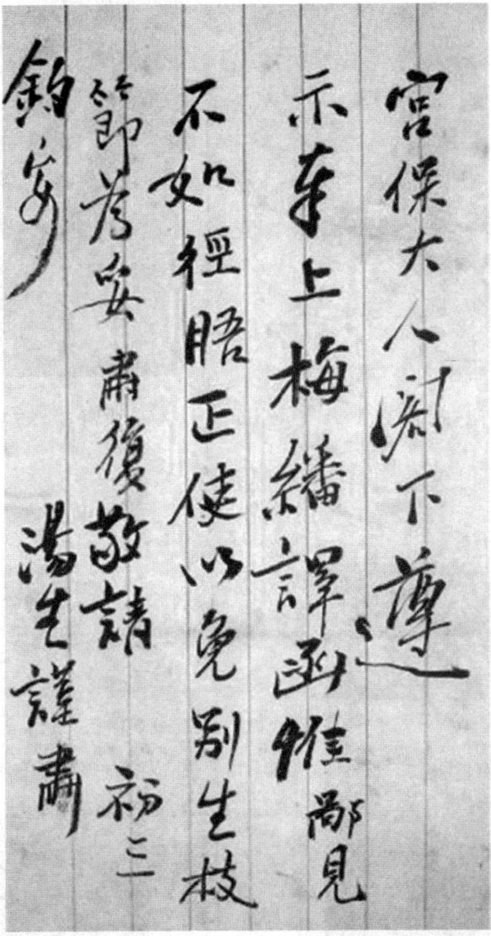

宮保大人閣下遵
示奉上梅繙譯函惟鄙見
不如經晤正使以免別生枝
節[illegible]安肅復敬請 初三
鈞安 湯生謹肅

辜鸿铭在大冶铁厂期间寄给盛宣怀的函

骆任廷（1858–1937）

卫礼贤（1873–1930）

莫理循（1862–1920）

列夫·托尔斯泰（1828–1910）

《中国近现代稀见史料丛刊》总序

在世界所有的文明中，中华文明也许可说是“惟一从古代存留至今的文明”（罗素《中国问题》）。她绵延不绝、永葆生机的秘诀何在？袁行霈先生做过很好的总结：“和平、和谐、包容、开明、革新、开放，就是回顾中华文明史所得到的主要启示。凡是大体上处于这种状况的时候，文明就繁荣发展，而当与之背离的时候，文明就会减慢发展的速度甚至停滞不前。”（《中华文明的历史启示》，《北京大学学报》2007年第1期）

但我们也要清醒看到，数千年的中华文明带给我们的并不全是积极遗产，其长时段积累而成的生活方式与价值观具有强大的稳定性，使她在应对挑战时所做的必要革新与转变，相比他者往往显得迟缓和沉重。即使是面对佛教这种柔性的文化进入，也是历经数百年之久才使之彻底完成中国化，成为中华文明的一部分；更不用说遭逢“数千年来未有之变局”、“数千年未有之强敌”（李鸿章《筹议海防折》），“数千年未有之巨劫奇变”（陈寅恪《王观堂先生挽词序》）的中国近现代。晚清至今虽历一百六十余年，但是，足以应对当今世界全方位挑战的新型中华文明还没能最终形成，变动和融合仍在进行。1998年6月17日，美国三位前总统（布什、卡特、福特）和二十四位前国务卿、前财政部长、前国防部长、前国家安全顾问致信国会称：“中国注定要在21世纪中成为一个伟大的经济和政治强国。”（徐中约著《中国近代史》上册第六版英文版序，香港中文大学2002年版）即便如此，我们也不能盲目乐观，认为中华文明已经转型成功，相反，中华文明今天面对的挑战更为复杂和严峻。新型的中华文明到底会怎样呈现，又怎样具体表现或作用于政治、经济、文化等层面，人们还在不断探索。这个问题，我们这一代恐怕无法给出答案。但我们坚信，在历史上曾经灿烂辉煌的中华文明必将凤凰浴火，涅槃重生。这既是数千年已经存在的中华文明发展史告诉我们的经验事实，也是所有为中国文化所化之人应有的信念和责任。

不过，对于近现代这一涉及当代中国合法性的重要历史阶段，我们了解得还过于粗线条。她所遗存下来的史料范围广阔，内容复杂，且有数量庞大且富有价值的稀见史料未被发掘和利用，这不仅会影响到我们对这段历史的全面了解和规律性认识，也会影响到今天中国新型文明和现代化建设对它的科学借鉴。有一则印度谚语如是说："骑在树枝上锯树枝的时候，千万不要锯自己骑着的那一根。"那么，就让我们用自己的专业知识与能力，为承载和养育我们的中华文明做一点有益的事情——这是我们编纂这套《中国近现代稀见史料丛刊》的初衷。

书名中的"近现代"，主要指 1840—1949 年这一时段，但上限并非以一标志性的事件一刀切割，可以适当向前延展，然与所指较为宽泛的包含整个清朝的"近代中国"、"晚期中华帝国"又有所区分。将近现代连为一体，并有意淡化起始的界限，是想表达一种历史的整体观。我们观看社会发展变革的波澜，当然要回看波澜如何生，风从何处来；也要看波澜如何扩散，或为涟漪，或为浪涛。个人的生活记录，与大历史相比，更多地显现出生活的连续。变局中的个体，经历的可能是渐变。《丛刊》期望通过整合多种稀见史料，以个体陈述的方式，从生活、文化、风习、人情等多个层面，重现具有连续性的近现代中国社会。

书名中的"稀见"，只是相对而言。因为随着时代与科技的进步，越来越多的珍本秘籍经影印或数字化方式处理后，真身虽仍"稀见"，化身却成为"可见"。但是，高昂的定价、难辨的字迹、未经标点的文本，仍使其处于专业研究的小众阅读状态。况且尚有大量未被影印或数字化的文献，或流传较少，或未被整合，也造成阅读和利用的不便。因此，《丛刊》侧重选择未被纳入电子数据库的文献，尤欢迎整理那些辨识困难、断句费力、裒合不易或是其他具有难度和挑战性的文献，也欢迎整理那些确有价值但被人们习见思维与眼光所遮蔽的文献，在我们看来，这些文献都可属于“稀见”。

书名中的“史料”，不局限于严格意义上的历史学范畴，举凡日记、书信、奏牍、笔记、诗文集、诗话、词话乃至序跋汇编等，只要是某方面能够反映时代政治、经济、文化特色以及人物生平、思想、性情的文献，都在考虑之列。我们的目的，是想以切实的工作，促进处于秘藏、边缘、零散等状态的史料转化为新型的文献，通过一辑、二辑、三辑……这样的累积性整理，自然地呈现出一种规模与气象，与其他已经整理出版的文献相互关联，形成一个丰茂的文献群，从而揭示在宏大的中国近现代叙事背后，还有很多未被打量过的局部、日常与细节；在主流周边或更远处，还有富于变化的细小溪流；甚至在主流中，还有漩涡，在边缘，还有静止之水。近现代中国是大变革、大痛苦的时代，身处变局中的个体接物处事的伸屈、所思所想的起落，藉纸墨得以留存，这是一个时代的个人记录。此中有文学、文化、生活；也时有动乱、战争、革命。我们整理史料，是提供一种俯首细看的方式，或者一种贴近近现代社会和文化的文本。当然，对这些个人印记明显的史料，也要客观地看待其价值，需要与其他史料联系和比照阅读，减少因个人视角、立场或叙述体裁带来的偏差。

知识皆有其价值和魅力，知识分子也应具有价值关怀和理想追求。清人舒位诗云“名士十年无赖贼”(《金谷园故址》)，我们警惕袖手空谈，傲慢指点江山；鲁迅先生诗云“我以我血荐轩辕”(《自题小像》)，我们愿意埋头苦干，逐步趋近理想。我们没有奢望这套《丛刊》产生宏大的效果，只是盼望所做的一切，能融合于前贤时彦所做的贡献之中，共同为中华文明的成功转型，适当“缩短和减轻分娩的痛苦”(马克思《资本论》第一卷第一版序言)。

《丛刊》的编纂，得到了诸多前辈、时贤和出版社的大力扶植。袁行霈先生、傅璇琮先生、王水照先生题辞勖勉，周勋初先生来信鼓励，凤凰出版社姜小青总编辑赋予信任，刘跃进先生还慷慨同意将其列入“中华文学史史料学会”重大规划项目，学界其他友好也多有不同形式的帮助……这些，都增添了我们做好这套《丛刊》的信心。必须一提的是，《丛刊》原拟主编四人（张剑、张晖、徐雁平、彭国忠），每位主编负责一辑，周而复始，滚动发展，原计划由张晖负责第四辑，但他尚未正式投入工作即于 2013 年 3 月 15 日赍志而殁，令人抱恨终天，我们将以兢兢业业的工作表达对他的怀念。

《丛刊》的基本整理方式为简体横排和标点（鼓励必要的校释），以期更广泛地传播知识、更好地服务社会。希望我们的工作，得到更多朋友的理解和支持。

2013 年 4 月 15 日

目　录

前　言

本书辑录有清末民初著名文人辜鸿铭(1856—1928)的 100 通现存信函。辜鸿铭在西方享有“报界最著名的中国撰稿人”的美誉，他是首位独自将《论语》《中庸》《大学》翻译为英文的中国人，其儒家经典译本较之以往西方传教士和汉学家的作品有了里程碑式的飞跃。他撰写的《中国牛津运动的故事》以及《中国人的精神》等著作，不但语言精练、表述地道、词意精达，而且在充满思辨的行文中加入大量阐释，其内容旁征博引、纵贯中西，其方法深入浅出、对比古今，其问题意识发人深省。他的引文内容常常来自歌德、卡莱尔、阿诺德、莎士比亚等西方著名作家和思想家。他常常从比较文学和比较文化学角度对历史事件、文化问题以及儒家经典注解作出创造性阐释，并形成了辜氏独特的文风和译风，这也是其作品被翻译为各国语言、成为风靡欧美、通行世界、经久不衰的名著的原因。辜鸿铭的一生充满了传奇色彩，然而面对翔实可信史料的缺失，对于其生平和思想研究中的种种难题无法有突破性的进展。一方面，由于他精熟于多种西方语言，其主要文章和投书大都发表在欧美各国的报刊上，很难系统地搜寻，极易挂一漏万；另一方面，汉语界研究的材料也多困囿于其亲朋好友的回忆录和奇闻佚事等，致使研究结论缺乏真实性和准确性，矛盾及疑点层出不穷，以讹传讹的结果让还原历史中真实辜鸿铭的工作难上加难。

本书集合了辜鸿铭现存 100 通信函，绝大部分为英文书写，包括私人信函和在报刊上发表的公共信函，由笔者编译为中文，其中大多为未刊资料，极具史料和文学价值。所集信函起始时段几乎涵盖从辜鸿铭留英回国后至逝世前6年的全过程。按照信函性质，本书可分为"私人信函"和"公共信函"两个部分。尤为值得一提的是其中两批新发现的私人信函。辜鸿铭曾与英租威海卫最高行政长官骆任廷(James Stewart Lockhart，1858—1937)通信长达34年之久，至少存有56通信函，原件现藏于英国乔治沃森大学(George Watson's College)和苏格兰国家图书馆(National Library of Scotland)，时间跨度从1887年7月15日至1921年12月2日之间，即骆任廷从香港任职到威海卫行政长官退休的全过程。另外，辜鸿铭也曾与德国卓越的汉学家和翻译家卫礼贤(Richard Wilhelm，1873—1930)交好，有21封信函收藏于德国慕尼黑巴伐利亚科学院档案馆(Archiv der Bayerischen Akademie der Wissenschaften)，时间跨度为1910年6月10日至1914年7月6日。辜、卫通信期间，身在青岛的卫礼贤作为德国同善会(AEPMV)派往中国的牧师，仍在从基督传教士到享誉世界的汉学家的转型过程中，而作为清政府外务部官员的辜鸿铭也正经历着清朝灭亡后国家命运跌宕起伏、个人生活艰难困苦的阶段。

全书通过第一手资料，详细地向我们展示了这位晚清传奇人物的事业、学术和生活中的方方面面，其中涉及辜鸿铭与张之洞、赵凤昌、盛宣怀、岑春煊、端方、袁世凯、张勋、梁敦彦、汪康年、唐绍仪、严复、孙中山等近代重要历史人物的交往，与西方各国汉学家、思想家、翻译家、文学家和外交家们的互动更是不胜枚举。由于所跨年代很长，著作中以政论见长的辜鸿铭，在信中阐发了大量且长篇论及诸多历史事件的看法和意见、抑或是参与其间的种种记述，如义和团运动、长江教案、慈禧太后逝世、辛亥革命爆发、四川保路运动、新文化运动、"一战"、清室复辟运动等等。对于辜鸿铭本人的研究而言，本书也提供了不可或缺的确凿证据，包括生辰问题，早年留学英伦情况，任职武昌自强学院及南京总督衙门的经历、上海黄浦江浚浦局、南洋公学和北京大学的聘任及教学始末的细节，与各大西文报刊杂志的关系，发表作品年代和内容的厘清与诸多佚作的辑定，翻译和出版事宜，家庭和个人经济状况等等，林林总总，大到为末代皇帝溥仪选择英文教师，小到辜鸿铭为儿子体检费用发愁，借款收据等，不一而足。通过本书可以得见一个历史上真正的辜鸿铭是如何在那个风云变幻的年代特立独行、我行我素地傲然立世。

辜鸿铭私人书信是其文学和政治思想体系中极为重要的组成部分，不仅包含了他对自己著作译作中观点和对历史事件论断的许多重要的解释说明，形成了辜鸿铭文学政论著作的一个重要补充，而且以动态的形式还原了辜氏“尊王保皇”“抑西扬中”的独特保守思想形成的全过程以及与其他政界学界要人之间的互动。辜氏著作中很多重要的文章原本为演讲稿或信函，这使得这批信件中论政论学的长信显得尤为具有学术价值，仅以 1887 年致骆任廷的一通长篇累牍的信函为例，其中大量涉及“汉学”研究问题，在信末他甚至列出详细的书单供骆来研习，这为我们研究辜鸿铭早期研习汉学的经历提供了有益的线索。本书为辜鸿铭现存书信首次在国内发行的中文全本，包含着丰富的文学和史料信息，为解决辜鸿铭研究的诸多问题提供了弥足珍贵的佐证依据和线索，同时，对于中国近代史料研究而言也提供了独一无二的珍贵资料。

上世纪九十年代，以黄兴涛先生研究成果为代表，兴起一阵“辜鸿铭”热，经过二十多年的积累，研究群与读者群已经相对稳定和成熟。但不可否认的是，生活在现代的大部分人，与辜鸿铭生前和死后一段时间的人类似，更多的是以一种猎奇的心态来关注辜鸿铭的“奇闻轶事”，以至于“以讹传讹”，进而产生了海量未经严格考证的资料信息，给严肃的学术研究者带来了诸多麻烦与不便。所幸的是，仍有那么多研究辜鸿铭的优秀学者前辈，如黄兴涛先生、孔庆茂先生、方厚升先生等，以他们的精进努力捍卫着学术研究的标准，诠释着史学考证的典范。在对比这本信函集中相关史料内容以及这批学人在二十多年前出版的著作后，读者自然会感叹，在当时没有网络和数据库支持、通讯和国际交流也不甚方便的条件下，在收集整理材料和开展学术研究方面，他们是何等的勤奋和严谨！在受益于前辈学人的研究成果的同时，笔者也秉承着"还原历史上真实的辜鸿铭"这一理念，借这本信函集向这些优秀的前辈学人致敬！

对于这本信函集的出版，笔者首先要感谢中国社会科学院文学所的张剑先生、南京大学的徐雁平先生、华东师范大学的彭国忠先生，以及凤凰出版社的樊昕先生，没有各位老师的指导、支持、理解和帮助，这本小书是无法完成的，在此致以由衷的谢意！还有另外两位对于此书完成至关重要的人要感谢。第一位是北京外国语大学全球史研究院院长李雪涛教授，是他真正引领我走上学术研究的道路，教会我读书做人。有关辜鸿铭和卫礼贤的通信资料，最早是由雪涛先生提议并委托笔者进行翻译的，能遇上这样一位业师是我的幸运，对于多年以来先生给予的教诲与提携，在此深表感谢！另一位是亚利桑那州立大学的谭艳琪(Amy Tam)同学，她无比耐心且细心地帮助我完成了英文书信手稿的辨识和校对工作，她对于辨别文字锲而不舍的精神让我感动也值得我学习！若没有艳琪同学的鼎力协助，本书中大量的珍贵书信资料是无法完成中文翻译的。

同时还要感谢在翻译过程中提供过各种帮助和支持的诸多师友同窗和学术单位：感谢我的博士论文导师奚如谷(Stephen H. West)教授多年以来对我的各种教诲、提携、支持和鼓励；感谢西华盛顿大学的斯科特·皮尔斯(Scott Pearce)教授和普林斯顿大学的周质平教授对我研究的肯定和鼓励；感谢亚利桑那州立大学的田浩(Hoyt Tillman)教授曾经的鞭策；感谢州立大学 Hayden 图书馆东亚部的刘倩女士帮助购买、借阅相关资料，尤其感谢多年以来"馆际文献互借"部门的每一位工作人员，他们耐心周到且细致专业的服务让我无比欣慰；感谢同窗温佐廷博士和 Sam Billing 博士在辨识部分文字上的帮助；感谢我的好友陈长田博士对我研究的鼓励和在资料研究方面给予的帮助，长田兄总是不厌其烦地为我在国内购买各种研究资料，和他的每次讨论都获益匪浅；感谢多伦多大学东亚系的文昱博士不辞辛劳多次在当地图书馆为我查找资料并拍照存档；感谢我北京的好友叶宇哲先生帮助翻译部分德文资料；感谢俄罗斯托尔斯泰博物馆（State Museum of Leo Tolstoy）手稿部主任 Tatyana Georgievna Nikiforova 女士帮助我查找资料；感谢亚利桑那大学(UA)的 Gulgaky Kalykova 女士和北京的陈原林先生帮助翻译俄文资料；感谢我曾经的两位学生，美国西雅图华盛顿大学的钟静怡同学曾利用在北京以及美国东部期间不计其烦地帮助我寻找并誊录资料，德国柏林自由大学汉学系研究生伯威(Samuel Bove)同学曾为我校对并翻译了部分德文资料；还要感谢苏格兰国家图书馆、英国乔治沃森大学，以及德国慕尼黑巴伐利亚科学院档案馆（Archiv der Bayerischen Akademie der Wissenschaften，München)的工作人员为我寻找影印资料所给予的帮助；感谢澳大利亚新南威尔士州立图书馆、美国国会图书馆、斯坦福大学东亚图书馆、密歇根大学东亚图书馆、匹兹堡大学东亚图书馆的诸多工作人员在我查找资料时所给予的各种资助和技术支持。最后要感谢我的家人，在任何遇到困难并需要鼓励和支持的时候，妻子刘海燕女士总是会最先站出来，她是我的精神支柱。感谢我的父母从我出生以来就给予我无条件的爱和无理由的信任与支持。在此要特别感谢我的岳父刘尽德先生和岳母顾兰云女士，多年以来帮助照看我们的孩子，承担繁重的家务，他们的帮助是无私且无价的。我的两个女儿，吴梓桐和吴青霖，感谢你们在我最需要你们的时候出现在我的生命中，你们是我存在和努力的全部意义。

就在书信稿件即将完成的时候，我又从别的渠道获得一批珍贵的书信材料，但是因和出版社有约在先，只好按合同时限规定先奉上这本小册子，相信在不久的将来，书信集的增订版将会有更多珍贵资料面世。更值得一提的是，由本人所主持编写的《辜鸿铭先生年谱初编》已经接近尾声，有望近期付梓，此外《辜鸿铭先生作品全集（多语版）》也在有条不紊地进行着，其中收集的资料涵盖了多年来的积累，涉及地区跨越亚洲、欧洲、北美洲和大洋洲，汉语地区包括中国和新加坡等，我期待这两个项目的早日完成，愿自己这微不足道的努力可以让更多的资料有益于学林。

吴思远

2017 年 5 月 1 日于凤凰城坦佩

凡　例

一、信函按照年代先后和数量多少排序，私人信函在先，在公众媒介发表的公开信函在后。

二、信函中由于大部分为英文原件，因此年月日皆以公元纪年。原稿中自然段落另起行者一概照旧。原稿英文中标注的下划线、点等，一律保留。

三、根据《丛刊》的体例要求，除涉及辨义处和其他特殊情况，所有文字，包括人名、地名等尽量改用简化字，其他如异体字、古今字、手写体等也一并改为正体字。

四、信函英文原稿中手写体汉字、斜体印刷体英文一律以"加粗体"保留，衍文用"【　】"标出，原稿中空缺以及无法辨识之字，用"□"标出。

五、信函原稿中出现了大量的德文、法文以及希腊文和拉丁文的人名、地名、书名或引言（包括英文），脚注中尽量标注原语言的资料信息，如：马修·阿诺德（Mathew Arnold，1822—1888），十九世纪英国诗人、散文家和文学批评家。信中的引文出自其《文化与无政府》（Culture and Anarchy）一书。

致骆任廷函

骆任廷(Sir James Haldane Stewart Lockhart,1858 年 5 月 26 日—1937 年 5 月 26 日),又名骆壁、骆檄、骆克哈特。生于苏格兰的阿及尔郡,1868 年入读国王威廉学院,1875 年考入爱丁堡大学。1878 年派驻香港,1882 年加入香港政府工作。1902 年 5 月,被英国殖民部派任威海卫租借地首任文职行政长官。1921 年退休回国。1925 年,接替朱尔典(John Jordan, 1852—1925)出任伦敦大学汉学教授,1932 年开始太平天国史的研究,直至 1937 年病逝于伦敦寓所。编著有《中国引语手册:成语考》(1893)、《中国的铜币》(1915)等,并写有关于中国民间传说的文章。

一

广州

1887 年 7 月 15 日

我亲爱的骆任廷:

我一直以为您会致函来催我,因为之前曾答应过您要尽快写信。近来我稍得闲暇,也终于至少可以兑现一次我的承诺了①。我曾经写过一篇十分详尽的文章来讨论"中国学",这篇文章也在上海的一家报纸刊载过。再次阅读此文之后发现,我对于这个主题的看法几

---

① 由此可看出,在此之前辜鸿铭和骆任廷曾经有过多次通信,辜鸿铭或许之前承诺要和骆任廷谈谈有关学习汉语的事情。

乎没有什么改变。因此,我并不打算要回答您提出的“该如何着手研究某一朝代”那样具体的问题,我更愿意在这通信中谈一谈对“中国学”的一些看法。在信的末尾,我会附列出一些参考书目,并将其按照科目来分类。如果下文中您感到我的语气过于强势的话,那么就请您理解并原谅。我说的话无论您是否赞成,我都相信您将会很耐心地去聆听。

首先,我想说的是,要学习运用汉语来进行“流畅自如”地阅读,否则任何人对于研习中国学所做出的严肃而认真的努力,只不过是一种虚伪的矫饰和拙劣的模仿罢了。在我所认识的在华外国人之中,还没有发现谁能够达到上述我所谓的“流畅自如”的境界。若无法做到这一点,你就根本无法把握住所阅读书籍的主旨精神,更无法能够从一种相互关联的整体视角来理解某一国的文学作品了。然而,我认为,研习中国学的理想和目标则应更为高远:要研习体现在从古至今中国历史和中华文化之中的人类精神文明的历史。诚然,中国学里还有其他诸多层面的知识也是大有益处并且值得研习的。但除非一个学者立志达到上述的目标,否则称其为“中国学专家”则会是用词不当的表现:因为他只不过可能是一个汉语言学家罢了。但是要毫无功利思想地去学习汉语,您必须要摆脱对于字典和督促者,即汉语老师的依赖。为了使您得到训练,以便能够流畅自如地阅读中文,我罗列出了一个书单——我称之为“高级语言课程”。当然,要学习这些课程,找一位普通的老师是十分有益和必要的。

其次,您要去熟悉一下中国传统思想的本源。如果您碰巧手头有一本文集,作者是成功通过科举考试的人,那么在文集的前两页,您会找到他的家谱信息,他的一些亲属的职业就是所谓的**业儒**,可以翻译为“以研习儒家学说为业”。然而,您是否也曾思考过,为什么时至今日在欧洲学习拉丁语仍然等同于对人文传统的研习呢?那么,研习中国的人文传统也可被成之为**儒业**。事实上,儒家学说就是中国的人文传统,就仿佛是欧洲的拉丁文学传统和罗马历史一样。因此，如果有人问我，欧洲的国教是什么，或者说在欧洲对应中国儒教的宗教是什么，我将会说是这种人文的传统，而非基督教。基督教与欧洲的关系就如同佛教与中国的关系一样。如果您仔细研究基督教会的历史和制度的话，尤其是天主教会，您就可以看到，在政策制度和组织结构方面，这些教会是怎样地受益于罗马的文化。如果没有对罗马文化的借鉴，基督教也一定会销声灭迹，就像任何一个在美国的**异端**宗教团体一样。

对此我就不再详述了，否则我可能会离题太远。我只不过想要强调，现在的欧洲其形成并不是由于《圣经》的存在，而是要归功于罗马人的人文传统。您一定还记得维吉尔的诗句：

> 罗马人，你们要牢记，要用你们的力量来统治全世界！[1]
> (Tu regere imperio populos, Romane, memento!)

正是这种人文的传统赋予了欧洲人律法和文明。然而，我却得知您要抛弃罗马的人文传统，转而信奉现代科学和赫伯特·斯宾塞[2]的学说。对此我也只能说“祝您好运”了。但是，每当我认真思

---

① 来自于欧洲文学史上第一部个人创作的史诗《埃涅阿斯纪》，第六卷，第851行。创作者为维吉尔，诗人于公元前29年开始写作此诗，逝世前完成初稿。全诗12卷，1万余行，全诗情节生动，故事性强，语言凝练，取材于古罗马神话传说，叙述英雄埃涅阿斯在特洛伊城被希腊军队攻陷后离开故土，历尽艰辛，到达意大利建立新的邦国的故事，以当地部落首领图尔努斯与埃涅阿斯决斗被杀结束。史诗借用神话传说歌颂罗马国家，歌颂奥古斯都统治的历史必然性。其情节结构模仿了以荷马史诗为范本，歌颂罗马祖先建国的功绩，歌颂罗马的光荣，有着鲜明的时代特征和民族特征，是整个罗马文学的巅峰之作。

② Herbert Spencer (1820—1903)：英国哲学家、社会学家。他为人所共知的称号就是“社会达尔文主义之父”，他提倡把进化理论应用在社会学上，代表作有《社会静力学》《社会静态论》《人口理论》《心理学原理》《教育论》和《人对国家》等。

考卡莱尔[①]所谓的“无政府主义加警察”[②]的时候，我总会倾向于将你们引以为豪的西方文明归结为一种非人道的原始蛮荒状态，一种不计任何代价的野蛮。在写这些话的时候，我是极其严肃认真的，但惟一担心的就是，如果我去香港的话，湛约翰博士[③]或许会呼吁当局将我驱逐出去，或者因为我的用词不够礼貌而罚我十美分的款。但是，我真正热衷并极力想让我的同胞去认识欧洲的人文传统，而并非其文明和蒸汽机车。正是由于罗马人文传统还有些残余存在，才使得你们不至于完全沦为那些不雅的称号所归纳的人群。而您和湛约翰博士是都非常反对那些称号的。当下最流行的一个词是“文明”。我不敢说所有中国人都和欧洲人一样的文明，但是我要说，我们中国人在对于人文传统的研习和养成方面是和欧洲人一样努力勤奋的。从罗马人传统的意义上讲，中国人文传统的理念至少并不低于欧洲的理念。

我已谈过罗马的人文传统怎样成就了欧洲，儒家学说如何成就了中国。因此，一个人要想理解欧洲文明的话，他就必须要去研习罗马人的人文传统。也正如我上文提过的一样，您如果想将中国和中华文明作为您的研习对象，那么您必须首先要将精力集中在我们所

---

① Thomas Carlyle(1795—1881)：苏格兰历史学家、文艺评论家、讽刺作家，《法国革命》(*The French Revolution*：*A History*)、《论英雄、英雄崇拜和历史上的英雄事迹》(*On Heroes and Hero Worship and the Heroic in History*)等，据传是辜鸿铭在爱丁堡大学读书时的导师，但目前尚未发现确凿证据。

② Thomas Carlyle, *The Latter Day Pamphlets* (London: Chapman and Hall, 1850), 17.

③ John Chalmers (1825—1899)：苏格兰牧师，晚清曾赴华，担任伦敦传教士会(London Missionary Socitey)的翻译。他的著作有很多是关于中国语言和文化方面的内容，老子的《道德经》英译滥觞于1868年伦敦图伯纳出版社出版的译本，翻译者正是湛约翰。理雅各在《中国经典》第三卷的绪论中曾收入湛约翰所作的“中国古人的天文学”。

谓的**儒业**上——研习中国的人文传统。事实上,您必须要了解儒家学说到底是什么——湛约翰博士和其他的传教士们认为儒学只不过是一套道德说教体系罢了!

推荐给您某部书来引领您理解儒家学说是一件非常困难的事情。目前,我还不知道有哪位外国人是真正理解了儒家学说的,哪怕是假装理解的人也没有。您所知道的花之安博士曾经列出过一份儒学书目,我手头也正好有一份,但也只不过是包含了中国上古时期的少许哲理性著作而已。可是如果您去找那些中国的文人学者,问他们读什么书才能算作是**业儒**,恐怕他们也会是同样的茫然。您知道,在苏格兰的大学里,研习人文传统常常意味着要学习用拉丁语来写文章和作诗。因此,在中国,**业儒**就意味着要学习写作文章以便通过科举考试。

下面将是我认为必读的书籍。选择《**大学**》和《**中庸**》这两部书,仔细研读,直到您通晓文意为止。因为您也知道,很多所谓的汉学家也称这两部书简直像是埃及象形文字一样令人难以理解。儒家学说的核心道义尽在其中。一旦您在某种程度上把握住了书中的核心要义,您就可以尝试着去理解这些要义在现实之中是如何体现的。体现这些核心要义的方式其实有两种:一种是在个人的生活之中,另一种是在一个民族的历史之中。我想我会首先来说第一种吧,我推荐的这位文人是韩文公①,要了解他的生平,阅读他的著作。我会把韩文公的著作全集买来研习。对于韩氏学派的著作,我称之为“批判性儒家学说”,而宋儒的著作,我称之为“推理性儒家学说”。但我会称韩文公是一位“实用主义儒家学者”。您可以去阅读他的一篇作品,

---

① 韩愈(768—824):字退之,谥号“文”,故世称韩文公,唐河内河阳(今河南孟州市)人,唐宋八大家之一。

名为《**原道**》(翟理斯[①]在他的《古文选珍》中曾翻译过这篇作品[②]),然后来思考一下,看看儒学到底是否只是一套道德说教体系。

有关儒家要义在一个民族历史中的体现,司马光[③]的著作提供了一个好的例证,他给这部编年体史书起名为《**资治通鉴**》——研究历代政府的一面镜子。我甚至认为,在您真正着手学习和运用汉语

---

① 翟理斯(Herbert Allen Giles,1845—1935):研究领域为中国语言、文化、文学及翻译。1867 年,翟理斯通过了英国外交部的选拔考试,来到中国成为英国驻华使馆的一名翻译学生。此后,他历任天津、宁波、汉口、广州、汕头、厦门、福州、上海、淡水等地英国领事馆翻译、助理领事、代领事、副领事、领事等职,直至 1893 年以健康欠佳为由辞职返英。1897 年,翟理斯全票当选为剑桥大学第二任汉学教授。此后 35 年时间里(1932 年翟理斯请辞剑桥大学汉学教授一职),翟理斯在教学之余,潜心汉学。1935 年翟理斯于剑桥家中病逝。其作品大致可以分为四大类,即语言教材、翻译、工具书和杂论,代表作有《中国概要》《华英字典》《中国文学史》等。

② "True faith from a Confucianist", Herbert Giles, *Gems of Chinese Literature* (Shanghai: Kelly and Walsh, 1922), 113—119. 1883 年,翟理斯自费印刷了一本《古文选珍》(*Gems of Chinese Literature*)。在这本书中,翟理斯"翻译了不同时期中国著名散文作家的'优雅的'散文'片段',所有翻译均为首次翻译"。1884 年,翟理斯通过他的朋友伯纳德·夸里奇(Bernard Quaritch, 1819—1899)出版了这本书。1884 年 4 月,远东报纸《先锋》(*Pioneer*)发表书评称:"英语读者苦苦搜寻,但都无法找到一些关于中国总体文学(general literature)的文字,哪怕一丁点介绍性的文字也好。理雅各博士所做的巨大努力确实使猎奇者可以轻易地得到儒家经典;但是,中国大量的文学作品现在仍是一片有待开发的处女地。新近出版的《古文选珍》正好弥补了这一缺憾。"从这一评论可以看出,《古文选珍》在编撰体例上采取了当时西方流行的"总体文学"这个概念,即从整体上评价一个国家的文学。从这种意思上来说,翟理斯是第一个将"总体文学"运用于中国文学的英国汉学家。1922 年,《古文选珍》第二版出版。

③ 司马光(1019—1086):字君实,号迂叟,陕州夏县(今山西夏县)涑水乡人,世称涑水先生。北宋政治家、史学家、文学家,主持编纂了中国历史上第一部编年体通史《资治通鉴》。

之前，您应该认真地将这部史书研习上一到两年。该书行文简易，和其他基础书籍一样，能使您得到足够的阅读训练，从而可以流畅自如地浏览中文。

另外，还有两部经典的儒学纲要性著作。一部是宋代学者所作的《**大学衍义**》，另一部是明代学者所作的《**大学衍义补**》。我自己把这两部著作合称为“实用儒学大纲”或“实用儒学百科”。从最严格的罗马传统的角度来看，其全部的主旨是在讲培根所谓的有关建立帝国的科学体系。我刚才引述的维吉尔的那行诗句，印在这本书的目录页上正合适：

罗马人，你们要牢记，要用你们的力量来统治全世界！

这部书总共有一百七十三卷，而且在广州只要花十美元就可以买到。我常常有这样一种冲动，将我手中这些大部头的书劈头盖脸地向湛约翰博士和其他传教士们扔去，谁让他们傲慢地认为儒家学说只不过是一套不错的道德体系？

既然说到这里，也要请您原谅我的冒昧，如果您的确要认真严肃地来学习中文的话，那么我建议您必须要抛弃湛约翰博士和其他传教士们的那些成见。您要笃信，从中文书籍中学到的东西会使您变得更加睿智。欧洲人教会了我们很多有关自然科学的知识，但是如果你们也可以屈尊来研究中国和中文书籍，研究我现在正在讨论着的中国人文传统，那样的话将会更好。这或许只是我的一种妄想，但是我始终坚信自己的这种看法是正确的。现在赫胥黎[①]以及赫伯

① 托马斯·亨利·赫胥黎(Thomas Henry Huxley,1825—1895)：英国著名博物学家、教育家，达尔文进化论最杰出的代表。主要著作有《人类在自然界的位置》《脊椎动物解剖学手册》《无脊椎动物解剖学手册》《进化论和伦理学》等。

特·斯宾塞正在猛烈地抨击罗马人的经验及其人文传统，如果他们成功地改变了世道人心的话，那么欧洲人到中国来学习人文传统的这一天也终将会到来。对此您或许会觉得滑稽可笑。然而，我写这些，并不是期望要说服您，我只是希望您可以认真地来思考我下面的话。

请您来思考，罗马人的传统或者体制中，到底是什么因素可以使得他们征服全世界，并且使得各国来效仿其法律制度呢？难道不是由于他们拥有所谓的"孝敬(pietas)"和一种建立组织的科学体系吗？那么罗马人的"孝敬"是什么呢？中文里有两个汉字"**孝弟**"，可以完全对应拉丁文"pietas"所要表达的含义。有关建立组织的科学体系，我称之为"建立帝国的科学体系"，您也一定和我的看法一致，即罗马人在欧洲所做到的事情，我们中国人在亚洲也同样成功地将其付诸实践。即便是在最后的岁月里，罗马人依旧没有抛弃这种建立组织的科学体系，他们依然能凭借自己的传统来教化周围的夷族，这便是明证。然而，他们逐渐地丧失掉了对于祖先的那种孝敬，也正因为这个原因，罗马帝国最终分崩离析。我想，我们中国人也已经丧失了不少祖先的这种"**孝弟**"传统，但是除非我们已经将其丧失殆尽，否则对于中国以外的世界，我们仍将是无所畏惧的。

然而现在您再去放眼欧洲，赫伯特·斯宾塞所谓的社会学到底是什么呢？难道建立帝国的科学体系不应该包括罗马人的"孝敬"吗？那不过是一种没有生命力的代数公式，一种缺乏罗马人的"孝敬"或者说是中国人的"**孝弟**"，但是设计独特且效果良好的利己主义体系而已。可是温暖的家族观念到底意味着什么呢？若没有温暖的家族观念，除了您所居住的香港以外，难道还能有哪个社会可以建立起来或者维系下去吗？从词源学的角度来看，如果"宗教"(religare)意味着要将社会的方方面面凝聚在一起的话，那么这种"孝敬"即中国人的"**孝弟**"就是最自然且最有力的纽带之一。如果您也去探究汉字"**伦**(**五伦**)"的词源的话，您将会发现，它原本也包含着凝聚的意思。然而，在欧洲和香港，您也是在不断努力地增强社会的凝聚力，但要以何种方式呢？必须通过约束公共生活方面的条例和公共卫生方面的法令。你们的这些所谓的铁律，当然要比我们自然的法则要严厉得多。但你们这种体系惟一的缺点就是，它总会时不时地分崩离析——你们那里无政府主义盛行，“革命”也总此起彼伏。

但是湛约翰博士和那些传教士们却要替换掉罗马人的“孝敬”，赫伯特·斯宾塞也将要抛弃这种人文传统，那么取而代之的是什么呢？我想，他们拥有他们所谓的“对基督耶稣的信仰”。诚然，“对基督耶稣的信仰”在欧洲的历史上的确发挥过巨大的作用。在罗马帝国的晚期，西方世界已经抛弃了罗马人的“孝敬”传统，正是这种对基督耶稣的信仰使得欧洲免遭彻底毁灭。在大概一个世纪后的今天，我们可以看到，这种对基督耶稣的信仰是如何从赫伯特·斯宾塞及其同僚们的手中来拯救出现代欧洲的。在此，我只想说，和罗马的“孝敬”传统或者中国的“**孝弟**”相比较而言，“对基督耶稣的信仰”并不是一种健康的精神状态。如果您仔细比较当今的“宗教徒”与过去的“虔诚的信仰者”，我想您一定会同意我的观点，罗马传统中的“孝敬”比起宗教来则更为理智和健康。事实上，在整个西方如此渴求“对基督耶稣的信仰”这一剂猛药的时候，这个社会就已经病入膏肓了。当西方世界一切运转正常之后，这种“对基督耶稣的信仰”其实已经发展成为一种病态的罗马人的“孝敬”理念，披着罗马人的政治外衣，并美其名曰“神圣罗马天主教堂”。

可现如今，除非闭上双眼，否则您将无法忽视，赫伯特·斯宾塞及其同僚们正在抛弃罗马人的“孝敬”以及美好的人文传统，而湛约翰博士和那些传教士们现在所传授的这种对于基督耶稣的信仰，也并不能长久地与斯宾塞之流们抗衡——那么你们欧洲人要怎样做才能永久地将社会的各方面凝聚在一起呢？仅仅通过法律这条钢铁纽带是不够的，它会时不时地崩断，而你们也不得不为之付出代价——那么，您难道不认为中国的**孝弟**，即罗马人的“孝敬”，以及中国的“**儒**

业”，即罗马的人文传统，也应当极大地受到欧洲人的尊重吗？我不想毅然地去预言在一个世纪以后历史将会是何种面貌，但是我坚信，西方人将会不得不再次去寻求罗马人的经验及其人文传统——或者他们必须来中国才能求得解决之道。我说过，欧洲人会来中国寻求“孝弟”、人文传统和建立帝国的科学方法，这一天或许在将来会成为现实。如果您可以理解我想表达的真正含义，您就不会认为我说这话是一种漫无边际的夸夸其谈。

我现在书写的这通信恐怕过于冗长了。在长期休假之后，我的思路似乎也不那么连贯缜密了。但既然已经写成这样，希望您有所收获，您也不必感谢。我曾经想，我一定要做一些伟大的事情，但除非自己所在的位置是可以毫无生计之虞的，否则一个人恐怕永远也无法沉下心来去认真地做事。

您真诚的

辜鸿铭

又及：

这个月的三十日我将会抵达香港，希望您能告知我的兄长一声。我也将乐意为您详述我对湛约翰博士那些不敬言词的原因。

课程列表①

A. 可在一段时间内选择下列书目中的某一部来进行阅读：

1.《唐宋八大家》 这是唐代和宋代的文人撰写的文章。在方法上，我会先选择某一位作者，然后通读完毕他所有的作品。我首先推荐来阅读苏东坡的作品，他的文章和其他人的作品相比最为浅显易懂。

---

① 此列表附在该信后。

2.《史记菁华》[①] 这是司马迁《史记》中内容的精选集。我会先来阅读有关传记的内容，其中有关史论的内容，只有一部分是比较容易理解的，而且也不涉及太深的历史典故。

3.《孟子七篇》 这是孟子全部的七篇作品。

4.《东莱博议》 这是吕东莱[②]对《左传》的论集。要阅读此书，对于《左传》一书多少有些了解也是有必要的。我会选择理雅各[③]博士的《左传》译本，并附著者原文来阅读。

B. 对于下列书目，可选择不同的版本来阅读：

《唐诗三百首》 唐代诗歌三百首选本中不带评注的版本是最好的选择。

1.《五色评本杜诗》 选择附带或者不附带评注的杜甫诗歌选集。

2.《东坡诗选》 这是苏东坡诗歌的选集。

3.《文选》 可以选择《文选》中的一些"赋"或"吊文""祭文"之类的作品来阅读。

4. 对于"策"这一体裁的作品也要多少有些了解。

C. 学习"作文"的范例文本——或称学习"修辞"的范例文本：

1.《小题秘诀》 任何汇集中国古代早期文章的文集，如《小题秘诀》。

---

① 辜氏此处所指应为《史记菁华录》，为众多《史记》节选本中较受文人学者青睐的一部，选注者为清代姚祖恩，又称姚苎田，生卒年不详，字柳漪，号笏园，室名扶荔山房。浙江钱塘人，清朝藏书家、文学批评家，大致活跃于乾嘉时期。

② 即南宋著名史学家、理学家、文学家吕祖谦（1137—1181），字伯恭，世称"东莱先生"。

③ James Legge（1815—1897）：近代英国著名汉学家，曾任香港英华书院校长，伦敦布道会传教士。他是第一个系统研究、翻译中国古代经典的外国人，从 1861 年到 1886 年的 25 年间，将《四书》《五经》等中国的主要典籍全部译出，共计 28 卷。

2.《明文明路德选》[①]　这是明代的路德编选的明代文集。从语法意义上来讲，这也是迄今为止我认为最好的中文书籍。因此我强烈推荐要反复揣摩研读此书。

D.《说文》　是研习中国汉字的入门书籍，也是日后案头的参考书。

上述书目将能够使您得到足够的阅读训练，从而最终可以让您流利自如地阅读中文。在学习伊始，乃至整个学习的过程中，我希望您可以遵守这条规则：研习整篇文本，直至烂熟于心，要彻底领悟中文行文的节奏与停顿。

又及：

在阅读上述书目的时候，您应该仅去关注语言和文体层面上的特性，而不要迫使自己去过多探讨主题层面的内容，否则您将会立即感到难以驾驭。找一位合格而普通的老师，他将能为您解答所有的历史典故和其他的必要的背景信息。总而言之，要把这些阅读书目当成研习中文修辞的练习来看待。

二

武昌总督衙门署

1891 年 9 月 4 日

亲爱的骆任廷先生：

我的兄长来信告知，说您非常惦念我的境况。而我现在也多少有些写信的兴致，因此我想我应该写给您。

您此次返回苏格兰故土，和老朋友以及即将成为您人生旅途中的伴侣在一起，想必一定度过了一段极其愉快的时光吧。家乡的人

---

① 路德(1785—1851)：字润先，号鹭洲，陕西省周至县人，清嘉庆十二(1820)年中举人，两年后中进士，入翰林院为庶吉士，散馆后改任户部湖广司主事。

和事都还好吧？爱丁堡以及我们古老的母校变样了吗？您见到布莱基[①]老先生了吗？见到了其他一些老教授或者副教授吗？我对这些事情很感兴趣，如果有时间的话，您可以写信告诉我。人人都说我是排外者，仇视外国人。但是您是了解我和我的立场的，您也会将我视为那种所谓普通意义上的排外者吗？

毫无疑问，有关传教士问题的讨论，您一定听到过很多。以有所限制的方式允许传教士在中国继续传教，这对任何具有一定常识和正义感的人来说，都是十分令人愤慨的事情。因此，我就此问题发表了一篇文章，在某种程度上，这使得我声名远扬，但也让我声名狼藉。但是我会在乎什么美名或者骂名吗？在这关键的时刻，我渴望做的惟一的事情就是贴近并在乎那些靠近我、在乎我的人们。然而人是无法按照他想要的方式来生活的。我只希望并相信一切都会朝着好的方向运转。正如一位苏格兰诗人所言："一个个的人枯萎凋落，但整个世界却越来越兴旺。"[②]而这也正是我的生活经验。所有爱护我

---

① John Stuart Blackie (1809—1895)：爱丁堡大学希腊语教授，在当时是非常著名的苏格兰学者。他对于德国文化有着近乎狂热的喜爱，1834 年翻译出版了英文版的《浮士德》，获得巨大成功。他对于德语的态度直接影响到辜鸿铭之后的学习。

② 来自英国维多利亚时代的诗人丁尼生(Alfred, Lord Tennyson，1809—1892)的诗《洛克里斯田庄》(*Locksley Hall*)。诗歌的背景是在一座假想中的田庄，叙述者在年轻时居住在这里并且与表妹相恋，现在朋友们打猎，经过这里，回忆当年的情事，感慨良多。辜鸿铭引用的诗句来源于："Knowledge comes, but wisdom lingers, and I linger on the shore, And the individual withers, and the world is more and more. Knowledge comes, but wisdom lingers, and he bears a laden breast, Full of sad experience, moving toward the stillness of his rest."("知识来了，但智慧留了下来，而我则流连在海岸上，一个个的人枯萎凋落，但整个世界却越来越兴旺。知识来了，但智慧留了下来，他带着一颗沉重的心，满怀着对不快往事的回忆，去往他安息处的寂静。"中文译文选自黄杲炘《丁尼生诗选》，上海：上海译文出版社，1995 年，第 112 页)

并且对我友善的人如果感到我对他们而言也是值得赞赏的话，那么诸如成功和其他所谓有关成功的事，我才会觉得是有意义的。

就目前的状况来看，我在此所做的事情真的是乏善可陈，对自己和他人都没有什么太大意义，当然也更无害于人。此地扬子江畔的景色非常美丽，在这座江滨城市里，我的生活节奏很快。我刚到这里的时候，曾有机会游历过大半个湖北省。居住在农村的人们绝大多数过着赤贫的生活——如果只是见识过南方其他省份人们的生活，那么你就无法想象这里的人们是怎样的一种穷困。您是知道我对于所谓的爱国主义是抱有怎样一种看法的。因此，我认为我可以非常坦诚地告诉您，如果但凡我能做些什么，我一定将会去帮助这些人。他们辛苦异常，比负重的牲口都累，然而他们的妻儿老小看起来却憔悴消瘦，面带饥色。正是看到了这些人的悲惨和负担之后，我心中才充满了愤慨，因为有些满清官员是带着十分古怪和愚蠢的想法来处理人民的疾苦问题的。

这页信纸快写满了——因此在结尾，我向您及家人致以所有美好的祝愿。

您真诚的

辜鸿铭

三

武昌

1891 年 12 月 21 日

我亲爱的骆任廷先生：

在旧的一年即将过去之际，我谨向您致谢，感谢您充满善意的长信以及随信寄来的《泰晤士报》。那个落款为“怒吼者”的人以及他那该死的论点真的是十分苛刻。我想，一个人如果在市井小巷说话的时候(即中国人常说的**"道听途说"**),才会有那样的论调吧。对我自己而言,我只不过是说了我认为是事实的内容,而我那篇文章的结尾也正是这样的内容。

您曾委托我帮忙购买老旧银器和珍奇古玩,我恐怕无法完成,令您和贵夫人失望了。现在,哪怕是去逛商店或是为我自己购买日常必需品这类的事情,都会给我带来巨大的苦恼。对此您恐怕无法想象,否则我相信您根本就不会想到要委托我帮忙物色什么珍奇古玩。因此,我报以诚挚的歉意,并请求贵夫人原谅。我常常希望,苏格兰这片土地要是也能赋予我一些苏格兰人的精明强干和具体务实就好了,而不是像我现在这样,头脑中塞满了学究式的**边角料**知识。我自身本应该是发展得更好的,或者说就幸福而言,我至少本应该是更加快乐的。

我在汉口见过您的朋友威尔金斯[①]先生。因为他住在江的对岸,所以我们也不太可能频繁见面。

对于您提出要编纂**"古文"**的想法,我还不十分清楚您的具体计划和编纂规模,因此也无法给出我的建议——更不用说要怎样来一起合作了。但是我想着重指出一点的是,将中文翻译成英文,这件事本身应该是无可指摘的,因为蕴含在中文书籍中的价值,既体现在书籍的**"内容"**上,又体现在内容的**"书写方式"**上。

向您及家人致以美好的新年祝福

您真诚的

辜鸿铭

① 由于资料所限,对于此处所指的威尔金斯先生(Wilkins),笔者尚未掌握其他佐证材料,企盼方家指教。

四

武昌

1892 年 5 月 15 日

我亲爱的骆任廷先生：

我刚刚收到您在本月十九日寄来的回信。就算看在我们是校友以及我们那地久天长的友谊的份上，我也会十分乐意答应您的请求来完成那项工作的①。但过程中会有很大的困难和阻碍。您欣赏英国人斯托普福德·布鲁克②的作品，那是因为您已经熟稔英国文学，而且只需要一个简单并带有批判性的汇总版本就可以。不过，如果您将《成语考》书中的原文片段以及您相应的译稿寄来的话，我将会尽己所能，看看能提供怎样的帮助，当然，最终意见还是要您来裁定。您对于自己这份功绩的评价未免过于谦逊，我因此也不必通过强调说自己才疏学浅而无法胜任之类的话来恭维您了。

祝您及家人安好

您真诚的

辜鸿铭

---

① 此处我们不十分清楚辜所知的工作具体为何，但根据下文内容揣度，似乎和《成语考》一书英译稿件的校对相关。

② Stopford Augustus Brooke (1832—1916)：爱尔兰牧师、作家，重要作品包括：《英国早期文学史》(*The History of Early English Literature: Being the History of English Poetry from Its Beginnings to the Accession of King Ælfred*, New York, London, Macmillan and Co., 1892)、《英国文学：从发源到诺曼登陆时期》(*English Literature: From the Beginning to the Norman Conquest*, New York and London, The Macmillan Company, 1914)等。

五

1893年1月29日

我亲爱的骆任廷先生：

新年伊始，我也想在此送上对您新年诚挚的祝福。我祝愿您在新的一年里万事如意！祝您在事业上节节高升！同时，也愿您能够有更多的收获，更清晰的目标，以及更美好的愿景，最重要的是，有平和的心态和头脑，来实现生命的意义。

您在去年十月二十二日寄来一通信，我未能及时回信，因为我不想仅仅写几句恭维的话来回复您那样一通来信。因此，我向我的兄长表达了对您来信的感激，我希望他已经及时地传达给您。从那时一直到现在，这么长的时间以来，我也未曾收到过他的任何来信。

我抱着极大的兴趣阅读了注册总局的报告书。考虑到香港人口中华人的比例，我当然可以想象您的工作是极其繁重的。在香港，对于华人群体——很可惜，只是对于那些罪犯阶层的人——惟一能有影响的就是警察局了。当香港还是海盗和暴徒聚集地的时候，警察局就相当有影响了。现在香港已经富有和繁荣了起来，在华人群体中应该施加一些更为积极的影响，而不仅仅是对于警察的恐惧。毫无疑问，我相信，您会尽您所能做好这一点的。但让我感到有兴趣的地方是你们那里美好的法律体系，因此，在您采取任何行动之前，请慎重，确保您有明确严谨的法律条令来作为依据，否则，在这个您将要予以保护的地方，走进监狱的是您自己而不是那些暴徒们。总而言之，我认为，您应该设法取得中国人的同情（我的意思是不仅要包括富人，还要包括贤人和良民），这样的话，您的工作就会变得简单许多。政府的优势和良好运转不应该仅仅取决于公正的律法和条令，还更应该取决于良民的支持和同情。

有关英属殖民地华人的话题，我有很多的想法。但针对于此来写一篇论文的话，就我目前的情况来看有些不现实。您读过弗劳德[①]（他曾编辑过卡莱尔的《回忆录》[②]）的《尤利西斯之弓》[③]那本书吗？弗劳德先生在叙述自己西印度殖民地的旅程时，曾乘机告诉非利士夫人，对于她的整体看法，以及她在五个英国殖民地所作所为和影响的看法。非利士夫人听后当然是愤怒至极，用一连串恶毒的语言来反击。如果您还没有读过该书，您应该找来读一读，他在书中所讲的西印度地区的情况，也大都应该符合东印度地区的情况吧。

我曾经许诺在新年期间要去香港拜访您和我的兄长，但这次恐怕不得不让你们失望了。总督在当地组建起一座学院，并将于明年年初开学。学院名为**自强书院**[④]，我也即将被任命为该院的一名教授！！当然，这个消息以及诸如此类的事情对我而言是极大的荣耀，但是恐怕我要做的事情将会是乏善可陈的。事实上，我在此地的工作条件很不理想，这种环境无法使我最大限度地发挥效用。当然，宏伟的计划在此地正在付诸实施，我所做的琐碎的工作也与此相关——只不过有时候这些琐事太错综复杂了，以至于我不得不去理顺所有事项才能让工作得以顺利展开。目前我们雇佣了将近四十名外国人了，从这一事实中您也许可以想象此处是怎样的一种情形了

---

① James Anthony Froude（1818—1894）：英国历史学家、小说家、传记作家。

② *Reminiscences*（New York：Harper & brothers，1881）.

③ *The English in the West Indies* or *The Bow of Ulysses*（London：Longmans，Green，and Co. 1888）.

④ 自强书院：即自强学堂，武汉大学前身。1893 年张之洞为培养“精晓洋文”的外交人员，奏请清政府创办的中国近代教育史上第一所真正由中国人自行创办和管理的新式高等专门学堂。

吧。有关生铁问题[1]的整体计划和发展规模已经有了,可怜的老总督也快烦透了,因为只有他一个人为此负责。

致以良好的祝愿
您真诚的
辜鸿铭

六

Ad astra school(自强学堂)
武昌 1894 年 5 月 29 日

我亲爱的骆任廷先生:

"如果我们只想到山川和城市,那么世界似乎是空虚一片的。但是如果我们意识到在世界的某些地方,总是有人在富有同情并心照不宣地和我们分享着喜怒哀乐,和他们一道,我们在生命的旅程中继续走着。也正是因为这样,我们才第一次发现,我们的世界原来是一个宜居的花园。"[2]上述这些美妙的文字来自伟大的歌德,我从德语翻译成英文写在上面,这些文字充分地表达了我在收到您来信时(五月六日)的心情,因此,我再说任何表示感谢的话都似乎显得太过多余了。

我知道您也想了解我的生活近况,恐怕我无法非常详尽地向您描述。如您所知,总督在此地建起了一座学校,主要教授的科目包括

---

① 张之洞在晚清大办近代工业,发轫于广州而展开于武汉。汉阳铁厂是中国近代最早的官办钢铁企业,创办于 1890 年,是当时中国第一家,也是最大的钢铁联合企业。从此,中国钢铁工业蹒跚起步,被西方视为中国觉醒的标志。1894 年汉阳铁厂建成投产,当时有很多外国专家在武汉工作,辜鸿铭更是参与了建厂全过程。

② 此处引文出处不详,笔者根据辜鸿铭的英文翻译成中文。

方言、算学、格致(!)和商务(!!),我也是其中的一名教员。学校的名称我已经在此信抬头处写给您了,然而这几个汉字并不是我想的,而是总督大人给出的。我只是负责将校名翻译为"ad astraper aspera"而已,旨在传递汉字中的内涵。当然,我只负责管理教授方言科目的教员(!),同时,也要对我要教授的科目内容了如指掌。我最初则更倾向于将学校的名字翻译为"狗会叫学院"。鲍斯威尔的父亲在谈到约翰逊博士时说道:"他开了个学校,然后就说,那是学院!"因此,您应该多少能想象到我在学校的工作和所负的责任是什么样的了吧。几个月以来,我感到有些孤寂,能做的只是教二十多个学生 A、B、C,基础知识而已。但现在我已经配有一名秘书了,我要从自己的薪水里扣除一部分来,作为他的工作报酬,他可以帮我减轻一些工作负担,去处理一些琐事。学生们之间的关系现在也非常融洽。除了这单调沉闷的工作以外,我还有一些其他琐事的烦恼,然而我也不得不去处理,虽然可以从学校再得到额外六十到二十两不等的补助,但这是难以补偿我所耗费的心力的。

若要向您解释清楚我担忧的原因,恐怕又得长篇大论了。简单地说,我最终不得已而向总督递交了辞呈,但是总督阁下彬彬有礼地拒绝我辞职,当然为了给我搏回一些脸面,他还是把反对我的人踢出了学校。

但是总的来说,我应该尤其要感谢我们的总督,要不是他,我可能会又一次被抛弃在这座通商口岸城市或是伟大岛屿(大英帝国在远东地区的前哨)的大街旁,而饱受喧嚣世界的世态炎凉。我深深知道,和现在的职位相比,那样的一种生活对我来说或许更糟。此外,我现在也有了家庭,我有一个三岁的小男孩[①]和一个躺在臂弯中的

---

① 辜鸿铭和其日本籍夫人吉田贞子所生的儿子辜守庸,字志中,英文名"阿斯卡尼俄斯"。之后和骆任廷以及卫礼贤的通信中,辜会多次谈到有关辜守庸的内容。

美少女，我们叫她“好好”（或者日语里的“Oyoshi”，因为她的妈妈来自日本），“**女**”和“**子**”加在一起正是一个“**好**”字。在此地，我至少过着相对平静和安逸的生活（只要人内心安宁就好）。人生在世必遇患难，如同火星飞腾①。

我说自己说得有些太多了，所以应该就此打住。您还没有告知我您的生活状况呢。我上一次得知您的近况，还是哈利特②先生在这里的时候。我带他四处参观了一下武昌城，走访了一些著名的景点，但我也只见过他那一次。

我得知您那里疾病正在肆虐，也就是人们常说的南方的瘟疫③。想必您也有你所要担忧的事吧，但无论是精神还是体力，您都好过我。最好就是让那些撒度该人、法利赛人、共和党人以及原罪人任意地咆哮肆虐吧，若你所做的一切是正确且正义的，那么就请平静且冷静地做下去吧，他们的咆哮，也至多只是一阵风而已，将会自行减弱。重要的是要能**发现**正确且正义的事情。

我的兄长有一阵子没有给我写信了，而且我也非常担心。希望您可以真心诚意地鼓励并帮助他战胜这场恶战。作为您的朋友，我恳请您允许我将他托付给您来照料。

致以良好的祝愿

您真诚的

辜鸿铭

---

① 《圣经·约伯书》第五章第七节：人生在世必遇患难，如同火星飞腾。Yet man is born unto trouble, as the sparks fly upward。

② 由于资料所限，对于此处所指的哈利特先生（Hallet），笔者尚未掌握其他佐证材料，企盼方家指教。

③ 1894 年 5 月至 10 月，在香港大流行的鼠疫导致两千人以上丧生，成为香港开埠甚至有记录至今最多人死亡的瘟疫，香港三分之一的人口逃离香港。

七

武昌

1894 年 11 月 3 日

我亲爱的骆任廷先生：

我现在正陪同总督赶赴京城，那里的局势似乎已经陷入巨大的混乱之中[①]。这次旅程也并不是没有风险的，当然，我所说的风险，不是说我很有可能被派遣到前线去，而是没有人知道，无知、傲慢、怀疑和群情激越堆积在一起并发展到极限后，会产生一种怎样的后果。我对于总督负有应尽的责任，我别无选择，要随时听从他的召唤并且追随于他。去年在学校的那段不快的经历之后，老头子好像对我也更加了解了，似乎我现在也更对他的胃口。所以，我希望在这时局的紧要关头，自己能够助他一臂之力。事实上，如果我在武昌这里能有更多的发言权，我就很有可能使他免受现在诸多的尴尬境遇。老头子雄心勃勃却又不知所措，当然，他也无法以你我的视角来看清楚事务的本质，尤其是涉外方面的事务。可有一点，我可以说，在当今的中国，和我正在追随着赴京的这位白发苍苍的老人相比，没有任何一位总督或者高官是更为兢兢业业并且更加令人怜惜的。从报纸上我也很高兴地得知，世俗方面的荣耀和财富仍旧围绕在您的周围。战争结束之后，我希望能够去拜访您——因为我计划之后要到南方去

---

① 明治维新的日本开始走上资本主义道路，对外积极侵略扩张，确定了以中国为中心的“大陆政策”。辜鸿铭写此通信函正值“中日甲午战争”，这是 19 世纪末日本侵略中国和朝鲜的战争。而此时的清朝是一个通过洋务运动回光返照的老大帝国，政治十分腐败，人民生活困苦。1894 年 8 月 1 日，中日双方正式宣战。从 1894 年 9 月 17 日到 11 月 22 日，战争进入第二阶段，主要在辽东半岛进行，有鸭绿江江防之战和金旅之战。鸭绿江江防之战开始于 10 月 24 日，是清军面对日军攻击的首次保卫战。

度假。

战争将不会给我们带来什么益处。虽然顽强的小日本取得了辉煌的胜利,但是继承东方帝国文明的,是步伐缓慢、可靠且稳定,有时稍显病态和略带肮脏的以撒,即中国人,而并不是机巧、侠义、敏捷却不稳定可靠的以实玛利,即日本人。

您真诚的

辜鸿铭

6 日

又及:

在刚写完以上内容之后,总督便接到来自京城的电报,委任其为南京的两江总督(目前只是代理职位)。我只希望南面的日本人不要向北到**扬子江**,但是如果他们这样做的话,我们将誓死而战——以中国古老的方式让他们一败涂地。今后我的通信地址将改变为:南京总督衙门署 70 号。

八

镇江

1894 年 12 月 4 日

我亲爱的骆任廷先生:

如果您已经收到我的上一通回信,您就应该知道我们现在已经抵达南京了。近日我被派往去巡查扬子江的一些渡口,现在正在返回南京的路上,预计两天后抵达南京。

我给您写这通信,主要是想问问,是否有可能请哈利特[①]上校到

① 所指和第六通信函中的哈利特同属一人。

南京来,以便组建起几支全新的步兵队伍?或者您有其他的人选也可以推荐,但候选人必须得是有声望的专业人士,一个**务实**、无所畏惧且无可指摘的人。当然,对于已经退休的英国官员加入我们队伍的问题,我不知道英国政府是如何看待的。我之所以提到哈利特上校的名字,是因为上次他来访问武昌期间,通过我和他谈话之后,我感觉他正是我们所需要的人。在目前的局势下能给我们带来益处的人,应该不仅仅是为了金钱方面的报酬而服务的,当然,我们也不能期待加入我们的人是完全以基督之名来提供无偿服务的。我的意思是:这名外国人士必须有意无意地具备一种责任感,使得他所到之处的混乱与无政府状态都能划归为一种有序状态,就好似戈登[①]将军那样的人一样。从这里的情形我可以看出,马上将会有极其糟糕的局面出现,这对于你们外国人以及我们中国人来说都将是灾难性的,除非有一支核心的武装力量可以打压下去,甚至是彻底消除掉这种**无政府的混乱状态**。我甚至可以这样来告诉您,虽然这完全是我的个人意见而且也让我倍感屈辱,但是如果英国当局可以设法借用给我们一名官员来组建队伍抗击日本人的话,那对每个人来说都将会是大有裨益的。我们的确需要这样一支军警队伍来结束无政府的混乱状态,当然这是要经过英国当局批准和鼓励的。我上面所说的话是极其保密的内容,也不知道告诉您这种提议后,作为中国官员的我是否也应该感到荣幸。但是我是本着关心百姓的利益的原则来给出以上提议的。我们那些**愚蠢**的满清官员们也是时候来关心下百姓的疾苦了。在不得不写下上述这些话的时候,我的感觉是痛心疾首。

---

① 查理·乔治·戈登(Charles George Gordon,1833—1885):维多利亚时代的英国工兵上将。由于在殖民时代异常活跃,被称为"中国的戈登"和"喀土穆的戈登"。对宗教有异常的癖好,自信具有神奇的力量,可以影响异民族。曾参与镇压中国的太平天国运动,《清史稿》上对其事迹也有记载。辜鸿铭在许多文章和著作中都对其推崇备至。

但是我完全信任您能恰当地利用其中的信息从而采取有必要的行动。

如果您要给我发电报的话，请您使用字母 abc 电码，只把中间两位数字**互换**，然后**加上数字五十**即可。例如：

1634|码文|官员
3291|码文|会来

应该这样来转换：

1634＝1364＋50＝1414
3291＝3921＋50＝3971

因此，电报的码文应该相应为 1414 和 3971。

另请劳烦您告知我的兄长一声，我一切安好，家眷也都在武昌，现在还没有决定下一步该怎么办。至少现在他们足够的安全。盼望很快收到您的回信，请您接受我诚挚的祝福。

您真诚的
辜鸿铭

又及：
有关招募官员的事务，总督已经**全权委托**我来负责此事。
必要的电报，您可以随时发给我，并请将费用记在我的账户上。

鸿铭

九

南京总督衙门署

1894 年 12 月 27 日

我亲爱的骆任廷先生：

非常感谢您能如此及时地回复我的信函，也真诚地感谢您在必要的时候愿意为我提供帮助。在写信的此时此刻，我真希望自己可以做更多的事情。通过和我们老头子的几次会谈，我看出，他是非常孤立无援的，如果有人可以告诉他该如何做，他一定会去将其付诸实践。可是现在，有着大量的一文不值的外国人，他们简直是白痴和无赖，聚集在衙门周围，提出的建议五花八门，但根本不具备任何可行性。非常抱歉，但我还是要说，在白痴和无赖的人群之中，我发现了不少英国人。这简直是奇耻大辱。要是我的手下掌控有两支部队或者少量的可靠士兵的话，我将会通过武力来占领这个衙门，然后将我们的老头子拘禁起来，使他不受到任何伤害。您如果知道钱在这里是怎样地浪费在那些愚蠢且无用的项目上的，您会痛哭流涕的。我已经续签了工作协约，而且我也到处检举揭发不良行为。可是我们的老头子，在一次我参与面试的过程中竟然睡着了，这对我雄辩的口才是怎样的一种褒奖行为啊！这个职位最不好的地方在于，我是隶属于这个衙门的，因此在那些外国无赖和可怜的老头子之间，我并没有权限可以主动去起沟通的作用。我给您写信寻求一位坦诚正直外国人士的原因是因为，我想服务于这位外国人士，并且想离开这个衙门。而且正向我说的那样，如果有一支可以靠得住的武装队伍，我们轻而易举地就可以把这个衙门关掉，然后将大权牢牢掌控在自己手中。如果您可以助我一臂之力的话，即借用您在香港掌控的武装力量，我将会去发动武装政变。然而事实是这样，一旦日本人来了，我们这些在衙门混饭吃的人，都会四散分离去逃命——并不是因为日本人——就像正在被猎杀的兔子一样。因此，您可以想象，我现在的职位到底是不是值得被羡慕了。除此以外，我的家人也都在武昌——您知道我的太太[①]，是一位日本女士，一位非常**勇敢**的日本女士，只要她在的地方，周围是永远安全的。但是，我现在正在安排她和我的子女动身去往上海，争取在农历新年以前抵达那里。

现在，我想向您提出一个请求。在这动荡不安的年头，如果有什么无法预知的意外发生在我身上（据他们说这是非常有可能的），我恳请您能想办法来帮助一下我惟一的儿子（现在他已经四岁了），把他送到我在苏格兰的老朋友处，让他在那儿接受教育。当然，即便是真的动身启程，也要等他到了适宜的年龄以后方可，而且也要征得他母亲的同意才行。但或许她母亲的意见已经无关紧要了，因为我认为我那可怜的妻子可能会在我之前离世。我将会把女儿留给我的妻子来照看，如果我的妻子不在了的话，根据我们槟榔屿的传统，我将会把女儿委托给我的兄长来抚养成人。但更为重要的是，如果一旦我发生什么不测，我只能委托您来尽您所能去照管我这一家老小了。

我在离开苏格兰之前，曾经和一位年轻的女士订了婚，然而生活中就是充满了莫名其妙的讽刺（**奈何天**），我们最终未能结合在一起。她就是玛格丽特·艾格妮丝·加德娜[②]女士。她现在结婚与否，我无从得知。但无论怎样，她都一定会照顾我的儿子，就像对待亲生儿子一样将他养大——友谊地久天长！您在香港汇丰银行工作的朋友阿迪斯[③]先生会通过询问他的朋友来告知您玛格丽特女士的联系方式。

---

① 辜鸿铭的日籍妻子吉田贞子。

② 由于资料所限，对于此处所指的玛格丽特女士（Margaret Agnes Gardner），笔者尚未掌握其他佐证材料，企盼方家指教。

③ 由于资料所限，对于此处所指的阿迪斯先生（Addis），笔者尚未掌握其他佐证材料，企盼方家指教。

当然,我之所以写这些,是要以防所有的意外发生。但是,在今后的很多很多年里,我仍然希望自己能够存活下来,或许完成比我现在所做的事情更有价值的事业。目前,有关和平的会谈正在进行着——而如果你们的外国政府严格履行征召法令,并且不再让那些白痴无赖和冒险家给我们的满清官员灌输虚幻想法的话,我认为,我们迎来的还将会是和平。那时,我希望我可以亲自拜访您,然后再一起回忆和谈论现在的这段动荡的年月——美好的回忆(Juvabil Meminisse)。请您接受我对您及您家人最美好的祝福!

辜鸿铭

十

南京总督衙门署
1895 年 5 月 27 日
亲爱的骆任廷先生:

在农历新年前后,我收到了您的上一通来信,但是未能回复。您获得晋升[1],这是当之无愧的。收到这个好消息后,我虽然没有及时回信,但我满心的喜悦是溢于言表的。真诚地祝愿您今后步步高升,最终攀登到您职业生涯的顶峰。

无疑,您听到和平条约[2]终于缔结的消息一定是很高兴的

---

① 1895 年,骆任廷升任为注册主管、政府秘书、辅政司,其地位仅次于香港总督。

② 辜此处所指为《马关条约》,这是中国清朝政府和日本明治政府于 1895 年 4 月 17 日在日本马关(今山口县下关市)签订的不平等条约。该条约的签署标志着甲午中日战争的结束。中方全权代表为李鸿章、李经方,日方全权代表为伊藤博文、陆奥宗光。《马关条约》使日本获得巨大利益,刺激其侵略野心;使中国民族危机空前严重,半殖民地化程度大大加深。

吧——但是这结果也恐怕来得太迟了些吧。我认为，这一条约的缔结无异于打断了中国的脊梁骨。具体的条款没有极其过分的要求，但是我们那些“蠢货们”根本意识不到问题的严重性。我们的总督极力劝说皇帝去拒绝这一条约，但是无果而终。现在，可怜的老头子就像是一个无力回天、孤独绝望的赌徒，游戏继续进行着的时候，他不断地在这里花点钱，在那里付些款，事实上无非是在扮演一个伟大的爱国者的角色，但是现在突然游戏结束了，他自己感到麻木茫然，全然无助，想去认识但却始终意识不到自己过去的愚昧，以及不得不为自己的错误而负责的糟糕前景。这是极其令人怜惜的。就在几天前，有关台湾的问题①又是谣言四起，这好像又重新点燃了我们衙门一线令群情激动的希望。总督一直都非常辛苦，插手处理一些他本不该干涉的事情。至于最终的结果，老头子可能会把自己陷入麻烦之中。事实上，连我都认为，他将会被调任回湖北。在那种情况下，他很有可能将无法退休。

若总督退休的话，我们这些在衙门口里混饭吃的人也将会作鸟兽散。我真不知道自己的下一步该如何打算。您是否能帮助我在南方谋一份差事？我现在每月至少得有一百美元的收入，这样才能使我和我的家人存活下来。薪水是我要求的惟一条件了。无论如何，如果您能够通过您的关系为我提供一些可能的工作机会，我将十分感激——我会考虑申请几个月的假期，然后前往察看。但是除非我被聘任的希望是**比较大**的，否则本人恐怕无财资来担负举家前往的费用。

我们目前所在之地南京是一个很大的城市。若乘坐轮船抵达南京，从港口到总督衙门要大概走七到八英里。总督正在组织修建马

---

① 1895年清政府签订了《马关条约》而割弃台湾，5月25日，台湾军民成立民主国，推唐景崧(1841—1903)为大总统领导抗日。当日军登陆台北后，唐便携款内渡，颇受时论指责。

路，打算覆盖所有街道——这将会带来很多益处。这个城市只有大概四分之一的地区有人居住。在总督衙门署的周边，除了几家商店和居民房之外，全部是空旷的荒野——然而覆盖在地面上的却并不是野草或者蔬菜，而是大量的残砖碎瓦以及其他**遗迹**，它们无不昭示着南京城辉煌的**过去**。我现在的居住地算是闹市区了，名为“王府园”，距离总督署大概三英里的距离。我现在每天骑驴到总督衙门去上班，因为坐轿的话太慢了，而且费用也将会非常高。

当然，这里有许多历史名胜和古代遗迹，但是华夏民族古老的遗迹，就像她过去的辉煌一样，已经全部消逝，剩下的恐怕也就只有名字了。在赴南京之前，我查阅了很多历史名胜的信息，但当我亲身实地游历的时候，我被告知，人们只是更换了**地名**，其他的还一切照旧。明代的古墓同样是废墟一片——只有一些石刻雕塑在诉说着过去的辉煌。这些石雕真的是非常精妙——全都是不同的兽雕，猛虎、雄狮、大象等，每座都是用一整块岩石雕刻而成，是真实动物的两倍大小。

想必您在新职位上将会更加忙碌吧。可我仍希望能尽快收到您的回信——尤其是希望能得到有关工作的信息。我也给我的兄长写了信，因为我真的很厌倦这种衙门府的生活。

致以良好的祝愿

您真诚的

辜鸿铭

十一

上海

1906年5月4日

亲爱的骆任廷先生：

在刚收到您上通来信的时候，我正打算动身赶赴南京，因此无法得暇书写回信。

您对我是如此惦念，对此我十分感激。我现在已经五十岁了，随着年龄的增长，对于往昔的记忆就会变得愈加的清晰，甚至还有些神圣的意味，因为这是世界和时间惟一无法被剥夺的个人财产。自然，往昔的记忆总是会与故人老友相联。在收到您来信的时候，我的耳畔仿佛回响起一首苏格兰老歌《友谊地久天长》[①]的旋律。是啊！友谊地久天长！

您或许已经得知我的近况[②]，从某一方面来说，这似乎是顺风顺水；但从另一个角度看来，情况绝非事事如意。

多年以来，我历经艰难困苦。现在，用世俗的话讲，家境开始变得兴盛富裕了。我的妻子在临去世前说，这种富足真好似天上掉下来的馅饼一样。因为我们从未主动谋求过什么物质方面的殷实，更不用说对此有所希求和憧憬了。然而，就在这点小小的财运幸运地来临之时，与我多年同甘苦、共患难的妻子却去世了。

您应该知道**董永**的故事，坐落在香港租庇利街[③]的剧院曾经上演过这个剧目，我将其翻译为“桂冠诗人和他的缪斯女神”。这个小伙子在他年轻的时候一贫如洗，甚至都没有钱来给他的父母办葬礼。他后来遇到了一位女子，这位姑娘开始帮忙操持他家里的方方面面，将一切都安排得井井有条，使得他得以顺利地完成学业。在准备充足之后，他参加了考试，并一举夺魁成为**状元**，也就是中华帝国著名

---

① 《友谊地久天长》(*Auld Lang Syne*)是一首非常有名的苏格兰诗歌，语句直译为“逝去已久的日子”，由十八世纪苏格兰诗人罗伯特彭斯（Robert Burns，1759—1796）根据当地父老口传录下的。这首诗后来被谱了乐曲，除了原苏格兰文外，这首歌亦被许多国家谱上当地语言，成为一首脍炙人口的世界经典名曲。

② 辜鸿铭调任上海正式督办黄浦江浚浦局。

③ 租庇利街：即 Jubilee Street，香港的一条主要的繁华街道，1887 年为了纪念维多利亚女皇执政五十周年，特此命名。

的桂冠诗人。女子这才向他说明，自己并非贫苦家出身的姑娘，而是天上的七位仙女[①]之一，并和她的姐妹一道来和董永告别。

我现在也完成了自己的学业，而且我的七仙女也已经离开了我。我的妻子不能算是长寿，她拖着病体将我的所有书籍、衣物以及其他的一切都打包装好，为的是能让我们的上海之行安全而顺利——用中国话来说，就是**出山**，入世去做自己应该做的事情。

因此，我目前这个职位的主要任务就是要整治黄浦江的吴淞内沙。我本应该先在我的书里讨论解决吴淞内沙问题的方案，然后再得到这个职位的，命运是多么会嘲弄人啊！

然而，我将会全力以赴，尽职尽责，为的是能挣到这每月八百银元的薪水。

但是我感到这并不是我毕生事业之所在。我毕生努力的方向是要使你们西方人能真正理解中国。现在我已经翻译完毕《**中庸**》，我认为，这部即将付梓的译著是自己迄今为止最为满意的文学作品。除译文之外，书中还有大量的引述以及间注。我为该书起名为——《生活的准则：一部儒家教义问答手册》，这让我想到一部苏格兰教理

---

① 辜鸿铭在此处用的英文为 Pleiades，即昴宿星团，从比较文学的角度来看，这是十分地道的译法。中国古代把其中的亮星列为昴宿，有关的传说和神话很多，也被称为“七姊妹星团”。昴宿为二十八宿之一，这些恒星则称昴宿七(Atlas)、昴宿增十二(Pleione)、昴宿四(Maia)、昴宿一(Electra)、昴宿增十六(Celaeno)、昴宿二(Taygeta)、昴宿五(Merope)、昴宿六(Alcyone)和昴宿三(Sterope)。在西方文化中，七仙女星团是希腊神话里的七位仙女的化身，她们是擎天神阿特拉斯(Atlas)和其妻普莱奥尼(Pleione)的七个美貌的女儿——迈亚(Maia)、伊莱克特拉(Electra)、塞拉伊诺(Celaeno)、泰莱塔(Taygeta)、梅罗佩(Merope)、亚克安娜(Alcyone)和斯泰罗佩(Sterope)。

问答手册，其在开篇就问："人的主要目的是什么？"[1]事实上，《**中庸**》和《**大学**》（不应被翻译为"Great Learning"，而应为"Method of Higher Education"）可被称为两部儒家教义问答手册。

目前中国的局势不很顺遂。中国的统治阶层，即您所谓的文人阶层，正在逐步走向疯狂，中国人民在遭受苦难。邪恶的根源来自于你们西方人野蛮的武力。中国人现在陷入**恐慌**之中，而在这种恐慌局势的影响下，谈改革是不可能的事情。

即使是在上海，大多数外国人对于中国人所持的态度也都不对。您可能已在报上读到一通信，是一位基督教福音神父达尔文特先生写的，内容涉及咨询委员会事宜。我原本想给报社的编辑写一通信[2]，让大家都去注意那位神父的信中充斥着的排挤中国人的情绪。如果想要中国人消除排外情绪，你们这些外国人首先必须消除排挤中国人的念头，并且对我们要公平公正。决不能一边对中国人拳打脚踢，一边还要中国人对你无比热爱。

然而冰冻三尺非一日之寒。我相信您不会同意我的观点。但我想说的是，三年前我来到北京时，发现贵国使馆的外交官全都是心胸狭隘、想法偏执之辈，无一人能独立思考。

我随信向您寄上一篇再版的文章，我只给好朋友们阅读。

---

① 来自《西敏斯特小要理问答》（*Westminster Shorter Catechism*），又译《西敏斯特小要理问答》《韦斯敏斯德小要理问答》和《西敏小要理》等，写于1646到1647年间。神学家书写此书的目的是为了让英格兰教会更好地融入苏格兰教会。该书的第一个问答是：问：人生的首要目的是什么？答：人的主要目的就是荣耀神，永远以他为乐。"Q.1. What is the chief end of man? A. Man's chief end is to glorify God, and to enjoy him forever."

② 参见本书中辜鸿铭致《字林西报》编辑信函第二通，在该信中辜鸿铭化名为"一个穿长袍的中国人"。而此处辜的说法也证明，由于种种原因，他并不想让别人知道自己写了这通信。

我非常想再次拜访您的府邸，对于您的盛情邀请，鄙人不胜感激！

致以良好的祝愿
您真诚的
辜鸿铭

十二

上海
1906 年 6 月 15 日
亲爱的骆任廷先生：

我刚刚收到您充满善意的来信。这些天来稍得闲暇，我正在给其他的一些朋友写回信，因为已经耽搁太久了。因此我也赶忙给您回信。

很高兴地告诉您，我们最终是和一位荷兰籍的总工程师奈格[1]先生签了协约。他曾在日本工作过许多年，也曾对于黄浦江做过专门的调查研究。我自从担任上海的这一职位以来，这是惟一令我满意的一件事。我们的这位总工程师是一位老人，他友善而优雅，坦诚正直且聪明睿智，他有十足的绅士作风，对真善美的事物总是充满了欣赏。

您知道，和有宗教信仰的人相比，我身上一点也没有虔诚的意味

① Johannis de Rijke(1842—1913)：荷兰著名水利工程师，曾应聘上海浚浦局总工程师。早在 1876 年，他和另一位荷兰工程师艾沙(C. Escher)就应上海外国领事团邀请，来上海对黄浦江内沙能否改善进行考察，并合写出《吴淞内沙报告》(Report upon The Woosung Bar)。该报告提出以制定导治线为治理黄浦江的总原则。

可言。但是奈格先生似乎能察觉到我的别致之处。他甚至说:“我们的相遇并非偶然,而是承蒙上帝的旨意,除了黄浦江浚浦局的事务外,或许还有更为重要的目的。”

除此以外,就是一些和我任职相关的坎坷经历。最初,上海商会反对我的任职,认为我的职位凌驾于上海道台之上,于是他们就向北京方面发出呼吁,结果外事官员们在外务部将此事弄得满城风雨。事情最后变成了这样:我这一工作的原本职衔“**坐办**(deputy commissioner)”得更换成“帮办(assistant commissioner)”。在汉语里,“坐办”相当于执行长官,是在税务司总长作出决策之后,负责具体执行的一个职位。有关头衔的称谓,我曾发表过一系列的文章加以详释,其中有一章的内容被上海别发洋行盗版发行。

上海商会通过他们这种满腹牢骚的行为使得我在此处开展起工作来异常困难。《上海每日新闻报》说我是一个不切实际的人。的确如此,我或许迂腐而不切实际,但是,和那些被派到上海做道台的顽冥不化的蠢货相比,我无疑是更加注重实际的。而且您也知道,我曾经在德国的一所理工工程学校接受过相关培训。

我近来和现任的上海道台发生了矛盾。我从武昌带到上海一位中国秘书,这是经过上任上海道台同意的,而且这位道台也正式地向总督发出过职位邀请函。我的这位秘书跟随我工作很长时间了,浚浦局办公室秘书职位的薪水为每月六十两,他因此也希望以正式的方式得到录用,所以就没有再更换其他的工作。那天我把秘书的薪水单据递交给了现任的道台,然而这个蠢货竟然拒绝支付薪水。我向税务司总长求助,可他说自己全不知情,因此无法给出裁决。当然,我将向总督投诉他的这一行为。

但是最后,我大概应该会**甩掉**现任道台、税务司总长以及涉及黄浦江的全部事务,然后回到武昌,依旧待在原来的岗位。我在上通信中告诉过您,我如果退休了,就宁愿待在自己的菜园里,然后平静地去做我认为毕生最重要的事业,现在这种想法依旧很强烈。但是,我没有世俗所谓的经济头脑，因此没有什么积蓄可供我目前来这样做。您也知道，现在的职位所提供的薪水让我免除在资金方面的担忧，这在我人生经历中还是头一回呢。

我曾经想，我已经摆脱了生活琐事的瓜葛，所以应该可以平静且安逸地致力于我毕生重视的事业。但现在看来，情况远非如此。在我死去之后，人们来评价我毕生的功绩，他们应该牢记，我这一辈子都只能凭借一己之力来孤军奋战。作为一个被欧洲化了的中国人，我自然无法获得来自本国同胞或是外国同仁的丝毫同情。从来没有一个人，哪怕是伸把手，来帮我走出困境，我所面对的只有永不停休的辩论和针锋相对的争斗。在上海祥和欢庆的气氛中，您或许并不知道我有多么的孤独。

恐怕我将无法为您完成您的翻译了，除非我能有闲暇的时间。也非常感谢您盛情的邀请，对此我会铭记在心。

致以良好的祝愿

您真诚的

辜鸿铭

十三

上海卡特路70号

1910年3月4日

亲爱的骆任廷爵士：

在农历的年末收到您多通来信，在下并未及时回复以表谢忱。生活在上海必须忍受一种毁灭性的打击，如果您能知晓一二，我相信，您就一定能谅解我的无礼。但我已将拙作《中国的牛津运动故事》一书寄给了您，希望您会喜欢。您对在下获授文科进士[①]不吝赞美之辞，我在此表示感谢。有趣的是，获此殊荣之时也恰逢新书付梓出版之日。事实上，因为那篇有关端方的文章，我差点就惹来大麻烦。上海道台[②]**通禀**了南京两江总督[③]、江苏巡抚[④]、端方[⑤]本人以及外务部。南京的两江总督颇为良善。他对上海道台作出如下答复：**文字狱非盛朝所应有之事**。换句话来说，一个好的政府不应因言论而对某人施加惩处，而应更重视其所作所为。苏州的江苏巡抚是满族人，他曾与我在上海浦浚局共过事，我们也曾因一次争执而差点大打出手。他私下里对我说，虽然端方是其近亲，但从**政界**的视角来看，他赞同我对于端方的评论。因此，他对上海道台的弹劾之词也将不予理会。但是外务部为示惩戒决定给我**记大过一次**。我的老友及

---

① 在1910年初，清政府曾赐予十二名因具有“游学专门回国在十年以上者”以“进士及第”的头衔。其中文科的状元、榜眼和探花分别为：严复(1854—1921)、辜鸿铭、伍光健(1867—1943)。参房兆楹、杜联喆编《增校清朝进士题名碑录附引得》，哈佛：燕京书社，1941年，第242页。

② 蔡乃煌(1861—1916)：袁世凯亲信。广东番禺人，字伯浩，1908年至1910年出任上海道台，受袁世凯指挥，大肆收购传媒，操控舆论；1910年因橡胶股票投机致上海出现金融危机，被革职查办。其人品卑污，曾利用合成照片作为政治斗争的工具来陷害岑春煊(1861—1933)。入民国后为袁世凯称帝筹款，出任广东特派员，因“海珠事变”被广东军阀龙济光嫁祸枪杀。

③ 张人骏(1846—1927)：原字健庵，号安圃，晚号湛存居士，直隶丰润县(今河北丰润)大齐坨村人。清末政治家，曾任两广总督、两江总督等职。

④ 博尔济吉特·瑞澂(1863—1915)：清末大臣。字莘儒，号心如，蒙古族，满洲正黄旗人。1905年调任上海道。1907年先后任江西按察使、江苏布政使、江苏巡抚。同年10月升任两江总督。1909年与时任两江总督端方不睦，上表辞官，以退为进。清廷慰留，升任其为江苏巡抚。

⑤ 托忒克·端方(1861—1911)：字午桥，号陶斋，清末大臣，金石学家。满洲正白旗人，官至直隶总督、北洋大臣。1911年起为川汉、粤汉铁路督办，入川镇压保路运动，为起义新军所杀。著有《陶斋吉金录》《端忠敏公奏稿》等。

同事梁敦彦[①],现任外务部尚书,他通过其私人秘书对我发出警告,说他已尽了最大努力来保全我,若此后我要是再不谨慎行事,他再也不会施以援手了!这些话竟出自一位老朋友之口!我真想要写信告知他,我才不需要他的什么**该死的**庇护。但再三考虑之后,我终究没有这样做。两江总督是站在我这边的,将处分决定退还给了外务部,并拒绝给我记大过。

总体而言,这里面还是有些天意的成分在吧。那篇文章发表九天后,端方就倒台了。如果不是端方下台,我的处境至少将会非常尴尬。不过,北京有消息称,摄政王在决定裁处端方之前,曾读过那篇文章的中译文。因此您看,这正像古书上所说的那样,“诸事相互效力,结局皆大欢喜”[②]。

我居上海现今已四年之久,从外部来看,周围仍然危机重重,但目前我已经克服了“**内部**”危机,剩下的外部危机也并非那么难以应对。除非政府再向浚浦局投资几百万,否则我们在这里的办事处再有一年的时间就必须得关门了。不过我倒也挺乐意离开上海。但问题是,我下一步将去往何处?我在这里的薪俸虽然可观,但是上海的物价却贵得吓人。此外,我还得对自己的兄长和侄儿们施以援手,这位兄长年事已高,郁郁寡欢却又卧病在床。而到了我这把年纪,也感到比年轻时候更加需要在物质层面上得以满足。我已经为自己买了保险,所以万一遇有什么不测,犬子阿斯卡尼俄斯[③]可以有所保障。

---

① 相关介绍详见辜鸿铭致梁敦彦信函。

② 《圣经·罗马书》第 8 章第 28 节:我们晓得万事都互相效力,叫爱神的人得益处,就是按他旨意被召的人。And we know that in all things God works for the good of those who love him, who have been called according to his purpose。

③ Ascanius 译为“阿斯卡尼俄斯”,是辜鸿铭之子辜守庸的英文名,取自古罗马诗人维吉尔(Publius Vergilius Maro, c.70—19 B.C.)所著拉丁史诗《埃涅阿斯纪》(*Aeneid*)中主人公 Aeneas 之子,他是意大利 Alba Longa 城的创建者。

因此，我最焦虑的事情也已经得以解决。我也刚把阿斯卡尼俄斯送到青岛的一所德式高中院校去读书，打算把他培养成为一位在上海受欢迎的德国人。

现在您和您的家人们是否可好？我想您应该是子女成群了吧，当然，自不用说，他们也都已长大成人了吧。您在结婚之后我们就没有再见过面。在上海，我的外国朋友不是很多。两年前，我有一位教会的女性朋友去威海卫照顾她生病的丈夫。她曾拜访过威海卫督署，而且她后来告诉我说，您认为我是一个不关心生计的人。我的朋友啊，如果我多关心一下自己的生计，我想我现在应该过得更好一些吧。无论如何，若是现在我没有生计问题的困扰，我就会归隐篱园，著书立说，去震慑那些欧洲的民众。在如今这个已颓败腐朽的帝国之下，隐埋着怎样的一种伟大的华夏文明啊！无论在什么情况之下，我都会永不气馁。即使没有面包和黄油果腹，我也可以用米粥来清心养性。

现在，您该清楚我为什么不是一个通信的良好对象了吧。我写不了短笺，比如银行支票那样的篇幅，至少在给朋友们写信时如此。要写的话，我就一定得敞开心扉来写。恐怕有些朋友会说我的心扉敞开得过于长久。我希望您不这样认为。但是，我也不得不就此搁笔了。

两年前我曾在**都察院**里提交过一份篇幅较长的备忘录，现随信寄上该备忘录的打印副本。从中您还会读到一些尚书大臣们的报告，备忘录提交给这些大臣们，为的就是让他们作报告。我确信您对于中文的研习并未停止，而且您也一定能够轻松地阅读这份备忘录。贵国驻北京公使馆有一位官员，私下里为我把备忘录翻译成了英文，但译文实在是拙劣不堪。不知道您是否有意尝试翻译一下？

随信寄上的还有我针对端方所写的言辞激烈的诗句，我认为这些内容您在阅读时恐怕会难度不小。我敢断定，没有几个外国人可以完全读懂这些诗句，并能洞彻其中的内涵。普兰德[1]在其最近的一本书中说，中国是没有诗歌的。此外，再寄给您一本《痴汉骑马歌》[2]，或许您没有读到过。

最后，非常感谢您的盛情聘约，如若有一天我们的办事处解散了，我定会投奔到贵督署去。

致以最美好的祝愿
您真诚的
辜鸿铭

十四

上海

1910年5月21日[3]

亲爱的骆任廷先生：

自从上次写信并寄给您一些有趣的文章之后[4]，就再也没有收

---

① John Otway Percy Bland (1863—1945)：英国作家、《泰晤士报》记者，1910年曾出版《慈禧太后统治下的中国》(*China under the Empress Dowager*)一书等。

② 1909年辜鸿铭翻译并出版了英国诗人威廉·柯珀(William Cowper, 1731—1800)在1782年创作的诗歌《痴汉骑马歌》(*The Diverting History of John Gilpin*)。

③ 此信的信封上留有骆任廷的笔记：辜鸿铭，1910年5月27日到。

④ 辜鸿铭在此之前曾寄给骆任廷一通信，信封上的邮戳为1910年5月13日，其中只有一篇剪报，内容涉及敦煌文献的发现和相关报道，剪报具体信息不详，剪报上也没有其他笔迹可供参考。因而，此处所指的“有趣的文章”很可能指的是这通信函的剪报。当然在5月13日到21日之间，辜也有可能寄送了其他的相关信件给骆任廷。

到您的来信。我此次写信的目的是想问您一下，多年前，我曾给《香港日报》社写过一篇文章，主题是关于“科学和教育”，您那里还留着我曾寄给您的文章副本吗？文章是以演讲稿的形式撰写的，听众是肯瑟博士①在香港的医学院的学生们。

有关《大学》的英译本，现在已经基本润色完毕，我希望那篇文章可以作为“序言”收录在这本小书中。

鉴于目前英国正举国悲痛，全民哀悼②，我翻译了一篇古文③给上海《文汇西报》社发表，这是对发生在中国三千年前的一个类似事件的记述，现随信也寄给您。同时也寄上一部著名人士的书信集，您曾向我索要过这本书。

致以美好的祝福

您真诚的

辜鸿铭

---

① 肯瑟博士(Dr.Canthe)的具体信息未详。

② 该事件是指爱德华七世的国葬。爱德华七世(Edward VII，1841—1910)在1901年至1910年为大不列颠国王、印度皇帝。1910年5月6日，爱德华七世于晚间在白金汉宫突然死于肺炎。5月20日，欧洲各国君主齐聚英国与全民一道参加爱德华七世在伦敦举行的葬礼。辜鸿铭此信写于5月21日，可见他对于国际时事的风云变幻极为关注和了解。

③ 这篇古文取自于《尚书》，题目为《周书·顾命》。根据随信寄出的译文来看，辜翻译的篇名为“A King's Last Will”，取临终遗命之意。该译稿虽为打印文本，但可惜只是报社发给作者供校对使用的初稿，而且其中还有一处辜在润色文本时的笔迹，因此具体的发表信息，如时间、刊物名称等，目前还无从得知。

十五

上海卡特路 70 号
1910 年 9 月 21 日
亲爱的骆任廷爵士：

随信寄上两卷本《**张文襄幕府纪闻**》，这是在下匿名出版的中文著作，但对于那些了解作者的人而言，他们当然会知道作者是谁。我想要把我的想法告诉自己的同胞，尤其是想要教训一下那些伪善的文人们。我的一些中国朋友告诉我，这本书恐怕不利于我获取“饭食”。但让我更感兴趣的是，您是否可以理解书中的一些中国历史和文学典故？在我看来，恐怕没有几个外国人可以做到这一点。

最近，我对一起案件颇感兴趣，涉及当地的一家报纸诽谤威海卫行政公署的报道。首先，这些诽谤的言论谬误不公，令人无法容忍。可我有位年轻的友人[①]，出身于安徽的文学世家，作为编辑的他愚蠢地在当地的一份名为《**神【洲】州日报**》[②]的激进报纸上刊登了这则诽

---

① 胡怀琛(1886—1938)：原名有忭，字季仁；后名怀琛，字寄尘。安徽泾县人。1898 年游学上海，后任《神州日报》编辑。1910 年加入南社。与柳亚子共主《警报》《太平洋报》笔政，并相交相知，义结金兰。1916 年辞京奉铁路科员职，执教沪上大学，兼卖文为生。著有《大江集》《新诗概说》《中国文学史概要》《国学概论》《南社始末》等。

② 1907 年于右任(1879—1964)从日本回国后，在上海中国公学任教。他邀集杨笃生、王无生、汪允中、叶仲裕、汪彭年、庞青城和邵力子等为发起人，于同年 4 月 2 日在上海创办了《神州日报》。该报是辛亥革命时期中国资产阶级革命派在国内创办的第一家大型日报。该报不用光绪年号，而用干支和公元。同年 6 月 20 日起，该报改由汪彭年等人主持，与同盟会、光复会联系逐渐减少，宣传内容趋于芜杂。但因参加编撰的多为革命党人，仍保持一定的革命色彩，因而在辛亥革命前被认为是革命派的言论机关。中华民国成立以后，曾被袁世凯收买，后屡次易主。抗日战争时期又曾被日伪控制。后报馆被焚，1946 年 12 月 15 日出版 8745 号后终刊。

谤报道。《神州日报》为此辩解说该报道是从青岛的一家报纸上转载而来的。在法院受理该案件后，被告方决定服从法庭判决，并弥补过失。随后英国的法庭陪审员请英国皇家律师代拟道歉书。然而该道歉书的口吻十分低三下四、卑躬屈膝。所以那位《神州日报》的友人找到我，眼含泪水地哭诉道，他宁可跳进黄河自尽，也不愿在公众面前以如此下贱卑微的方式去道歉。

我的一位苏格兰朋友在看过道歉书之后也同意我的观点，认为任何一个有自尊的人都不会采用那样的道歉方式。我当时就想写信告诉您，但是他建议我还是去拜访一下贵国的一位法官博恩[1]先生，法官先生人在上海，也懂得一些君子之道。我见到博恩先生后问他，让一个有过错的人以如此丧失尊严的方式去道歉是否合理？博恩先生先是说，对于如此无礼诽谤威海卫行政公署的人而言，没有什么所谓的尊严可以丧失的。我回答说，若是这样，那就直接将他关进监狱好了，而不应该要他去道歉。道歉是一种**可贵的改正错误的行为**，而不应是为了羞辱弥补过失的人。况且在该事件中，还是有一点情有可原之处的，即该报刊登的诽谤内容是从青岛的某家报纸上转载的。然后博恩先生让我给他看一下那份由英国皇家律师代拟的道歉书。看过之后，博恩先生也同意我的观点，认为不应该要求被告作出此种道歉。他因此让我重新起草道歉书，然后他会和英国当局接洽此事。我在草拟好道歉书后寄给他看，他随后回信说他会极力说服皇家律师采用我的这份道歉书。

然而，在法庭到了最后宣判的时候，道歉书的内容又被修改了，结果除了要作出道歉外，所有被告每人还被罚了二百两。此案就这样了结了。可我想说的是，在案件的整个过程中，在我看来，你们英国当局表现出的是一种**蓄意报复**的心理，这令人十分遗憾。毫无疑

---

① Sir Frederick Samuel August Bourne（1854—1940）：英国驻上海总领事，英国法官、外交官，曾长期在中国任职。

问，中国的报纸编辑因为自己的愚蠢和无礼极大地伤害了贵方的利益，而且我也不会认为对他们予以适当惩处是不对的。但是也正如您所知，**物不平则鸣**，况且您也必须得承认，目前在中国有很多都是**不平**之事。值得反思的是，当权者即使是在应对那些过激的公共言论时，也应秉持最为公正和人道的精神，而不是像贵国当局在此案中所表现出的那种专横跋扈、蓄意报复的行为。

我知道，写这样的一通信函给您，或许意味着要和您唇枪舌剑一番，甚至反目成仇。然而，我必须要有思考的自由，也要坦诚地告诉您我对这一公共事件的看法，如果为此我就丧失了与您的友情，那么你我之间的友谊之情也就一文不值了。

此信冗长，搅扰许久，还乞见谅，并相信我是

您真诚的
辜鸿铭

十六

上海
1910年12月27日
亲爱的骆任廷爵士：

书写此信向您致以节日的祝福！祝愿您及您的家人一切顺利。上通信函中您告知我说您要去济南府，我想，您现在应该回到家中了吧。

目前，我和黄浦江浚浦局已经没有任何关联了，转而就职在南洋公学，任教务长一职。薪水只有以前的一半，而且工作任务重，但是比较有趣。目前这些可怜的在校学生们（有五百多个），从思想智识层面上的储备来看，简直是贫乏至极，我倒希望能为他们做些什么。但是，改革总是充满了危险，我不知道自己是否会因与某人的意见相左而徒劳一场。

我十分清楚，中国目前的状况下，我若在政府供职的话做不出什么贡献。因此，我要为中华文明的事业多尽一份力。然而若是投身于此，我必须要能够养活自己。我可以告诉您，这对于我这把年纪的人来说是异常困难的，至少也得有些物质上的保证。事实上，在幸运地获取到目前的这个职位之前，有段时间我非常焦虑，思考我该如何解决维持自己生计的问题。

我寄给您的那两卷中文著作，您认为将其翻译为英文可行吗？我是无论如何也无法将之翻译出来了。不管怎样，我还是非常期待读到您的译文。

下面的消息，您或许会觉得很有趣：《中国的牛津运动故事》一书正在被译为德语和意大利语。这些译本将会很快出版。

向您及家人致以良好的祝愿和真诚的祝福

您真诚的

辜鸿铭

十七

上海卡特路 70 号

1911 年 2 月 13 日

亲爱的骆任廷爵士：

现在正值新年，工作方面也告一段落。我赶忙写信，感谢您在来信中的一些翻译样稿。

在您的英译文中，您很好地保留了汉语原文中的温文尔雅以及安详恬静的特质。上乘汉语中一个美好的特质便是一种温文尔雅的高贵口吻。写作汉语文章的时候，几乎不太可能同时也表现出粗鲁和过度的风格。在我开始学习用中文写作之后，我自己的英文文风都有所修正并得到改进。将上乘中文里的文雅与高贵的特质注入文章当中，对于我们每一个人身上的“野蛮”特性都会有一种文明教化的影响。我要说，这就是中华文明的**伟大之处**。终有一天，中华文明定会因其文雅与高贵的特质影响到欧洲大陆的人们。去年，我再次阅读了维吉尔的作品，然后也终于理解了为什么法国人管莎士比亚叫“蛮夷”的原因。诚然，莎士比亚，甚至连弥尔顿也算上，的确在其语言中都会呈现出一种力量，但是他们都不知道如何完美地去控制这种力量——**斐然成章不知所以裁之**（《论语》）。

通过中国报纸媒体上所刊载的文章，您现在也可以看到，中国目前的文人们正在丧失掉这种适度感与温文尔雅。这样，他们也将会丧失掉中华文明的伟大之处。

随信向您寄上翻译稿件，我做了部分修改。但是不知道是不是有哪家外国出版社会**因为**其温文尔雅的风格而重视我那些文章当中的真知灼见。

下次我将寄给您《曾国藩日记》。

致以良好的祝愿

您真诚的

辜鸿铭

十八

上海南洋公学

1911 年 3 月 5 日

亲爱的骆任廷爵士：

我告诉过您，《中国公论西报》的编辑在他们的刊物上面登载了我写的一篇有关普兰德新书的书评——我寄给您了一份该书评的副本。不知道您是否已经收到？

随信寄上《幕府见闻》中几则法语译文，这也是您正在翻译的内容。您可以看出，这些法语的译者们是多么糟糕的一群人！此外，该刊物的主编在未经过我允许的情况下，就擅自把我的名字印在书籍作者的位置上。看看报纸的主编是多么的不懂人情世故和缺乏处事原则啊！真希望能再有个什么秦始皇帝出来，将当今这些逞能的编辑们全部绞死，现在正是时候。

如果您去阅览 3 月 1 日出版的《文汇报》[①]，您就会看到有我发表的一通公开信，内容是有关上海最高法院审理的一桩十分有趣的案件。很抱歉，但是我不得不说，在我看来，贵国在上海的公职人员无一不是糊涂透顶。

关于您需要的那些中文书籍，我会择日尽快再寄给您。

您真诚的
辜鸿铭

十九

上海卡特路 70 号
1911 年 3 月 22 日
(27 日到，11 年 3 月 29 日阅)[②]
亲爱的骆任廷爵士：

今天收到您的三通来信，译稿内容包括到第十四则。对于您的前几通来信，我未能及时回复，在此向您深表歉意。事实上，这份新的工作让我近来异常地忙碌。我不仅仅要负责督导教员们的教学情

---

① *Shanghai Mercury*：中文译名为《文汇西报》，创刊于 1879 年 4 月 17 日。日本人向该报投资开始于 1904 年日俄战争之际。至 1917 年，日本人已掌握一半股份。由于报纸每况愈下，日本人不满意，遂于 1926 年把股份都抛售干净。

② 括号中内容为信函原件中骆任廷的笔迹，记录收信和读信的日期。

况，而且按照和校方达成的协议，我本人也必须要每周至少授课八小时。然而最悲惨的是这里的学生对英语的掌握远未达到熟练的程度，所以根本无法理解我想要传授给他们的知识，因此我必须还要教他们发音、拼写、阅读以及语法。当然，和学校中其他任何老师相比，我都可以教得更好，但问题是当我走出教室后，嗓音通常是**嘶哑**的。不过学生们非常好，他们满怀热情，很欢迎我做他们的老师。除非您现在也像我一样，亲眼得见我就职的这样一所学校的教学状况，否则您恐怕根本无法想象，目前中国的公共教育正处在怎样的一种悲惨的境况。这种形势让人无助，我本人亦不知所措——这里既没有称职的教员，也没有像样的教科书。我在《中国的牛津运动故事》一书中曾说过，袁世凯要为中国公共教育的消亡来负责，其实这话真的并非言过其实。

那么我们现在来讨论一下您的翻译。在随信寄上的部分译文中，我斗胆地做了些文字上的调整。因为是匆匆完成的，字迹有些潦草，希望您能够辨别出来。我自己非常吃惊，您的努力使得译文读起来非常**顺畅**。我起初并不认为这些文字在翻译成英文后会有任何**可读性**。其实这些汉语小短文都是我的英文版《中国的牛津运动故事》内容的意译版本而已。除非是出于文学与文字层面上的兴趣，否则，将由英文翻译成的汉语文本再回译成英文的工作，似乎是无甚必要的。另外，您也知道，就算是《牛津运动故事》那本书，读者也只不过是少数的一些感兴趣的人罢了。会有哪些人愿意去读您的回译作品呢？当然，我写这些，并不是要贬低您那种心甘情愿的付出，如果您把译文寄送给我，我本人将乐意尽全力去做润色。但是您的译文或许可以向外国人展示，我写书并不仅仅是为了**恶言中伤**外国人和外国文明。

致以良好的祝愿

匆匆

辜鸿铭

二十

上海卡特路 70 号
1911 年 3 月 27 日
亲爱的骆任廷爵士：

随信向您寄上译文的校订稿，我斗胆对您的翻译做了些许订正。对于我的建议，您当然也可以自行斟酌裁定。要让阅读译文的读者感觉不到自己是在阅读转译的文字，在翻译中这一点至关重要。举例来说，我对于“乱天下”进行了意译，并非翻译成“to bring anarchy or chaos into the Empire”，而是“to destroy all civilization in China”。

对于“权”这一章，您将如何翻译呢？我非常期待看到您的译文。我本人着实不知如何将自己的中文作品再次用英文表述出来。您需要的诗歌，我也未能成功地翻译出令人满意的译文，但是我会继续尝试翻下去的。若是翻译诗歌，您必须容许我有足够长的时间在脑海里反复揣摩那些诗句，然后或许就会想出最恰当的字眼。所有的诗歌都是受到灵感的启发而做成的，靠指示和命令是无法完成的。我曾答应您要从曾国藩公爵的全集中摘录出日记的部分来编辑成册，但是仍旧没有完成。

致以良好的祝愿
您真诚的
辜鸿铭

二十一

上海卡特路 70 号
1911 年 4 月 7 日
亲爱的骆任廷爵士：

我又收到了您的两通信，其中包括的译文截至第二十一则。现随信将译稿连同我的校订一并寄给您。我必须请您原谅我直接在您的译稿上手写这些校订文字，如果我有了打印机的话，我会再寄给您一份打印稿。但就目前的条件而言，我希望您仍可以辨别清楚字句的内容，再次请您原谅我潦草的笔迹。

我认为，您恐怕对于汉语当中的一些措词是有些重视过头了。所以，您将自己陷入其中而纠缠不清。您仍然固执地将《大学》译为"Great Learning"而不是"Higher Education"！事实上，当掌握文字大意之后，您必须完全**忘掉**汉语中的固定措词，进而用您所掌握的最上乘的英文来表现这种大意。我敢肯定，您现在的英文一定比我好得多，因为我现在对于中文的阅读量要远远大于英文。因此，您必须用您所掌握的更为上乘的英文来对我所润色过的内容进行润色。

对于中国的艺术，我知之甚少，我指的当然是**技艺**层面的知识。但是在我见过的一些艺术品当中，我能感受出它们所表达的某些特质：精美、高贵和平静，反映出一种精气神和中华文明的特征。

您的朋友寄给我一本他的著作《华北的雄狮和苍龙》①，其中充满了各种各样的可能性，——但是很不成熟，无法称得起是一本好书。

致以良好的祝愿

您真诚的

辜鸿铭

---

① 即庄士敦(Reginald Fleming Johnston，1874—1938)的著作：*Lion and Dragon in Northern China* (New York：E. P. Dutton and company，1910)。该书是庄士敦对中国文化一往情深的具体体现。他视封闭保守的威海为研究中国社会的最好素材，为防止威海卫在不久的将来可能在西方的影响和中国革命的推动下发生变革，他决定通过写作将威海的一切生活画面记录下来。为此，庄士敦在威海四处巡游、体察民俗风情，直接从百姓手中收集写作素材，查阅威海史志资料，并于1910年出版了该书。

二十二

上海卡特路 70 号

1911 年 4 月 20 日

亲爱的骆任廷爵士：

我已收到您本月十三日和十六日寄来的回信，其中的译文截止到第三十七则。我早已经完成了从第二十二到第二十七则的译文校订，本打算早些寄给您，但总是错过寄信时间，现在向您一并寄上，校订稿截止到第三十一则。

对于您心甘情愿的付出，您根本不必担心它是否会给我带来麻烦。我在上海的生活乏善可陈，没有什么东西可以激发我的思考、触动我的灵魂。在上海有教养的欧洲人当中，没有一个值得提的。至于我在学校所接触的中国文人，您简直不知道他们的思想有多么的僵化死板，——更不用说他们在精神上的状态了。他们这些人的大脑正在承受着慢性僵化的痛苦（**化不学**），其致命的症状便是傲慢与自满。您可以想象，我得运用多少“**权**”(judgment)才能和他们在一起相处啊。因此，在这样的环境中，帮助您润色译文的工作对我而言是一种良性刺激，给我带来快乐。

《大学》的英译本早已完成，可是我没有财力支持，因此无法使其出版。

您真诚的

辜鸿铭

英译《论语》用了 10 年时间才卖出去 500 册①。

---

① 这一行字单独竖写在信笺左边空白处。

二十三

上海卡特路 70 号

1911 年 4 月 24 日

亲爱的骆任廷爵士：

现寄上第三十三至第三十七则译文校订稿，同时我也要恭喜您，您心甘情愿付出努力，而这项工作已经完成过半！我必须要说，一个苏格兰人只有在具备了苏格兰式“坚韧不拔”的品质之后，才能有可能来完成您所完成的工作。我曾经以为，要把我的那些文章翻译成让英文读者受益的文字是不可能的，当然，除非是付出了超人的努力。但是，您这样一位“坚忍不拔”，或者向您自己说的那样，“努力不懈”的苏格兰人完全做到了。这简直是太了不起了！我多希望我也能拥有这种苏格兰式的坚忍不拔，然后做出伟大的事情来！

当然，要使得作品完全简易可读的话，译文仍需要不断切磋[①]打磨。在印刷出版之前，我非常乐意再次审校一遍译文，以便在某些地方提出改进的意见。随信向您寄上我对于“端方”那则短文的修改译稿。

还有一点我想在此指出的是，在有关南京总督张之洞那则短文中，**“明大体”**一词的翻译有待商榷。我将其翻译为“good taste”，而且这也是正确的翻译。一位近代美国作家[②]说过：“道德上的罪恶，

---

① 此处的“切磋”，辜鸿铭直接使用了自己在翻译《论语》时用的字眼：chiseled and filed。

② 指威廉·德·威特·海德（William De Witt Hyde，1858—1917），美国牧师，曾任美国鲍登学院（Bowdoin College）校长。

源自于我们无法体察到有关人类利益和福祉的大的方面。”[1]马修·阿诺德[2]所谓的“vulgarity”在中文里的对应词就是“不大方(小器)”,即“not large sphere”。一个人如果明大体,就是说他能够体察到大的方面,甚至是万事万物的**达道**。

致以良好的祝愿
您真诚的
辜鸿铭

二十四

上海
1911年5月9日
亲爱的骆任廷爵士:

我收到了您本月六日的来信,其中包括的译文是从第四十七到第五十一则。现随信向您寄上第三十八则到第四十六则译文修订稿。

我认为您将“light mindedness”改为“want of seriousness”的建议是很好的。事实上,要完成质量上乘的翻译是非常耗费时日的。我花了二十年时间才翻译出令我完全满意的《**中庸**》译本。我同样翻译完成了《**大学**》,但在有些地方,我还不甚满意。因此在出版之前我愿意耐心等待。

---

① “Moral evil comes from our power to appreciate large spheres of human interest and welfare.” William De Hyde, *Practical Idealism* (London: MacMillan & Co., ltd., 1897), 266.与英文原文有出入,可能为辜鸿铭的记忆出错所致。

② Mathew Arnold(1822—1888):十九世纪英国诗人、散文家和文学批评家。代表作有《评论一集》《评论二集》《文化与无政府主义》,诗歌《郡莱布和罗斯托》等。

学校在放假之后，我也许会专程去拜访您，届时，我们可以讨论一下您的译稿。您在关注这个国家近来发生的一些公共事件吗？目前的局势真可以说是毫无任何希望可言。

致以良好的祝愿
您真诚的
辜鸿铭

二十五

1911 年 5 月 27 日
亲爱的骆任廷爵士：

现寄上第四十七至第五十一则译文校订稿，两天前收到您寄来的第五十二至第五十六则译文，现也一并寄上。信件寄到您的手中要花很长的时间，因此，我赶忙寄出这些译文，以便您可以早些收到并可以继续进行下面的翻译。

可以确信的是，您在译作完成之时，定会是十分欣喜的。我只是担心，是否会有人来阅读它。

有关我的《大学》英译稿，我会于近期寄送给您一份打印稿，或许在某些具体措词上您可以提出一些改进的建议。

匆匆不一
辜鸿铭

二十六

上海卡特路 70 号
1911 年 6 月 8 日
寄还第五十七至第六十一则译文

亲爱的骆任廷爵士：

最近异常忙碌，毫无空闲，因此没有能够及时回复您的来信。昨天收到您全书最后几则的译文。书籍后面的部分很难，因此翻译成**简易可读**的文字恐怕也不易。所以您必须要宽限我一些时间。

有关加冕典礼的演讲稿事宜，我希望您能原谅我冒昧直言，我恐怕无法为您效劳。您知道，在学校已经有足够多的苦差事让我费心劳神了，而且这些工作我也是**不得已**而为之，因为要谋生。此外，我现在正和一家出版社合作，或者说打另一份苦工，要给学校编辑出版教科书，为的无非是能增加一些现在的收入。如果您能了解为了谋生、为了养家我是怎样地在辛苦奋战的话，我相信您一定不会再给我更多的苦差事了。

致以良好的祝愿

您真诚的

辜鸿铭

二十七

上海卡特路70号

1911年6月30日

亲爱的骆任廷爵士：

我必须要向您致歉，请原谅我未能及时回复您本月十四号的那充满善意的来信。在书写此信之前，我一直忙碌于学校的期末考试事宜。

随信寄上您上通来信中的译文校订稿，而第六十四则我会在稍后寄出。我们的学校将于下周一放假。但是我恐怕会食言，因此无法去拜访您了。我马上要搬离现在的西式住所，要换成一处中式住宅。很快也要卖掉或者处理掉所有的西式家具等其他物品。此外，我和商务印书馆签订了协议，要准备着手编撰几套教科书。我知道，休闲度假、拜访贵官邸虽然会给我的生活带来好处，但这是一种奢望，恐怕现在我还无法享受。子曰：**任重道远**——肩上的责任是沉重的，脚下的路途是长远的。这也正是我们每一个人目前所面临的状况，如果我怨天尤人的话，那不就成了一个懦夫了吗？同时，也仍旧要感谢您在上通来信中对我的同情与安慰。

致以良好的祝愿

您真诚的

辜鸿铭

二十八

1911 年 7 月 20 日

亲爱的骆任廷爵士：

恐怕您一定会认为我是一个不守时的人，因为我并没有及时回复您的来信，因此没能回答您在信中提到的问题，即商务印书馆是否可以出版您的译作。

我提醒过他们要尽快做出答复，随后我得到消息，他们不愿意出资刊印该作品，但是如果您可以出资，他们是乐意为您出版的。他们还告诉我说，商务印书馆和上海别发印书馆[①]没法比，不具备那么多销售外籍图书的渠道。我个人认为，出版该译作最好的途径也许可以这样，您可将译稿寄送给《字林西报》社，请他们一篇一篇的先在报刊上登载，然后再以书籍的形式汇辑出版。除此之外，上海还有一家周刊，名叫《中国公论西报》[②]，我相信，他们也将会乐意登载译文。

① 英文名称为：Kelly and Walsh。

② 英文名称为：*The National Review*。

但是，如果那样的话，刊登完毕全部译文恐怕就会耗时过长。

有关译作如何署名的问题，我个人认为，署您的真名不会给您带来任何不利影响，因为书中没有任何能对中国当局构成**不敬**的内容。当然，我不清楚您所在的殖民当局对于您**翻译**政论性书籍将持何种态度。我相信，英国当局是不允许行政公职人员评论时政的。

最近家务琐事缠身，因此，第六十四则译文还未来得及校订[①]。

致以良好的祝愿

您真诚的

辜鸿铭

二十九

上海

1911 年 8 月 2 日

亲爱的骆任廷爵士：

我曾答应要寄给您《大学》的英译稿，现随信奉上打印稿一份以便您阅读。

对文中某些部分，我采用了十分自由的处理方式，不知道您是否持赞同的意见。汉字**“民”**常常用在社会的语境中，比如《论语》中的**“民散久矣”**，“民散”意味着社会在组织方面杂乱无章。《大学》当中的“财聚则民散”(publice egestas, privatim opulentia)[②]，“民散”意味着社会的解体。不管怎样，我将十分乐意听取到您对于该译本的批评和建议。我正在考虑要将英译《中庸》和《大学》合辑出版，但是

---

① 这一行字单独竖写在信笺左边空白处。

② Matthew Arnold, *Culture and Anarchy* (Oxford: Oxford University Press, 2006), 44.

在哪里可以找到出版商呢?

这两部书——可以说是孔子对于儒家学说的教义问答——记载着中华文明的蓝图。孔子伟大卓越的贡献就是保留了中华文明的蓝图。即便中国所有的书籍都被毁坏,中国人单单凭借这两部书也能够重建起文明。

中国的**战国**时期,是一个扩张和重建的时期,就好似你们欧洲现在所经历的情形一样。在战国之后,文明在华夏大地上被彻底摧毁。但值得庆幸的是,孔子的作品中保存了文明的蓝图。因此,当汉代的儒生研习并最终理解了这些蓝图之后,他们就能够得以重建最初的文明。从那时起,中国人将永远不会丧失掉自己的文明,因为孔子已经将清晰而简约的文明蓝图为子孙后代永久地保存了起来。

在欧洲,摧毁期结束之后,重建期即将开始,届时这些真正文明的蓝图就会显得异常珍贵。等重建期到来的时候,欧洲人或许将会记住一个中国人的名字,因为他曾努力地向这些欧洲人的父辈们强调要研习这些蓝图,但是徒劳无功。

我现在手头有一些工作,一旦完成后我便马上寄出第六十四则译文。

致以良好的祝愿

您真诚的

辜鸿铭

三十

上海徐家汇虹桥路1号

1911年9月25日

亲爱的骆任廷爵士:

有段时间未和您通信了。现在夏天刚刚过去,我也刚刚从上海举家搬到现在新的住址，这是距上海五英里开外一座孤零零的房屋，居住面积很小，但是温暖而舒适，更重要的是房租便宜——每月只交三十美元，而原来的住所每月要耗费一百美元。这个住所也离学校非常近，因此我可以省下交通的费用，也免去了车马劳顿。现在，在“经济（οικονομικὰ）”[①]方面的支持已经有了着落，我希望能够致力于自己毕生的事业。

您会在近期的报纸上读到，中国的阿喀琉斯[②]现在又一次向希腊人宣战了。在上海，他是我惟一常常拜访的显要人物。他有做出一番事业的决心，但是完全没有睿智的头脑，这样他将会一事无成。事实上，他的作为很有可能会使情况变得更糟。在目前这种局势的紧要关头，需要的是睿智。然而岑有的只是决心，而毫无睿智可言。在他接到前往四川的调令那天，我和他有过一次长谈。我发现，对于他即将要去处理的问题，他本人完全不了解其实质所在。

那么，当下四川人民在奋力抗争的问题实质到底是什么呢？它既不是铁路国有化的问题，也不是外债的问题。四川人民是在为一种原则而奋力抗争，而这个原则便是，所有重要的问题——尤其是涉及向中国引进外国事物的问题——都只能够在**全体国家成员一致同意**的基础上来提出解决方案，而不是依赖某个个人或是寡头政治集团的决策来解决的，哪怕他们是碰巧掌控了摄政王意志的一群人。

---

① 辜鸿铭晚年在日本的巡回演讲中也曾使用过这个词。

② “中国的阿喀琉斯”指代岑春煊（1861—1933），中国近代史上著名政治人物。字云阶，号炯堂老人，曾用名云霭、春泽，广西西林人。曾创办山西大学堂，后署理四川总督、两广总督，任内积极推行新政，大举惩办贪官，有“官屠”之称，与直隶总督袁世凯并称“南岑北袁”。1907 年入京任邮传部尚书。1911 年辛亥革命爆发，岑春煊被清政府任命为四川总督，未赴任。中华民国成立后，岑春煊曾任袁世凯政府的粤汉川铁路督办，1913 年，他支持孙中山发动二次革命，并被推为各省讨袁军大元帅。在《中国的牛津运动故事》一书中，辜鸿铭将岑春煊比作希腊勇士阿喀琉斯（Achilles）。可参见该书第四章结尾。

事实上，这个原则我在自己出版的《中国的牛津运动故事》一书中已经做过解释。在中国必须要有变革的话，其实也就是向中国引入铁路体系，那么这种变革，用贵国伟大的威灵顿公爵的话来讲，就必须要通过正当的法定程序。而正当的法定程序则是指要全体国家成员一致同意的过程，在此之前还要经过中国所有重要权贵人士的讨论磋商和深思熟虑。因此，四川事件的问题的实质是，到底是要一个真正的立宪政府，凡变革必经过正当法定程序，得到全体国家成员的一致同意，还是要一个寡头政治集团？您也看到了，这个问题是如此之重大，你们外国人应该努力去了解实际情况，才能将自己的赌注下对地方。

我曾试图向岑总督解释这一切，但是他缺乏思想，根本理解不了。如果他能理解我的想法，凭借着自己的人格影响力和声誉，他或许可以集结力量来组建一个可以经全体国家成员一致同意的政府。而伊藤博文①就曾为日本人民这样做过。

希望您会对以上的内容感兴趣。

致以良好的祝愿

您真诚的

辜鸿铭

三十一

上海

1911年10月10日

亲爱的骆任廷爵士：

---

① 伊藤博文（いとうひろぶみ，1841—1909）：日本长州（今山口县西北部）人，德川幕府末期长州藩士出身。日本近代政治家，首任日本内阁总理大臣，明治维新元老。

不知您是否已经收到我从新家寄给您的信？我曾致信给《字林西报》，讨论有关铁路的问题，现随信寄上信件副本一份，或许您没有在报上读到该信。日本人在步入现代化进程之前，不得不去打破在东京的寡头政治集团的统治，这个寡头集团被称为"**幕府**"。但是在**幕府**被打破之后，又有一股势力要形成新的寡头政治集团。伟大的**西乡**①爵士在萨摩潘②揭竿而起，为的正是反对这第二个寡头政治集团。目前的总督岑春煊所处的位置和**西乡**爵士相同，他会有何作为，我们将拭目以待。如果我能设法让他听从我的一些建议的话，我们将有可能做出一些事情——当然，现在的困难在于如何来组建一支力量以便北京的政府可以**及时**地掌控局势，而这也是各省人民所期待的。

致以良好的祝愿

您真诚的

辜鸿铭

三十二

上海帝国理工学院③

1911年12月20日

我亲爱的骆任廷爵士：

我在不久前收到了您的来信，得知您已把《张文襄幕府纪闻》英

---

① 西乡隆盛（さいごうたかもり，1828—1877）：日本江户时代的萨摩藩武士、政治家，明治维新前领导倒幕活动。

② 萨摩藩：又名鹿儿岛藩。元禄时代（1688—1703）废藩置县。位于日本九州西南部地区。

③ 即南洋公学。

译稿寄回英国发表。既然如此，我认为您应该在书的扉页上再加十个汉字，即“无教之政终必至于无政”，意思是说，一个没有道德原则的政府定会以无政府状态结束其统治。您可以看见，眼下的一切也应验了这一点。目前局势的悲剧也正是如此。在中国要维持秩序，只有通过人民大众对道德力量的认可来完成。而现在，传教士们从欧洲带来了信仰利益和野心的学说，在过去的二十余年从未间断地大肆传播，也多亏了这些所谓的“新学”，极大地动摇了“旧学”中对“忠孝宗义”的信仰。而现如今的文人和学生们也已不再认可信仰道德所具有的力量。在此种状况之下，个人沦落成为食肉动物，无视任何道德与责任。而能够让人遵守秩序的惟一手段，就只有暴力了。然而很不幸的是，帝国政府向来是依赖对道德法则的认同来维持社会秩序的，而不是凭借暴力手段，也真真确确没有什么暴力手段。因此，正如我在那篇为皇太后辩护的文章中所预言的一样，目前的局势就是一种“警察暴力缺席下的无政府状态”[①]。

在为《字林西报》撰写的那篇文章的开头，我写到自己曾相信在中国的文人士阶层中还是残存有道德力量的，集结这些力量便可将“忠孝宗义”的事业发扬光大。但是我错了，除一小部分之外，其他文人都已经彻底丧失了“忠孝宗义”，要我说的话，这都要归功于“新学”的传播呢。

李提摩太[②]牧师曾翻译出版过麦肯齐[③]的《泰西新史揽

① 托马斯·卡莱尔在描述自由主义时，曾给出一个著名的公式：“无政府状态”加“警察暴力”(“Anarchy plus the constable”)，辜鸿铭在此处效仿该公式，给出了：“无政府状态”减去“警察暴力”(“Anarchy minus a constable”)的说法。

② Timothy Richard(1845—1919)：英国浸礼会传教士，1870 年来到中国，1878 年，在山西太原开始传教，在中国翻译书籍，是山西大学的创始人，曾任《中国时报》主笔。

③ Robert Mackenzie(1823—1881)：英国历史学家。

要》[①],已故的花之安[②]博士寄给过我一本。我在给花之安博士的回信中问他是否知道,作者在有关自由、革命等方面的想法,缺乏深思熟虑,这最终会导致多少流血冲突啊！现在,流血冲突伴随着打击报复而来,而那些制造流血冲突的煽动者们对此却并未感到羞耻,反而沾沾自喜。

可是,让我们回到问题现实的一面吧。中国政府和维持秩序所依赖的道德力量遭到破坏,而你们西方人是帮凶,因此你们在当下就应该有所作为,协助政府的重建和社会秩序的恢复,哪怕是需要借助武力。目前局势的可悲之处在于,对于真实状况,你们外国人知之甚少,如若仅仅靠你们自己,你们可能会把时局搅得更加糟糕。现在正是一个进退维谷的境地。如果你们没有帮忙的话,整个帝国就将陷入无政府状态;可是如果你们来帮忙的话,你们也没有什么智慧与谋略可供指引方向,因此你们的援助只可能使事情变得更糟。走出这种两难境地的惟一方法就是得到更多的智慧与谋略。可是,贵国驻上海的当局者傲慢自大,认为根本不需要什么谋略。义和团运动爆发之时,我和现任上海总领事法磊斯[③]先生曾在汉口一起共事,努力维持长江流域的和平。他知晓我做事始终

---

① 全称为 *The Nineteenth Century: A History*,是李提摩太和蔡尔康(1851—1921)合译的一部西文著作。该书问世之初名为《泰西近百年来大事记》,1895 年由广学会正式出版单行本,改为《泰西新史揽要》。全书 23 卷,附记 1 卷,采用以国为经、以事为纬的纪事方法,介绍了 19 世纪欧美资本主义发展的概况。

② Ernst Faber(1839—1899):19 世纪德国新教传教士,汉学家、植物学家。1898 年德国占领青岛后,移居青岛。为辜鸿铭好友,曾力劝辜鸿铭重新英译《论语》。1899 年 5 月,卫礼贤受基督教同善会差遣从上海抵达青岛,协助花之安在当地传教。

③ Sir Everard Duncan Home Fraser (1859—1922):生于苏格兰爱丁堡市,英国驻上海总领事。

如一的风格，而且我们也的确了解汉口的局势。既然他这么了解我，按理说他就应该来找我帮助他获得更多的智慧和谋略。但事实并非如此。我通过报媒提出一个建议，他可协助成立一个观察委员会，但是法磊斯先生和上海的外国人对此却置之不理。真是一群伪君子！

我知道，您不同意我公开发表的观点。但是您必须明白，为了履行自己的职责，帮助那些当权者更清楚地认清局势，我也只剩下这惟一的途径了。在履行上述职责之时，我将自己的安危置之度外，听任那些"新学拳民"们的处置。学校的学生们立即站了出来，把我驱逐出校园。我的住处贴满了要打倒我的标语布告。我不得不舍弃住所和所有家当，与家眷一起到法租界避难。于是学生们要试图烧毁我的房子、家具和书籍，但幸好他们并没有得逞。

天意使然，我遇见了一位奥地利绅士，他提供其肥皂厂的工人宿舍给我，这至今仍是我的住所。

我曾见过和平特使唐绍仪，也可以告诉您目前的局势，但只能等以后有机会再说了。我认为和平会谈不会取得什么结果的。恢复和平的惟一途径恐怕只能靠第三方的介入与调解了，虽然我起初并不赞同这一点。然而，介入调解的手段必须要比贵国更为高明，否则必将导致上海的内乱。在上海，有一群人数过万的暴徒，这些"新学拳民"在家中储藏着大量武器弹药，被称之为革命军。

这通信就此要停笔了。还想再多说一句的是，我有可能与唐绍仪①一道去北京。如果真能得以成行，我将会把家眷送到威海卫，并

① 唐绍仪(1862—1938)：字少川，清末民初著名政治活动家、外交家，清政府总理总办，山东大学第一任校长，中华民国首任内阁总理，国民党政府官员。曾任北洋大学(现天津大学)校长。

请求能得到您的庇护。

致以良好的祝愿
您真诚的
辜鸿铭

三十三

上海
1912 年 2 月 5 日
地址：寄 L.Sayka 绅士，四川路 55 号
亲爱的骆任廷爵士：

十分感谢您的上通来信。得知您仍未找到英译《张文襄幕府纪闻》理想的出版商，感到很遗憾。但这并未出乎我的意料。

袁世凯屈膝投降，手段高超，而时局在其掌控之下依旧十分黑暗。你们英国人称他为“伟大的政治家”，但最近其政治生涯中最为了不起的一点就是他不仅丝毫没有作出抵抗的姿态，还让对方从一开始就看到他的软弱无能、甘心投降的嘴脸。

中国人是再好应对不过的一群人了，只要方法正确，中国人是最容易被驱使的。然而，一旦孙中山或袁世凯登上权力之巅，那麻烦就会开始。外国势力到时定会懊恼不已，后悔为什么没有协助镇压这些“新学”的拳民们。

我本人以及家眷现在的处境暂时安全。我真希望能和唐绍仪一起赴京。他虽然家财万贯，但身上丝毫没有铜臭气。

您真诚的
辜鸿铭

三十四

上海

1912 年 3 月 1 日

亲爱的骆任廷爵士：

我最近给一位德国朋友[①]写了一通信，现将其中的部分内容[②]摘抄给您。从中您会得知，目前的时局是多么的糟糕透顶！

我认为有识之士应该有所作为，如若不然，定将会发生可怕的暴动。中国人民正遭受着饥饿与困苦的侵扰，外加上利他主义的作用，其危害简直比炸药的破坏力还要大。您能否将这种紧迫的局势转告给您在英国所熟知的有影响力的人物呢？

如果可以的话，那么您将会为人文传统事业做出良好的贡献。

匆匆不一

辜鸿铭

又及：

1900 年义和团运动爆发时，窦纳乐爵士[③]曾将时局弄得糟糕透顶，如出一辙，现如今的朱尔典爵士[④]也将当下的局势搅得混乱

---

① 即德国汉学家卫礼贤，详见本书中辜鸿铭致卫礼贤信函，第十二通。

② 信中未见相关内容。

③ Sir Claude Maxwell MacDonald (1852—1915)：英国外交家，1872 年加入英国陆军，1888 年入英国外交部工作，1896 年之后任英国驻华公使。

④ 朱尔典(John Newell Jordan, 1852—1925)：英国外交家，生于爱尔兰，1876 年来华，在北京领事馆任见习翻译员，1888 年升为北京公使馆馆员，1891 年成为中文书记长，1896 年出任汉城总领事，1898 年升为驻华代理公使，1901 年成为办理公使，1906 年成为驻华特命全权公使。

不堪。

三十五

北京奥地利公使馆
1912年4月27日

亲爱的骆任廷爵士：

就在我离开上海之前，收到了您充满善意的来信。我应奥地利驻北京公使讷色恩[1]博士之邀来到北京，他为人十分友善，并答应帮助我解决生计问题。我来京已将近有一月之久了，然而此问题仍未解决。但是讷色恩博士请我耐心等待。同时，我也告知此处的一位公使官员，他们应该让那些共和派的人们自食其果。但是如果外国人要借债给袁世凯和唐绍仪，并且以我们子孙后代的名义来使用借款的话，那么请注意，我们是不会去偿还这笔债的。实话实说，贵国驻华公使馆所提供的援助可真是少得可怜。最终，真正的中国人民将不得不奋起，来否定这一切荒谬愚蠢的行为，并主动担负起捍卫古旧中国(瓷器)[2]之使命，以免其遭受我那些共和派同胞们的蹂躏践踏。

据我所知，北京的各国驻华公使们全都清楚，当下的政权毫无希望可言。一位有影响力的人物[3]曾对我这样描述中国的政府当局："昏庸无能、挥霍无度而且彻底腐败。"然而那些外国的银行在得到他们各国公使的允许之后，依旧在以成百上千万的资金支持着这一腐朽的政权。最终势必将分歧重重。

---

① Arthur von Rosthorn(1862—1945)：奥匈帝国驻华公使、著名汉学家，是奥中友好关系史上重要的外交家和政治家。

② 原文中的"china"为一语双关。

③ 即海里希·柯德士，详见辜鸿铭致卫礼贤信函第十三通。

在逃离上海革命党人士所制造的暴乱的过程中，我遗失了大量的手稿，其中包括《大学》的英译稿。我曾寄给过您该译稿的副本，能否劳烦您复制一份后尽早转寄给我？讷色恩博士非常想阅读一下。

先行告谢并致以良好的祝愿
您真诚的
辜鸿铭

三十六

请仍旧按我北京的地址寄信
烟台
1912 年 5 月 21 日
亲爱的骆任廷爵士：

首先感谢您，惠寄的《大学》译稿（题目英译应该是 *Higher Education* 而不是 *Higher Learning*）我已收到。

我目前正要南下，将家眷带离上海，我相信，那里很有可能会发生大的浩劫。在南京以及上海附近，有超过十二万的暴徒，他们掌握了最先进的武器弹药。

对于当下的局势，我本人看不到任何曙光。但我似乎发现一线光亮，正努力追寻，愿这微渺的亮点能扩大成为耀眼的光圈！

匆匆不一
您真诚的
辜鸿铭

又及：
不知道您那里还有没有多余的《**幕府纪闻**》译文副本？如果有，

能否劳烦您寄送给我几份？您之前寄给我的那份被前奥地利公使拿去阅读了。

辜鸿铭

三十七

何东[①]先生现在的通信地址为：
70 Comprador of
Jardine Matheson and Co.天津
北京
1914年2月10日

亲爱的骆任廷爵士：

不久前收到了您寄来的新年祝福。请原谅我未及时回信感谢，因为近来我因患严重的痢疾而卧病在床。我这一生中还从来没有过如此颓败不堪的经历。然而这一次，当我躺在病床上的时候，我甚至感到自己奄奄一息。我觉得要不了一两天，这种感觉就会遍布全身，而我原本也觉得这样结束也不坏。可是有种责任感让我必须继续活下去，想到那些依靠我生存的亲属家眷，我又不得不振作起来去恢复体力。热衷道家思想的**嵇康**在他的《**养生论**》中曾主张，对于性情的修养有助于疾病的治愈[②]。现在我已经磨炼了自己的意志力。我志坚意笃，决心要恢复健康，因此很快就康复了。

---

① 何东(Robert HoTung Bosman，1862—1956)：香港著名买办、企业家、慈善家。原名何启东，字晓生，生于香港，籍贯广东宝安，是香港开埠后的首富。

② 嵇康(224—263)《养生论》："是以君子知形恃神以立，神须形以存，悟生理之易失，知一过之害生。故修性以保神，安心以全身，爱憎不栖于情，忧喜不留于意，泊然无感，而体气和平。"

您在信中要我告诉您我自己的近况，所以我就大言不惭地满纸上就谈我自己。就未来而言，前景依旧十分黯淡。就目前中国的情形来看，要想不身陷绝境，就得随大流，可这是什么样的一拨人啊!!不出几个月，在经济问题上，我便又将会捉襟见肘。我现在突然有了个主意，您或许可以间接地帮助我摆脱目前的困境。您一定知道何东先生，香港怡和洋行[①]的买办。不久前他也恰好在北京。我们见面后成为了很要好的朋友。他的夫人是位十分具有同情心的女士。何先生身患残疾，他曾对一些朋友说过，非常愿意让我伴随其左右工作。我当然十分乐意接受这提议。但是他当时要处理一些有关铁路的事务，不得不离开。因此，这个提议也无果而终。

他对于您十分仰慕。我想，您能否为我说句话，以便使他对我慷慨解囊。我相信，他是一个十分富有的人。如果他愿意给我提供一年的资助，一旦局势有变，我或许将能有机会得以再次自食其力。无论怎样，像他这样一位富有的人是合适的人选，像我这样身处困境的人需要这位绅士的帮助。我也是一个残疾人，就好像是一位在战场上负伤的士兵。就算是乞求施舍吧，我也不会在意。因此，能否恳请您给何东先生写一通信，当然，要以您认为合适的口吻，请求他来对我进行资助呢？每个月通过银行寄给我两百美元，或者将一年的资助一次性寄给我都可以。当然，一旦我可以自食其力了，我一定会偿还这笔资助的。但是对于像他这样富有的人来说，每个月资助两百美元能算得了什么呢？

最近，我什么事情也没有做，只是在重新翻译《**论语**》[②]，此外也

---

① 即 Jardine Matheson Co.。

② 很可惜，辜鸿铭英译《论语》未能在其有生之年出版修订版，虽然在其晚年游历日本的过程中曾获得英译《四书五经》的资助，详见“明治大帝の‘御製’や四書五経を英訳・辜鴻銘氏三箇年の仕事”，《読売新聞》1925 年 4 月 3 日版。

完成了一本小书，名为《什么是真正的中国人——中国式的人文传统》。样书已经印好寄送到家里了，但是恐怕没有哪家出版商愿意帮我印刷出版。

致以最美好的祝愿

您真诚的

辜鸿铭

又及：

是否值得给何东先生写信，我请求让您来定夺。如果您认为没有任何可行性，那么就作罢。但是如果您打算写信，那就请您马上动笔，并且直接询问是“行”是“否”的答案。在“当铺”的帮助下，我还可以熬过三到四个月吧。但是您也一定可以想象得到，我现在健康欠佳，而家里的这种赤贫的现状和前景，对我虚弱的身体将十分不利。事实上，如果我能够为家庭每月挣到两百美元的收入，我将愿意前往威海卫来改变自己的现状。我会献出自己的学识、智慧和经验，作为报酬，您可以在威海卫帮我找到住宿的地方。不知您意下如何呢？

辜鸿铭

三十八

北京

1914 年 2 月 27 日

亲爱的骆任廷爵士：

我收到了您本月十八日寄来的充满善意的回信，不胜感激。我建议您向何东先生写信求助，就好像是一个溺水的人在拼命地去抓救命稻草一样。但是得知您和他非常熟识之后，我感到很欣喜。同样，他留给我的印象也正是我们中国人所谓的**豪杰**——生来就具有一种高贵的气质，事实上，他就是天生的贵族。正是他给我的这种印象让我想到要向他求助。希望我自己的这种感觉是客观无误的。无论如何，如果您能使他给予我一些援助，哪怕是很小数额的援助，我都将会非常感激，这在当下会缓解我的困难，并减轻我的精神压力。考虑到目前我虚弱的身体状况，我会很容易被击垮。

您来信鼓励我说，不要丧失勇气。但是，一看到我的妻子和儿女面带愁容，我的所有信心立刻丧失，我因此也很容易被击垮。

在大学时期，我们阅读荷马作品的时候，我们原来理解到的，是如此的浅薄的层面啊！惟一能让我鼓起勇气的，是一种预感：在这个世界上，有些工作我还没有完成，而这就是我的使命，就是中国人常说的"**命**"，上帝给我的使命还没有完成。但是，资助必须要快点到来，若为时过晚也就无济于事了。

请您一定原谅，因为这通信函里全是有关我自己的内容。我深陷困境，不断写信给您带来搅扰，但从您充满同情和理解的来信可以看出，您并不认为是这样。

向您的家人致以良好的祝愿

您真诚的

辜鸿铭

三十九

北京

1914 年 10 月 27 日

亲爱的骆任廷爵士：

即使整个世界已崩塌破碎，诗人也一往无惧。

(Si fractus illabatur orbis, impavidum ferient ruinæ)[1]

在当下的这种时局，您依然惦念着像我这样的贫穷的昔日好友，您真是太善良和体贴了！不管怎样，读您的来信，感觉到的是平心静气的字句，由此可见，当今世界的混乱并没有影响到您。我认为，在当下的这种时局中，一个人仍旧保持着冷静的头脑，而且未丧失**理智**，身处在这礼崩乐坏的世界里，这真是一种难能可贵的优点。**一些**少数人在目前这危机局面中所承担的责任是无比重大的，对那些位高权重的人而言尤为如此。

我已经在《京报》上读到了重新刊出的《张文襄幕府纪闻》的英译文。但是我很高兴译文的副本能以书的形式出现，并请接受我的谢意。其中我注意到有几处需要修改一下，然而是一些无关紧要的内容。第九则的题目"the philosopher Han Fei"应该改为"the great Confucian scholar Han Fei"。在第十六则当中，重点并不是利他主义，而是"爱是不可有虚假的"。圣保罗曾说过："爱是不可有虚假的。"(无论是你喜欢的还是不喜欢的)[2]在上海的基督教青年会[3]曾举办过一场晚宴，我在当时的演讲中就曾引用过圣保罗的这句话作为主旨。

至于我自己的近况，很抱歉，但是我也不得不告诉您，我又一次丢掉了饭碗，而就在六个月前我刚刚幸运地谋到那个职位。我收到他们的通知，让我在本月底之后辞职。他们解雇我的理由是银行要

---

① 贺拉斯的诗句，来自《颂歌》(*Odes*)，第三部分，第7—8行。

② 《圣经·罗马书》第十二章第九节：Let love be without dissimulation。

③ 基督教青年会(Young Men's Christian Association)：简称Y.M.C.A.，1844年6月6日由英国商人乔治威廉 (George Williams)创立于英国伦敦，希望通过坚定信仰和推动社会服务活动来改善青年人精神生活和社会文化环境，现已蓬勃发展于世界各地，在约110个国家有青年会组织，总部设在瑞士日内瓦。

减少开支。但是我有理由相信，真正的原因是因为我亲德的态度和立场过于强烈。事实上，他们甚至期待我去写一本愚蠢而粗俗的小册子在北京地区传阅，并取名为《英格兰的真实情况》！的确，我给北京和天津的报社编辑写了一通信函（八月二十八日），谈论日本人在青岛的情况，我希望您可以找来读一下。当然，评论政治是不明智的。但是我认为这是一种责任，所有**理智**且有教养的人在这失去理智的时代都应承担的责任，他们要大声疾呼理智的重要性。然而代价就是我现在再次陷入了赤贫的境地。如何维持生计又一次成为我要面临的问题。不知道您手头是否有一些工作的资源呢？如果您愿意帮助我，我将感激不尽。

致以良好的祝愿
您真诚的
辜鸿铭

又及：

我这里仅存有几份《张文襄幕府纪闻》的副本，这本书的旧版积压了很多，依旧在上海的书店仓库里。与此同时，上海有一个出版商不作声响地翻印了拙作并发行了一个新的版本，《纪闻》的内容与大清朝其他文人学者的一些文章和诗篇被共同编入一本名为《清人说萃》[1]的作品中。不管怎样，拙作能为大众所阅读，我感到欣慰。我会买到这本书并寄送给您。

---

① 此书编者为雷瑨（1871—1941），字君曜，别号娱萱室主，笔名云间颠公、缩庵老人等。工诗词，善文章。初任扫叶山房编辑，编有《清人说荟》初集、二集各20种，《娱萱室小品》60种等。《清人说荟》依《唐人说荟》体例，收稗官野史、奇闻逸事40种。小说家者言，洋洋大观。

四十

北京

1914 年 11 月 7 日

亲爱的骆任廷爵士：

不久前我寄给过您三本《张文襄幕府纪闻》，希望您已经按时收到。今天我随信寄给您来自《京报》的一份剪报。

我现在为《京报》[①]的兼职撰稿人，由于写稿量很少，稿费也几乎无法维持我和家人的生计。但是有半块面包总比什么都没有要好，因此我仍然心存感激。我寄给您的文章，是我作为**新闻记者**的**处女作**。每周我必须要贡献至少一篇严肃性的文章，此外，还要写一些有关中国主题的文章。我现在看到，我宣扬的东西回报了我生活的**经济来源**。希望您能够订阅这份报纸。

致以良好的祝愿

您真诚的

辜鸿铭

四十一

北京

1914 年 11 月 18 日

亲爱的骆任廷爵士：

非常感谢您本月五日的来信。得知您依旧心态平和，我很高兴。

---

① 辜鸿铭与《京报》之间的恩怨详见本书辜鸿铭致《英文北京日报》编辑信函。

向您寄上一篇文章《基督教会与战争》[①]，这是我写的首篇头版社论文章。在此之后，我还曾写过有关“现代教育和战争”[②]的文章，本周我将会写文章讨论“民主和战争”[③]。事实上，我以儒家的视角，正在撰写着一系列的文章，探讨战争在道德层面的内容。我不认为您会同意我的全部观点，但是这些文章至少会带给您一些思考。马修·阿诺德很喜欢引用威尔逊主教的一句话：“事情有其本来的面貌，事情的结果也将会一如从前出现过的结果，我们为什么要试图欺骗自己？”

不知您是否已经订阅了《京报》？如果还没有，随信向您寄上“中国随笔第一期”，我认为您会对此感兴趣的。我同时也正在撰写这一系列的随笔，《京报》要求我每周至少要写两篇文章，一篇笔触严肃些的，一篇行文轻松些的。您无法想象撰写这些文章给我造成了多大的痛苦。我只希望人们会阅读它们，而且这也将给他们带来益处。

《京报》经营者和主编请我向您致函，询问您是否愿意将《张文襄幕府纪闻》中剩余的文章发表出去，先是在《京报》上刊载，然后再结集成书。如果您同意，这也将使我宽慰不少，因为我会将您的贡献也算作我对于《京报》的工作，这样，他们就不会说“我领着工资，但却不怎么工作”之类的话了。

我还想请您帮另外一个忙。您应该记得您曾寄给过我一份《大学》译文的打印稿，但我将该副本留给了青岛的一位德国牧师，如果

---

① 即“The Christian Churches and The War”，这篇文章连同信函中提及的其他两篇文章，后来皆收录于辜鸿铭的英文集《呐喊》（*Vox Clamantis: Essays on the War and Other Subjects*, Peking: 1917），该篇为文集第一篇。

② “Modern Education and The War”，为英文文集《呐喊》第二篇文章。

③ “Democracy and The War”，为《呐喊》第三篇文章。

您仍留有存稿，能否再请您寄给我一份？鄙人将不胜感激。

致以良好的祝愿
辜鸿铭

四十二

北京
1914 年 12 月 11 日
亲爱的骆任廷爵士：

请原谅我之前未能及时回复您的来信，也同时感谢您上次寄来我的译文稿件。您应该已经从北京的报纸上看到，我再次卷入了**争论**的漩涡之中。中国所有的印度裔官员团结起来反对我。这样或许也不错，因为印度裔官员和辜鸿铭之间的矛盾以及我的动机现在已经明明白白地摆在外国人的面前。那些真正具有思想的外国人将可以认识到他们支持在华印度裔官员的严重后果。很遗憾，我还要指出，贵国公使官员最近也曾对印度裔官员予以支持——在前些天举行的盎格鲁友谊晚宴上。当天晚上，贵国公使竟然允许那些**黄口小儿**进入，朱尔典公使大人以及海关税务司的官员也坐在那里，侧耳聆听那些**小孩子们**来谈论有关**文明**的话题，而不是像我们在苏格兰学习时那样，给那些小孩子们以**当头棒喝**，然后勒令其回家**学习**。目前的世界是一个疯狂的世界——无论是中国还是其他国家，情况都一样。人们丧失了良知、丧失了常识，只知道关心**面包和黄油**！

在面包和黄油的问题上，或许他们是对的，因为现在这成了我亟待解决的问题。我真的不知道自己将如何可以度过接下来的一年。但也正像中国的一个成语说的那样：**否极泰来 pichihtailai**。在夜晚最黑暗的时刻，黎明的曙光也即将会来临。在过去的两年里，每到年末我都会和妻子读下面的诗句：

明年桃柳堂前树，还汝春光满眼看。

也许这一次，诗里的一切会成为现实。向您的家人及您致以“**满眼春光**”的美好祝福！

您真诚的
辜鸿铭

四十三

北京
1915 年 1 月 5 日
亲爱的骆任廷爵士：

我刚刚收到您新年期间寄来的信函，其中充满了美好的祝愿，在此，请您接受我最诚挚的感谢。

您说您还没有看到我那篇在印度裔官员中引起骚动的文章，我随信向您寄上该文，以便您了解我到底做了些什么。我和印度裔官员之间的对立结果，也的确是像您说的那样，是一个**胜之不武**的案例。但是，您必须知道，对于那些**黄口小儿**，这种惩罚和责骂是必要的。

目前，我正在准备出版一本书，题为“中国人的精神及其他论文”。题目中的论文是《中国人的精神，或，何谓真正的中国人？》，已在伦敦出版《中国评论》[1]上发表过了，这本书将收录这篇文章，此外还有关于“中国妇女”“中国语言”的论文，以及我在很久以前发表过的一些有趣的文章——有些是三十年前写就的。这本书大概会有一

---

① 这篇长文在 1914 年《中国评论》第一卷中分为三期连载刊登。见 Ku Hungming, “The Spirit of Chinese People”, *The Chinese Review*, Issue 1, 1914, 26—32; 75—85; 145—153。

百五十页的篇幅,我希望从这次的冒险中可以赚得一些利润,好使我能渡过中国的农历新年。因此,我希望您本人和我所有的朋友都能够慷慨地订购这本书。目前我计划只印刷五百册,定价为两美元五十美分。书籍的用纸精美,印刷清晰,装订也十分考究。印刷和装订的成本为三百五十美元,因此我希望最终可以赚到八百至九百美元。一个月以后,这部书将会面世。因此,请将您的订购单寄给《北京每日新闻》报社,或者也可以直接寄给我,也请您设法使您在香港或其他地方的朋友也能订购。我知道自己正在像乞丐一样乞求,但是您和您的朋友们将会从书中获得乐趣。

犬子目前受雇于京奉铁路局①,每月薪俸四十美元,所以现在我不需要再资助他了。很高兴得知贵公子**执干戈以卫社稷**。

如果不是太麻烦的话,能否请您寄给我几份英译《张文襄幕府纪闻》的副本?若您有意愿在《北京每日新闻》上刊载,我可以使之成行。

再次致以良好的祝愿

您真诚的

辜鸿铭

四十四

北京

1915 年 4 月 12 日

亲爱的骆任廷爵士:

---

① 即 Peking and Mukden Railway。京奉铁路是中国清朝末年修建的一条铁路,最早建成的路段是 1881 年建成通车的唐胥铁路(唐山至胥各庄)。1898 年 10 月,清政府修筑铁路将京榆铁路延伸至奉天(今称沈阳),改称关内外铁路,并与英国、俄国签订关内外铁路借款合同。1907 年 8 月又改称京奉铁路。1912 年京奉铁路全线通车,并与由日本管辖的南满铁路接轨。

抱歉未能及时回复您的上通来信，因为近来我正在忙于新书的出版事宜，要给书中增加两章的内容和一个篇幅很长的序言。这两章的题目分别为“良民宗教和群氓崇拜教”和“战争与战争的出路”①。在后一章中，我再次闯入政治的领域来讨论时事，您或许会认为这很愚蠢。我完全清楚这样做的风险，但是我还是要坚持己见，为的是要世人知道，研究中华文明可以有助于解决当今世界所面临的诸多难题，尤其是挽救欧洲文明免遭毁灭的难题。我明白，你们很多英国人不喜欢我的文章，而且有很多德国人也会反对我的诸多论点。然而您也清楚，我写的所有这一切，目的绝不是为了取悦任何人。或许，也正是这个原因，决定了我既**无法**预言自己国家的未来，也**无法**预言其他国家的未来。我已将书稿送到美国再版，不论怎样，我相信这本书届时将会引起**轰动**。我的另一本书《中国的牛津运动故事》在美国现也正处于印刷出版过程之中。我的新书在一周后便可面世。

致以良好的祝愿

您真诚的

辜鸿铭

① 信函中两章题目名称分别为“Religion of Good Citizenship and the Religion of Mob Worship”和“The War and the War Out”，在 1915 年出版的《中国人的精神》(《春秋大义》)中，两章的内容并未单独作为章节出现，而是合并后作为附录出现在正文末：“The Religion of Mob-Worship, or, The War and the War Out”, *The Spirit of the Chinese People*, 147—168。

四十五

北京

1916 年 7 月 14 日

亲爱的骆任廷爵士：

我有很长一段时间没给您写信了，因为无论是关于我自己，还是关于世界上的公共事务，都没有什么好消息要告诉您。因此，我决意在私人信函中缄口不言。

随信向您寄上一篇祝寿辞，在我六十岁寿辰时，由我的朋友们共同为我献上，他们大都是我在武昌总督衙门署的老同事。该寿辞由一位老派学者[①]撰写而成，这也是我首次被自己同胞公开赞扬的文稿。当然，为这样一个祝寿的场合所书写的文稿，其中免不了有许多溢美之词。此外，由于作者是一位老派的学者，文稿对于时下年轻的中国而言也无足轻重。但是对于像您这位同样是中国老派人物的学者，我确信，您应该对这份文稿感兴趣。或许您可以帮助我将它译为英文，并发表在如《英国皇家亚洲学会会刊》[②]之类的刊物上？

致以良好的祝愿

您真诚的

辜鸿铭

---

① 汪凤瀛(1854—1925)：字志澄，号荃台，祖籍江苏元和，是晚清时期张之洞的重要幕僚。1897 年出任时任湖广总督张之洞的总文案。1900 年又任洋务文案。他还曾任张之洞创办的自强学堂（武汉大学前身）、湖北农务学堂提调。此后又担任过常德知府、武昌知府及长沙知府。中华民国成立后袁世凯请他出任政府高等顾问。1914 年任高等文官甄别委员会委员。1915 年他反对袁世凯称帝，曾作《致筹安会与杨度论国体书》。与辜鸿铭交好。

② 即 *Journal of the Royal Asiatic*，骆任廷是该刊物的会员。

附：

辜鸿铭先生六十寿序

汪凤瀛撰　岁次丙辰五月

自来瑰奇特出之士，试以一名一物之征，或非其所措意；责以一手一足之烈，亦非其所擅长。时出其议论，若以惊世而骇俗，庸庸醉饱之徒，群相指目，以为迂怪。甚或回面却步而不敢一近其人。然而其人之得于天者至厚，泽于学者至深，其气至刚，其识至远，往往能言人之所不敢言，任人之所不敢任，即穷而无所于遇而闭门著述，实足以寿名山而播寰海。此其人求诸今世不数数觏。独吾友辜君鸿铭庶几近之矣。

君自髫龄即负笈重瀛，遍历英、法、德诸国，先后卒业于其国之大学，卓然为欧洲文学之冠。凡各国政治宗教得失之故，与夫名物象数之赜，旁及工程制造之事，莫不研精探讨，洞彻其始终源委而得其要领焉。学成归国，惧贻夫数典忘祖之讥，益动其好古敏求之念。于是刚日读经，柔日读史，深思力索，务求其义之所归；博考旁稽，必识其事之所系；于历代朝章国故，靡不讨论研究而知其兴衰治乱之由。于群经之大义微言，尤能融会贯通，而不涉破碎支离之病。他若诸子百家，以及稗官野乘、道经释典之类，罔弗博涉多通，而尤于名儒语录、先正格言，深嗜笃好，以为率循之准。盖君之矻矻孳孳、手不释卷者历数十年如一日。宜其学日以进，而识趣日以纯也。

吾国自前清同治中年，政府始有选派生徒出洋游学之举。至光绪季年，而其风极盛，卒业而归者，就中不乏通才硕彦知名于时，而求其持正不阿，不为利禄所诱，则皆视君有愧色焉。君雅为前清南皮相国张文襄公所礼重。文襄督粤时即延君入幕，洎文襄移督两楚，引君与俱。但凡外交之事，资君赞画者居多。

不佞于庚子年始参文襄幕，获交于君。时幕佐凡数十人，以君坦白率真，咸乐其平易。及谈时事，则群疑其迂，远阔于事情格格不相入。每相聚，谐谑而已，未曾有一语及政治也。独与不佞语，若针芥之相投。而不佞亦心折君，以君之识议或不无偏激，而其心，则纯乎爱国，其志，则急于匡时，不可以世俗之见求之者也。不佞尝见时髦新进粗涉西学者矣，其于欧美诸国之政教风俗，非真能深览远识以穷其究竟也；其于吾国数千年相传之礼教与其典章、文物、纪纲、法度、圣作、明述之精义，亦未尝讲明而切究之也。徒震于彼国一时富强之迹则欣羡慕悦，以为治今中国，非尽弃其旧而新是谋，殆不可以复振，而不知袭其形似失其精神，初不足以救败，而适足以促亡。光绪季年，朝廷怵于积弱之召侮，亦遂采用西制，厉引新法。而藩篱既决，奸弊滋生。不四五年，卒以颠覆，未始非新学说阶之厉矣。君于其时，每见一旧制之变更，一新制之建设，辄就余抵掌倾谈，痛论其失。余亦深有味乎其言，而服其所见之大，所持之正，于中西法制之短长，实能洞彻其本源，而初非苟为异同之说，然以语他人，则皆掉首扪舌，惊为河汉，而无极傥，亦东坡所谓不合时宜者耶。君于庚子各国联军入京之际，尝著《尊王篇》，盛称孝钦皇后中兴与致治之德以告外人。厥后议和，各国但请惩祸首诸大臣，而不复深求者，君之文与有力焉。近年复著《春秋大义》说，流布东西洋，争相诵传，相顾动色，其言之足以感人如此。君于光绪三十年以特荐外务部员外郎，会办上海浚浦局事，曾揭发承办工程荷兰公司偷冒之弊于南洋大臣。当事者意主调停，君持之坚。驻沪各国领事莫能相难，卒正其罚。又尝于三十三年上万言书于朝，指陈时政，推本于任用非人之故，侃侃无所畏避。虽又欲以孔子之道推行西国，因以英文翻译《论语》《学》《庸》诸篇，遍布海外。各国之学者，几于家置一篇，人手一册，虽在妇孺，莫不知中国有辜君。则君之志虽不伸于中国，而吾道精微，得渐于泰西，君亦可以稍慰已。呜呼！自有清末造，西学盛行，出洋游学一途，争视为终南捷径，有官至尚书侍郎者。民国初建，留学生尤见重于时。上自内阁总理各长官，下逮群司百职，咸得当以效其用，乃以君之学之才，而终不一遇，虽寂寞憔悴、穷居困顿，而曾不少悔焉者，岂非君信道笃，而律身端，不肯曲学阿世，以求诡遇也哉。

岁次丙辰五月二十有八日①，为君六十初度之辰，同人及门弟子谋所以祝君者，以不佞知君深，嘱缀一言以为寿，不佞窃谓君之鸿篇巨制，自足以寿河山，寿金石，寿千万世，奚借乎他人之言。独君仁心为质，欲尽跻天下苍生于福林寿域而无所凭借，以发抒其伟抱，则有非恒人所能窥见者。余故不辞弇陋，叙君行谊之荦荦大者，以见君无量之寿，实自操其券焉。君其相视而笑，勉为同人进以觞乎？

四十六

北京

1916 年 8 月 6 日

亲爱的骆任廷爵士：

非常感谢您的来信和对我的美好祝愿。随信向您寄上汪先生②所撰祝寿辞的英译文稿。中文祝寿辞已分别在北京、上海和汉口的报纸上发表过了。我曾尝试着将这份英译稿也刊载出来，但在北京却找不到任何一份有意发表的英文报纸。因而在一两天前，我将稿件交给这里的一位英国朋友，他答应我将其转交给上海的《字林西报》。不过您或许应该知道，这些年来，《字林西报》的编辑们都遵循一个不成文的规定：无论是对我本人或是我的作品，他们都采取置之不理的态度③。对《中国的牛津运动故事》以及我最近的一部著作，他们置若罔闻。因此，我的英国朋友在转交该英译文稿之后，我也无法确信他们是否愿意发表出来。不过我在想，除了这位朋友的介入

① 有关辜鸿铭生日的具体日期，之前由于缺乏确凿的证据而至众说纷纭，这一条信息明确无误地告知我们辜鸿铭的生日：农历一八五六年五月二十八日，西历 1856 年 6 月 30 日。

② 即《辜鸿铭先生六十寿序》作者汪凤瀛。

③ 参见附录中《字林西报》主笔格林致骆的信函内容。

之外，不知您是否也能再单独地把该译文转交给他们一次，并特别请求予以发表？您是著名的汉学家，也是位高权重的大人物，《字林西报》的编辑们鉴于此或许会考虑发表。您还可以提醒他们一下，我创作的最早的以及一些最重要的作品，全都贡献给了《字林西报》，算来我为该报撰稿已达三十年之久了！

此外，也劳烦您审核一下译文，当然，在转交报社发表之前，您完全可以自行予以校订。对于这篇译文的发表，我并无他求，只期望能把它拿给在中国或其他地方的老朋友们来看一看，比如像您这样的朋友，而且我相信，你们乐意读到我首次被自己同胞公开赞扬的文稿。因此，若您能尽快将译稿转交给《字林西报》，本人将不胜感激。

现在必须告诉您的是，我发现自己已经到了您所说的那种垂暮之年，同时也还发现有像汪先生这样的同胞以及像您这样的外国友人，你们是如此的肯定和看重在下，这对我而言，不啻为一种惊喜。我只想说，我将竭尽全力去勇挑重任，这是世界上每个想过一种真正生活的人都必须承担的。子曰："任重而道远，士不可不弘毅。(8：7)"我只希望自己能始终保有一种恒心，正如荷马所言："命运在童稚时即已降临吾身……"①(τλητὸν γαρ Μοιρι θυμὸν θεσαν ανθρωποισιν)

致以良好的祝愿

您的

辜鸿铭

---

① 辜在信中所引用的英文为："Destinies have appointed to the children of men."这与原英文有些许出入："For an enduring heart have the destinies have appointed to the children of men?"出自《伊利亚特》。该句连同希腊原文也曾多次出现在《文学与科学》一文当中，该文为辜鸿铭最推重的英国诗人、教育家和评论家马修阿诺德在英国剑桥的"雷德讲座"(Rede Lecture)中的演讲稿修改而成，详见 Matthew Arnold, "Literature and Science", *The Popular Science Monthly*, 10 (1882): 737—751。

四十七

北京

1916 年 8 月 17 日

亲爱的骆任廷爵士：

我刚刚收到您八月十二日的来信。非常感谢您的建议，在广告宣传的问题上，我和您的看法完全一致。如果您仔细阅读过我最近的这部著作，我相信您一定会明白我到底有多憎恶那帮暴徒了（Odi profanum vulgus）。我期盼祝寿辞的译文在《字林西报》上发表，并不是想听什么"酒肉朋友们"的那些恭维之词，而是想让在中国、英格兰和古老的苏格兰以及其他一些地方的诸多外国友人也都能读到，正像我之前说的那样，了解到我首次被自己同胞公开赞扬的这篇文稿。我也必须承认，虽然我期待来自于好友的真知灼见，但这同时反映出我在人性上的一些弱点。难怪孔夫子曾说过：**"遁世不见知而不悔，唯圣者能之。"**

然而，《字林西报》虽已刊载了这篇祝寿辞，但却删除了有关"浚浦局事件"的内容。这一举动非常符合该报的一贯风格。我如若知道他们要随意删减，那就宁可不在该报发表此文。我也已将该译文在《北京每日新闻》上重新全文刊发，随信向您寄上两份剪报副本。

您对于犬子阿斯卡尼俄斯的关心，在下不胜感激！他现在就职于京汉铁路局，月薪四十美元。我十分欣慰，对他也很满意，因为他很**安分**，没有时下年轻人的那些恶习。我在台湾的同族兄弟是一位富商[①]，他向我提供了经济上的援助，我打算在今年的九月或十月给

---

① 即辜显荣(1866—1937)，鹿港人，字耀星。为日据时期台湾五大家族之一的鹿港辜家成员，辜振甫与辜宽敏均为其子。

犬子完婚。

致以良好的祝愿
您真诚的
辜鸿铭

四十八

北京

1916年12月25日

亲爱的骆任廷爵士：

首先向您致以节日的祝福！在新的一年里，祝愿您及家人健康和快乐永驻！

借此机会我还想告知您，就在昨天，犬子阿斯卡尼俄斯从上海将一个年轻貌美的新娘带回了家，他们在农历上个月十九日[①]在上海喜结连理。新娘是出身名门的大家闺秀，和我一样也来自厦门。因此，我现在也终于可以期望，新娘将会成为犬子的“贤内助”[②]。

致以良好的祝愿
您真诚的
辜鸿铭

---

① 西历1916年12月13日，农历十一月十九日。

② “a real help meet”来自《圣经·创世纪》第二章第十八节：耶和华神说：那人独居不好，我要为他造个和他相配的帮手(And the Lord God said, It is not good that the man should be alone; I will make him an help meet for him)。

四十九

北京

1918年8月12日

亲爱的骆任廷爵士：

非常感谢您的充满善意的惦念。很开心得知您及家人一切顺遂安康。说到我自己，在去年的新年，我处于人生的一个低谷期。我的儿子失业了，他之所以被开除是因为我这个父亲是个声名狼藉的保皇分子。此外，还有许多家人要靠我来养活，甚至内人日本的娘家还有一个生病的姐妹也来我这里避难，我也只能算是勉强度日。所幸得到一个外国友人的援助，犬子两个月前在山西太原府的盐业管理机构某到一份差事。因此，我的负担也就稍稍轻了些。但是无论负担或轻或重，可以说我的生活总是比较愉悦的，也希望自己可以多活些年头，能够看到世界新纪元的到来。

我寄给您的这几行诗，是要告诉您去年发生在北京的那些事件的真正意义。参与那次运动[①]的大部分人我都认识，因此，从一开始我就没抱什么期望。我们有**定武**（张勋为**定武将军**），但我们没有**定文**，所以我们最终失败了。

的确，当今之世所需要的并非是爱国主义、自我牺牲或英雄主义，而是智慧、文化和政治才能。在我看来，贵国人民的愚昧之处就在于，你们认为可以通过英国或美国的穷兵黩武军便可打败德国的军事力量。子曰："远人不服则修文德。"我相信，这种**文德**才是最终能消灭所有军队和战争的惟一利器。这种**文德**，就是马修·阿诺德在其书《文化与无政府主义》中所指的"文化"。相信您应该读过这

---

① 指1917年7月张勋复辟帝制的事件。辜鸿铭受命负责外交方面的工作而参与其中，被任命为"外务部侍郎"。十二天之后，帝制复辟失败。

本书。

致以美好的祝福

您真诚的

辜鸿铭

五十

北京

1918 年 10 月 10 日

亲爱的骆任廷爵士:

随信向您寄上一份剪报,报纸是由青年中国人办的,我想您会对其中的内容感兴趣的。当我第一次听到这个所谓的“水手、诗人、演说家和经济学家”在北京的公共晚宴发表演讲的时候,我脑海当中迸出的是孔子的话:**巧言令色鲜矣仁**。这种英雄,正是现在年轻的中国人顶礼膜拜并引以为楷模的人。

您同样也看到了,现在年轻的中国人认为自己真的懂英文。但是您是知道《**红楼梦**》的对吧?我现在非常非常怀疑,因为我认为现今在国内凡是有西方教育背景的中国人,他们当中没有哪个人可以将这本白话小说中的任何一页翻译成英文,哪怕是那种一个学校的普通英文教员认为可以合格的英文水平,更不用说要求翻译成纯正地道的英文了。最近我自己尝试着翻译这部小说当中的一些有趣的部分,我吃惊地发现,自己的英文水平竟然无法胜任。就连这么简单的一句话:**读书是要明理的**[①],我都要花上一个多星期的时间才能翻译出完全对应的意思。翻译“**明理**”这两个字的练习促使我思考,为

---

① 这句话在原文中是辜是写的中文,在此信的后面部分,辜给出了他的英文翻译。

什么学习汉语的外国人认为汉语很难学呢？其实真正的原因并非是因为汉语很难，而是因为许多英国人甚至都没有真正的学会英文，他们并不知道很多简单英文词汇的真正含义。您可以想象吗，一个代表新中国的毛头小子当别人的面炫耀他牛津腔调的英文是多么的愚蠢可笑！我可以在私底下告诉您，这位新中国的代表人物，毕业于英国的某所大学，获得了博士学位，而且**贵国使馆的公使人员**对其也十分推崇（*教育意味着要能够明辨是非）。回想我们在苏格兰的那个年代，如果有哪个毛头小子敢以那样的方式说话，他一定会得到当头棒喝的。

今天，我们的中华民国产生了一位新的总统。新中国的代表们，即那些共和主义者，怀疑他在本质上是一个保皇主义者。而旧中国的代表们，即我的那些朋友们，说他是一个**名教罪人**（名分礼教的背叛者）。今天下午，我北京的朋友们在问我对于这位总统的看法的时候，我引用了但丁的话：这是一个既为上帝又为他的仇敌们所不喜欢卑怯之徒（A Dio spiacente ed ai nemici sui）[①]。他们认为，这位新的总统将会有能力达成南北之间的和平协议。但是，在这个国家，迎来和平局面的同时，正像贵国的批评家所说的那样："缺乏理智的人在合作，无情无义的人在统治，与此同时，大众的群情激愤破坏了一切社会的律法与天道，每一个恶棍都有机会掌权，**每一个白痴都有机会得到赞誉**，每一个无赖都有机会获取财富。"[②]而这是真正意义上的和平吗？

---

① 来自意大利诗人但丁（1265—1321）《神曲》（*Inferno*）中《地狱篇》第三首第六十二至六十三行。

② 约翰·拉斯金（1819—1900）：英国作家、艺术家、艺术评论家、哲学家、教师和业余的地质学家，代表著作有《建筑的七盏明灯》和《建筑与绘画》等。John Ruskin, *Fors Clavigera: Letters to the Workmen and Labourers of Great Britain* (New York: Bryan, Taylor & Company, 1894), 382.

在欧洲方面，美国威尔逊总统是真的要实现他的理想了："为了民主，世界必须安全！"[①]但是对我而言，就算你们打败并彻底摧毁了德国，欧洲和美国新纪元的开始也还是遥不可及的，除非有一套新的**思想理念**（我没有看到一点苗头）可以取代目前那些错误的现代理念。那些理念错误地定义着人生中各种重要的事项，然而却被每个人所接受，因此这最终导致了现在的这场灾难。我所谓的新的思想理念，是诸如**"读书是要明理的"**[②]之类的说法。而我所谓当先前错误的现代理念，是诸如"读书是要谋生、晋升和发财"之类的说法。但是您可能会说，你们西方人已经拥有了这些新的思想，因为卡莱尔、罗斯金和其他智者也已经做出过他们的贡献，但这些思想并未能广泛传播，而且除了一部分少数群体外，也没有谁在极力推崇这些思想。然而在中国，有关希望的基本思想理念是以一种最为简洁的语言呈现的，甚至孩童都能够轻易理解，这些思想被广为接受，成为完全的真理，如果没有这些思想的存在，那也就将没有真正的和平和文明可言。直到在最近我们那些饱受教育的人士在绝望中（这样说似乎对他们公平些）开始寻求"新学"之前，在中国没有人曾试图想象还能有什么比这更好的思想理念。

现在，我比以往任何时候都更清楚地看到一个问题的重要性，而这也是我在所有自己的著作中所提出并摆在读者面前的一个问题。这个问题就是，就像你们西方人正在自我毁灭一样，我们中国人在吸收了你们那些错误的现代观念和人生哲学之后，是否也将会进行自我毁灭？抑或是，你们这些欧洲人和美国人，在吸收我们中国真正的

---

① 1917年4月2日，美国总统威尔逊在一次两院的联席会上发表了一篇雄辩的演说，号召美国加入欧洲战争，对德国宣战。他说："为了民主，世界必须安全（The world must be made safe for democracy）。"

② 辜鸿铭对于词句的英文翻译为：Education means to know what is right and wrong。

人生哲学和思想理念之后，我再次强调，如果没有这些思想理念，那也就没有真正的和平和文明可言，是否可以得到自我拯救而免受毁灭之苦？你们拯救自我的同时也是在拯救我们。在我看来，在这场战争之后，这是摆在世界面前的一个巨大的问题，它比所有的政治问题都更为重要。正是因为能清楚地看出这一点，在我想到自己年华老去，由于精力不济而无法将这一问题的重要性摆在欧美人士面前，而且也不再有机会能讲述给他们听的时候，我就会倍感伤怀。但是，正如您所知，我已尽我所能，贡献了微薄之力，当我逝去不在的时候，人们将会明白我现在正在谈论之事的重要性。

我本来无意写如此冗长之信来搅扰，但相信您能理解并原谅。

致以良好的祝愿

您真诚的

辜鸿铭

星期日[①]

又及：

在给您写下上述文字之后，又在同一份报纸上看到另一篇精彩的文章，在附记中我向您简要概述一下该文章的内容，以便您更好理解我所谓的中国正确的思想理念以及你们那些盛行于世的当代错误理念。在古代的中国，一个文明的国家常常被称为**礼让之国**，因为正像罗斯金所说的那样，文明的目的就是要让每个人懂得礼让，即教人学会去**礼让**。但是，在目前错误的现代理念中，一个国家，如果被认为是文明国家的话，就需要一种咄咄逼人的竞争，而不是**礼让**，这也正是那个代表新中国的毛头小子所说的话。有一些西方人，比如贵

---

① 西历1918年10月13日，通过附记日期可知，辜鸿铭这通写于10日的信函并未在完成后马上寄出。

国的查理·义律爵士[①]和传教士们，总是想要将“新学”在中国传播，每当我看到诸如代表新中国的那些毛头小子表现出咄咄逼人、厚颜无耻嘴脸的时候，我也总想对那些西方人说：“经文士和法利赛人哪，你们这些伪善的人有祸了！因为你们为了使一个人入教，走遍海洋和陆地，一旦那人成了教徒，你们就使他成为比你们加倍坏的地狱之子。”[②]

又及：

您再给我写信时，请将地址注明为“北京”而不是贵国公使馆。您的上通回信在那里存放了两周之久[③]。

五十一

北京

1918 年 12 月 16 日

我亲爱的骆任廷先生：

在回复您上通信函并感谢您的盛情邀请之前，我一直在等自己写好一副**对子**，以便您可将其随身带回到我们的老苏格兰，因为那是您的一位老友赠送给您的纪念品。对于我向您送上的这一副**对子**，

---

① Sir Charles Elliot(1801—1875)：出身英国贵族，1836 年升商务总监督，长期在英国殖民地压迫和奴役当地人民，赴华后积极从事于侵略活动，主张对中国采取强硬政策。后因鸦片贸易问题，使得英国对清廷宣战，引发第一次鸦片战争，并率先在 1841 年 1 月派兵占领香港。

② 出自《圣经·马太福音》第二十三章第十五节：Woe unto you, scribes and Pharisees, hypocrites! for ye compass sea and land to make one proselyte, and when he is made, ye make him twofold more the child of hell than yourselves.

③ 这一行字单独竖写在信笺左边空白处。

我想说，一方面，您的老朋友为了保持他的自尊和人格，即您所说的那种“廉洁正直”，他不得不潜藏在一条肮脏的北京胡同里，而很有可能因饥饿而死亡。而另一方面，您却能够以英王的官员的身份，即威海卫总督，来得以保全自己的自尊和人格。

对子横批上的四个字是我对您政治生涯的最终评价。这四个字来自于《论语》第十三章第二十节，其中孔子将“士”定为四个等级。据此，我将您归为第一等级，因为我感觉您身上有那种极为严格标准的**自尊**＊（＊**行己有耻**），我认为这是君子最高级别的美德，也是能让您在即将退休的时候可以说“**我没有辱没英王的使命**”。如果您谦虚过甚，不愿将这副对子挂在家里，您也可将其转交给您那在海军服役的儿子，让他挂在自己的小屋中。这四个字将会永久地提醒他，“**他必须努力以不辱英王的使命**”。当然，我不知道未来英国在他的时代是否还会是共和国的体制，如果不是的话，那么这四个字就将毫无意义。

您友善地评价我是“廉洁正直”的人，从中我看出您同意教皇的说法：“一个诚实的人就是上帝最高贵的杰作。”但是在这一点上，我恐怕不能苟同，因为在涉及**金钱**事务上表现诚实的人，是能够无视于全部其他美德的。就我自己而言，我知道，我的生活在**道德**层面上并没有像我想象的，或者说像我期待中的那样成功，因此借用列奥纳多·达·芬奇自我评价的话来说就是：“古代的礼仪是我自身所欠缺的一样东西（**Defuit una mihi symmetria prisca**）。”①对于您善意的邀请，鄙人不胜感激，但恐怕我无法辞去现在的工作。可是，在您永久地离开中国之前，为什么不再来访北京一次？在这里，我们可以一

---

① 达·芬奇的这句名言深得辜鸿铭的喜爱，以至于在六年后，当他晚年在日本进行巡回演讲时，仍不忘频频引用。参见1924年10月14日辜在日本大东文化协会的演讲稿，萨摩雄次编《辜鸿铭论集》，东京：皇家青年教育协会，1941年，第25页。

起去看**野花零落故宫前**。

向您及家人致以最美好的祝愿
您真诚的
辜鸿铭

五十二

北京
1918 年 12 月 20 日
我亲爱的骆任廷爵士：

我刚收到您本月十日从总督署寄来的回信。从威海卫寄信到北京需要十天时间，这简直令人难以置信。

现在虽然距离我上通回信只有不过三天时间，但我仍想再写信来告知您一则新闻。我昨天从总统办公室的一位秘书那里获悉，朱尔典爵士向总统提议，打算邀请您来北京担任年轻皇帝的英语老师，因为皇帝本人想学英文。总统本人对于在此事上有极大的发言权。我也要提前告诉您，我本人也曾经是这一职位的候选人，但是由于种种原因，那些满族的王公贵族们对于启用我作为这位年轻皇帝的英文老师一事忧心忡忡，因为我可能缺乏我在上通信里谈到过的“古代礼仪(Symmetria prisca)”，而且我觉得他们的判断也是非常正确的。虽然我自己未能成为帝王师，但是我非常希望您能够出任这一职务。因此，我现在写信要力劝您，如果有可能的话，请您万万**不要**推辞。我同样也想让您知道，我这样劝您，也并非完全是一种大公无私的做法。因为我必须要告诉您，在中国我太需要一个朋友了。如果您来到了北京，我相信您定会是我的朋友。无论如何，请您在拒绝之前一定要慎重思考。不管怎样，您都应该至少来北京和贵国的大使商讨一下。当然，从西方民主的视角来看，让威海卫的总督去教一个小孩子

ABC是有些荒唐可笑的。但是从中国以及真正古老的欧洲视角来看，这一职位对您而言也并非是有失尊严和身份的。请您务必告知我您对此的想法。如果您能来北京，我们就可以携手并肩**向欧洲或者至少是向英国大力推广中国的理念**，这是我可以给您提供的一个好处。

随信向您寄上两通中文信件的译文。我必须说，您的翻译中有着太多的释义成分。您所选择的“altruist”一词在我看来是非常不可取的。您还记不记得本杰明·富兰克林是怎样翻译《圣经·约伯记》中的句子的？对于“Then Satan answered the Lord and said “Doth Job fear God for naught?”这句话，他将其翻译为“Does your Majesty imagine that Job's good conduct is the effect of mere personal attachment and affection?”[①]中国语言中那种简洁与直接的特点，作为翻译必须要在译文中加以保留。

再次致以最美好的祝愿

您真诚的

辜鸿铭

五十三[②]

北京

1918年12月20日

我亲爱的骆任廷爵士：

---

① Albert Henry Smyth, *The Writings of Benjamin Franklin* (New York: The Macmillan Company, 1907), 172.

② 第五十三通函从内容上看似乎是第五十二通函的草稿，但是我们无法确切得知寄出的原因。对比两函，除了其中的日期信息以及一些具体措辞外，大体内容是相同的。在此特意保留两函，旨在还原原始材料的真实性，也为文本细读者作进一步地研究来提供可靠的依据。

我刚收到您本月十日从总督署寄来的回信。从威海卫寄信到北京需要十天时间,这简直令人难以置信。

现在虽然距离我上通回信只有不过两天时间,但我仍想再写信来告知您一则新闻。我昨天从总统办公室的一位秘书那里获悉,朱尔典爵士向总统提议,打算邀请您来北京担任年轻皇帝的英语老师,因为皇帝本人想学英文。总统本人对于在此事上有极大的发言权,而且聘任书已经寄送到您的手中。我现在写信旨在要力劝您,如果有可能的话,请您万万**不要**推辞。我也要提前告诉您,我本人也曾经是这一职位的候选人,但是由于种种原因,那些满族的王公贵族们对于启用我作为这位年轻皇帝的英文老师一事忧心忡忡,因为我可能缺乏我在上通信里谈到过的“古代礼仪(Symmetria prisca)”,而且我觉得他们的判断也是非常正确的。虽然我自己未能成为帝王师,但是我非常希望您能够出任这一职务。我也想同样告诉您,我的这个意愿也并非是完全没有私心的。事实上,在中国我太需要一个朋友了……

五十四

北京

1920 年 11 月 12 日

亲爱的骆任廷爵士:

很久没有收到您的来信了。我们都有着太多的事情要思考和处理,以至于不得不忽略了最好的朋友,但决不会忘记他们。我相信,在这点上我们是彼此共通的。

最近,无论是在国家的公共生活中,还是我的个人生活里,都发生了许多事情。我在北京大学所挣的薪金为交通银行纸币二百八十元,最近学校向我发出通知,要求我辞职。此外,我也不得不去医院来治疗自己的肺炎。现在我手中有一份聘书,可以到日本的一所大学任教。但我还没有决定是否接受这一聘请。原因是，以我现在的年纪，流亡于异国他乡是非常艰难的，尤其是考虑到那里的种种不尽如人意的状况。我爱中国，我爱中国的人民，但就像孔子"**乘桴浮于海**"[①]一样，我或许也不得不漂洋过海到异国他乡去。如果一定要到外国，我真希望自己可以回到旧时的苏格兰！

您何时启程归乡呢？相信您在离开中国之前，定会给我写信的吧。恐怕，您会发现苏格兰已今非昔比了。但是对我而言，没有什么地方比中国更有家的感觉了。相信您也不大可能会有机会来访问北京，并探望这里的老朋友了吧。

我向您寄上最近撰写的两篇文章。我认为您不会同意我所有的观点。然而，我也认为您不会完全不同意我的观点。如果您知道克莱门茨先生[②]的地址，能否劳烦您将我对于他那本书《广东情歌集》[③]的书评也寄一份给他？他的翻译非常不尽如人意，然而类似于这样的作品，却是中国目前所缺乏的。

致以良好的祝愿

您真诚的

辜鸿铭

---

① 出自《论语·公冶长》。

② 金文泰爵士(Sir Cecil Clementi，1875—1947)：英国资深殖民地官员，1925年至1930年任第17任香港总督，1930年至1934年任海峡殖民地总督兼英国驻马来亚高级专员。他曾将清代文学家招子庸(1793—1864)所著的《解心粤讴》翻译成英文 *Cantonese Love Songs*(《广东情歌集》)，并出版成书，首次把《粤讴》介绍到英语世界。

③ Chîu Tsz-yung, *Cantonese Love-Songs*, translated with introduction and notes by Cecil Clementi. Oxford: Clarendon Press, 1904.

五十五

北京

1921年3月25日

亲爱的骆任廷爵士：

我之所以延迟回复您的告别信，原因有二：第一，在您动身启程回国之前，我不忍说出“一路顺风”之类的话；第二，我想寄给您即将由《华北正报》社出版的本人的一部论文集《呐喊》[1]，目前出版商已经拿到书稿。

犬子阿斯卡尼俄斯现已转移到了江苏的板浦镇，他目前在英国人罗斯顿先生[2]手下做事，罗先生曾告诉我说他是您的好友。不知道您会不会觉得我的请求有些过分，但在您离开中国之前，我想劳烦您写信给罗斯顿先生，告知他在其手下工作的一位名叫辜**守庸**的中国职员是您老朋友和老同学的儿子，并请他不仅多关照犬子的职业升迁，更要关注这位年轻人的道德操守。

我对于克莱门茨先生著作的评论让他本人很满意，对此我很欣慰。届时我也会给他寄上一部《呐喊》。孟子曰：“**好善优于天下**。”[3]像克莱门茨先生这样的英国人，正是好善之人。您回到英国，如果有机会面见当局者，请告知他们，中国急需受过良好教育的英国绅士，比如已故的海峡殖民地总督理查德·麦克唐纳德爵士。他曾对某个英国人组成的上诉团说：“不要忘了，你们只是种土豆的，而我是女王派来统辖你们的。”

现如今，您就要永久地离开中国了，您甚至还没来得及到北京看

---

① 1923年《华北正报》社曾再版了辜鸿铭英文版的《尊王篇》。

② Russton：受材料所限，此人详细信息暂未可知。

③ 出自《孟子·告子章句下》。

看这里的六国饭店呢。我祝愿您及其家人在您的故乡幸福安康！如果您愿意的话，请写信让我也分享一下您新生活的快乐。

您真诚的
辜鸿铭

又及：

在下还有一事相求。《张文襄幕府纪闻》英译文的第一部分，您那里是否还有多余的副本？如果有的话，劳烦您寄送我一份。我只有第二部分，而没有第一部分。

辜鸿铭

五十六

1921年12月2日

骆任廷爵士：祝您新年快乐！辜鸿铭

辜鸿铭先生回忆录[①]

在上周一“中英协会”举办的晚宴上，辜鸿铭先生做了一场非常有趣的演讲。晚宴中有位尊敬的记者向本报寄来演讲的梗概如下：

辜先生演讲的主题是“他关于维多利亚时代英格兰的回忆”。他首先回忆自己在中学和大学的生活，接下来是社会生活，随后描述了当时的英国文学。在演讲的结尾，作为旧派人物代表的他与代表新中国的中英协会成员，进行了一番推心置腹的交流。他的演讲内容丰富，形式生动，风格机智幽默。虽然演讲持续了一个多小时，但所

① 按：原函中《辜鸿铭先生回忆录》为英文剪报，信函内容写在简报的上方。

有听众始终全神贯注、兴致不减地听至结束。

辜先生首先幽默地请求大家同意他将 Hong Beng Kaw 先生介绍给在座的听众。他说虽然此君也受邀共享了晚宴，但是他确信在场的所有听众，没有人知道 Hong Beng Kaw 先生到底是谁。此时，听众当中有人开始扭头环顾四周，认真地搜寻这位 Hong Beng Kaw 先生。这时辜先生自己揭开了谜底：这位 Hong Beng Kaw 先生就是他本人，这是他在英格兰时曾经使用过的名字。

辜先生解释说，这样幽默的开场为的是要凸显一种困惑感，即他所谓的**大不同**。这是由于目前中国缺乏一种标准，不仅仅是在衣着服饰，言谈举止以及其他方面，而且还关乎中文姓名的书写方法。他提议“中英协会”的中国成员们采用一种标准，该标准具体如下：

第一，在写英文姓名的时候，要保持中国人自己的书写方式，即把姓氏放在前面，把名字放在后面。举例来说，李鸿章应写为 Li Hong-chang，而不是 Hong-chang Li；袁世凯应写为 Yuan Shih-kai，而不是 S.K.Yuan。

第二，要使用北京普通话的语音，而不是各地方言。例如武廷芳应该写为 Wu Ting-fang 而不是 Ng-Choi；吴赉熙应写为 Wu Lai-hsi 而不是 Go Lie-say。

第三，要采用威妥玛先生发明的注音形式来书写中文姓名。

我的先祖

接下来，辜先生仍旧幽默地对这位 Hong Beng Kaw，也就是他自己，进行了一番简要地追根溯源。他说，这位 Hong Beng Kaw 有三个非同寻常的方面值得关注：

1. 从宗谱学的角度来看，他和孔子具有表亲关系，因为辜氏家族属于商代帝王一个直系分支的后裔，而孔子的家族则属于另一直系分支。

2. 他是一个**东南西北之人**，正如孔夫子也有过类似的自诩[①]一样。因为他在南方（槟榔屿）出生，在西方（欧洲）接受教育，在东方（日本）娶了日本妻子，而现在在北方（北京）居住。

3. 他的曾祖父，刚到槟榔屿的时候做过苦力，后来成为华人甲必丹[②]，即在英国领治下的华侨首领。

苏格兰有首民歌这样唱道："有位小姑娘虽身无分文，却出身显贵。"因此，辜先生也借此将自己描述为一个老夫子，一贫如洗，但身世显贵。

早年教育

辜先生说，在他 14 岁赴英格兰留学之前，几乎没受过什么正式教育。他 12 岁之前在槟榔屿的生活，无非就是爬爬椰子树，在灌木丛旁的河流里游游泳，其间惟一学到的东西就是些马来语的歌曲，以及两年后他在一所英国学校里读到的弥尔顿《失乐园》中的那些祈祷词，可他当时连一个字都听不懂。

欢迎之吻

辜先生提到，带他前往英国的那位令人尊敬的绅士，就是已故的

---

① 《礼记·檀弓上》："孔子既得合葬于防，曰：'吾闻之，古也墓而不坟。今丘也，东西南北之人也，不可以弗识也。'于是封之，崇四尺。"郑玄注："东西南北，言居无常处也。"后因以"东西南北人"谓居处无定之人。

② 华人甲必丹（马来语：Kapitan Cina）：荷兰语"kapitein"的音译，本意为"首领"（与英语"captain"同源），是葡萄牙及荷兰在印度尼西亚和马来西亚的殖民地所推行的侨领制度，即是任命前来经商、谋生或定居的华侨领袖为侨民的首领，以协助殖民政府处理侨民事务。槟城甲必丹即辜鸿铭曾祖父辜礼欢（Koh Lay Huan）。

斯科特·布朗先生[1]，他是著名的沃尔特·斯科特爵士[2]的一个远房亲戚。他们抵达南安普顿后，先是来到一家旅馆，布朗先生做的第一件事就是告诉他卫生间在哪里。旅馆里分有男女两个不同的卫生间。布朗先生告诉他，应该去男士卫生间，千万要小心，以免误入另一个。第二天，正当他要走进男卫生间时，一位站在旅馆走廊里的女招待误认为他是一个女孩子，因为他留着系红绳的辫子。于是，她冲上前去，用力把他拉向另一边的女卫生间，并解释说："那里是男孩去的地方，你必须到这里来——这才是女孩子要去的地方。"辜先生见状大声回应道："可我是个男孩子，不是女孩子！"因此，当时在场的所有女招待都笑了，其中一个将他一把揽住，抱着他亲了一下，说："哟，你这个可爱的男孩子！"——就这样，辜先生说他在英格兰获得了一位英国女士的欢迎之吻[3]。

---

① Forbes Scott Brown (1816—1874)：辜鸿铭的养父。

② Sir Walter Scott (1771—1832)：18 世纪末苏格兰著名历史小说家及诗人。

③ 有关此段经历，读者还可参照近代中国政治与文化问题研究学者清水安三在文章中的记述：他于 1924 年曾亲自拜访过住在北京椿树胡同的辜鸿铭，听辜讲过早年的赴英经历。根据文章回忆的内容，辜同斯科特共同到了南安普顿旅馆，因为头上的发辫被女招待当作女孩子，在辜去男厕方便时被逮了出来，并在被教育一番后带到女厕蹲着方便。鉴于此尴尬情形，辜在当时就毅然决然地剪掉了发辫（详见清水安三（1891—1988）《辜鸿铭》，载《支那当代新人物》，东京：大阪屋号，1924 年，第 95—115 页）。孔庆茂在其著作中转述此段叙述时，似乎加上了不实的想象："辜鸿铭在这个女服务员的劝说下才把辫子剪下送给了她。"（孔庆茂《辜鸿铭评传》，南昌：百花文艺出版社，1996 年，第 53 页）此外，胡适在 1935 年的一篇回忆性文章中，也记载了辜鸿铭向他描述过的早年剪辫的经历："我到了苏格兰，跟着我的保护人，过了许多时。每天出门，街上小孩子总跟着我叫喊：'瞧呵，支那人的猪尾巴！'我想着父亲的教训，忍着侮辱，终不敢剪辫。那个冬天，我的保护人往伦敦去了，有一天晚上我去拜望一个女朋友。这个女朋友很顽皮，她拿起我的辫子来赏玩，说中国人的头发真黑的可爱。我看她的头发也是浅黑的，我就说：'你要肯赏收，我就把辫子剪下来送给（转下页）

学校生活

辜先生说，他就读的寄宿学校位于苏格兰的利斯郡，校名为利斯学院。辜先生首先讲述了由于自己缺乏英语知识而闹出的两个笑话。

有一天他去参观爱丁堡博物馆，在那里看到一个“森林之神萨梯”[①]的青铜雕塑，于是就问：“那是一个魔鬼吗？”然而，他因此被严厉地训斥了一番，因为在维多利亚时期的苏格兰，孩童说出“魔鬼”这样的词语会被认为是一种顽劣的行径。

还有一次，两位年长的未婚女士有一天邀请他共进晚餐，在喝下了多杯姜汁啤酒之后，他便想去卫生间，但是不知道该如何表达。结果，晚宴还未结束时，人们就把他送回了家，他啜泣不已，因为不知道如何表达“我想去卫生间”。

辜先生谈到学校的教育时，提出两点需要大家注意的地方：

第一，在学校开设的学习科目很少；第二，讲授的内容详细而彻底。

换而言之，没有开设过多的学科来分散学生的注意力；整个教学目的旨在让学生彻底掌握英语。同时教授的科目还有文法、算术和地理，但是并不系统和深入，只讲授基础知识和实际应用方面的知识，也就是说，只是讲授这些科目的核心概要。

此外，辜先生还回忆起自己的校园生活经历，他说那时候学校选用的教科书非常优秀。英文读本主要是散文杰作和诗歌名篇。在这种高品位的纯文学读本中，没有掺杂任何政治经济方面和实用知识

(接上页)你。’她笑了，我就借了一把剪子，把我的辫子剪下来送给了她。这是我最初剪辫子的故事。”(见胡适《记辜鸿铭》，载《大公报文艺副刊》，1935 年 8 月 11 日)此处辜所指的女朋友，似乎应该是第九通信中的玛格丽特。

① 古希腊神话中的萨蒂尔(Satyrs)，又译作萨提儿、萨堤洛斯，半人半兽的森林之神，是长有公羊角、腿和尾巴的怪物。

的粗劣内容。

大学生活

回忆起自己的大学生活，辜先生首先①想到的是参加入学考试时的情形。杰克斯·布莱克小姐②和另外两位参加新女性运动的年轻女士当时就坐在邻桌，她们正在进行爱丁堡大学医学院的入学考试。

辜先生说，与他进入大学前在利斯学院所接受那样全面的英语教育相比较，大学的教学则非常敷衍，略低一筹。首先来讲，每个科目的教学时间太少了。除此之外，教授们每年也只是照本宣科地使用变动不大的教案。事实上，学生们只要从往届学生手里得到教授的课堂讲义，他们就可以只读读讲义便罢，而根本不用去上课。总之，辜先生说："我们作为学生，如果仅为通过考试的话，根本没有必要去上课，因为我们也可以自己在家做准备，阅读这些考试科目的必读书目。"

辜先生接着说，惟一运用原创式和启迪式教学法的一位教授，就是著名的希腊语教授布莱基。"但当时他并不教授我们希腊语，而是告诉我们他对希腊文学、希腊生活和希腊文明的看法及批判性意见。每周他给我们上课的时间只有一个小时，其间我们并不学习希腊语，但是要用希腊语**交谈**，——用希腊口语交谈"。

辜先生说，总体说来，大学四年中真正的教育并不是从教授那里获得的，而是来自于大学图书馆中的书籍和他的大学校友们。

辜先生说，他在苏格兰居住的社区，既不是上层的中产阶级区，也非下层的中产阶级区，而是纯粹的中产阶级区。他从来没有在他

---

① 信函中手书加上"first""首先"。

② Sophia Jex-Blake (1840—1912)：爱丁堡大学著名校友，著名医生，女性医学教育的先驱。

所居住的社区遇见过“贵族”或者有交谈的机会。他在英格兰见过社会地位最高的人是一位镇议会议员的太太。

在那个时代的苏格兰，社会生活中有一个明显的特征，即社会成员拥有真正的家庭生活。早晨，女孩子们在上学之前，担任教师的妇女们在去学校讲课之前，都会在家里帮忙做一些单调乏味的家务活，家庭中很少雇佣仆人。晚上，全家人会坐在一间大屋子里，男孩子们在读书学习，女孩子们在做针线活，有人讲述着古老的民间传说，有时候会都在沙发上休憩。

事实上，不要说是奢侈放荡的生活，那个年代的女孩子们就连什么是“闲逛”都不懂，男孩子们对台球和饮酒沙龙也都很陌生。在爱丁堡居住的七年时间里，他只在饭馆吃过一次饭。当然，也有去剧院看演出和参加音乐会的机会，但这些都被视为很隆重的活动，一个月也就只有一两次而已。辜先生说，只是自己在爱丁堡的最后两年里，才兴起了一阵溜冰热潮。

一位来自中国通商口岸的女士

说到在苏格兰的社交生活，辜先生想起了一位苏格兰女士，她的故事十分有趣，而且发人深思。她是一位医生的妻子，侨居在福州，她曾帮助辜先生的兄长传递给辜先生一通家书，以及丝绸、茶叶等礼物。在去英格兰之前，辜先生还是一个不大的孩子，当时他曾游历过福州，而他的兄长是当地的一位商人。辜先生还记得，当时他被带到那位外国医生的家中，便见到了那位苏格兰女士。她穿戴华丽，珠光宝气，对当时的辜来说，她简直就像是一尊女神。但她后来在爱丁堡与辜相见的时候，她已经从女神变成极为普通的女人。这位来自中国通商口岸的女士回到自己苏格兰的家乡后，不料却遭到了当地中产阶层的鄙视。即使她租赁了豪华宽敞的别墅，并且买了昂贵的家具，过着贵妇般的生活，当地人也不再视其为高贵的夫人，而是一个俗不可耐的女人。最终，她被所有人排斥，不得不离开了爱丁堡。

文学

谈及当时的英国文学，辜先生首先想到的是他的老师是如何拯救自己的。辜鸿铭曾买回家很多廉价的恐怖惊悚小说，而老师成捆地将其投入火炉之中，因此辜也就幸免未接触到那些低劣的文学读物。他最初阅读欣赏文学作品是沃尔特·斯科特爵士的小说。接着他开始敬仰拜伦和雪莱。但是，英格兰维多利亚时代的代表诗人是丁尼生。为了显示出丁尼生对他的教益和影响，辜先生引用了《国王叙事诗》中的诗行：

宣誓尊崇他们国王，要把国王当作他们的良心，
而他们的良心也正是他们的国王。
要打败野蛮的异教徒，要拥护基督救世主。
……
一生只爱一位女子，依偎在她身旁，
以高贵的德行，经年不变地崇拜这位姑娘，
直到赢得她的芳心，获得她的赞赏。
因为我明白，
天底下没有哪种力量能比对女性的爱慕更强，
更能使一位男子变得品德高尚。[①]

---

① 这是几句诗节选自《国王叙事诗》亚瑟王到修道院和曾经的王后桂妮薇所说的一段话，完整的内容如下：

I made them lay their hands in mine and swear,
To reverence the King, as if he were,
Their conscience, and their conscience as their King,
To break the heathen and uphold the Christ,
To ride abroad redressing human wrongs,
To speak no slander, no, nor listen to it,
To honor his own word as if his God's, （转下页）

辜先生指出，其中的“要尊崇国王，打败异教徒”，也正是中国儒家学说中君子所要遵循的信条——也就是“**尊王攘夷**”，日语是“Son-o Jo-i”。此外，诗行间表达出一种“性纯洁”的意味，一种绅士对女性

（接上页）To lead sweet lives in purest chastity，
To love one maiden only，cleave to her，
And worship her by years of noble deeds，
Until they won her；for indeed I knew，
Of no more subtle master under heaven Than is the maiden passion for a maid，
Not only to keep down the base in man，
But teach high thought，and amiable words，
And courtliness，and the desire of fame，
And love of truth，and all that makes a man. *Idylls of the King*，“Guinevere,”465—480.

“我要他们（圆桌骑士）把手放在我的手上，
宣誓效忠他们国王，要把国王当作他们的良心，
而他们的良心也正是他们的国王。
要打败野蛮的异教徒，要拥护基督救世主，
要去仗义行侠，传善四方，消解冤枉，
要闭口杜绝诋毁中伤，也不要听他人议论是非短长，
要信守自己的诺言，就好像信守上帝的箴言一样，
要以最纯洁的方式快乐地生活，甜美而醇香。
一生只爱一位女子，依偎在她身旁，
以高贵的德行，经年不变地崇拜这位姑娘，
直到赢得她的芳心，获得她的赞赏。因为我明白，
天底下没有哪种力量能比对女性的爱慕更强，
更能使一位男子摆脱粗鄙，变得品德高尚，
使得他在交谈时和颜悦色、彬彬有礼，
使得他渴望美好的声誉，热衷追求真理，
凡此种种，无疑塑造了一位君子贤良。”

讲求风度与礼仪的传统,“对女性的爱慕”也是中国士子身上的一个特点。因为我们可以从中国的巴亚尔[1],即**关羽**(他是中国的武圣人)的事迹中得到印证,他和结拜大哥**刘备**的嫔妃们被囚禁在一起的时候,不得不与她们身处一室而共同过夜。于是,关羽就整夜端坐在门口,手擎一支点燃的蜡烛。因此,“**秉烛达旦**”这一成语在汉语中被用来表达一种理念:性方面的纯洁,性方面的高贵,以及绅士对女性的尊重和礼数。

爱尔兰会议

在演讲的末尾,辜先生总结道,他认为“中英协会”对他此次的邀请对中国而言是一个好兆头,也或许显示出中国历史要经历一个转折点。辜先生说:“因为我相信若要挽救中国的话,就必须要老一辈中国人和年轻的中国人齐心协力来完成。我认为自己是古老中国的代表,当然,中英协会的成员们正代表了年轻的中国。”

“事实上,今晚的这次聚会可以认为是中国版的爱尔兰会议。你们新中国的代表对我发出的此次邀请,正如同当年劳合·乔治先生[2]对德·瓦勒拉先生[3]发出的邀请一样。贵协会的英语秘书邦尼特先生[4]协助促成本次会议的召开,他就如同是杰尼尔·斯马

---

① 此处,辜鸿铭将关羽比作法国的著名军士巴亚尔。巴亚尔全名为:皮埃尔·特利尔,巴亚尔领主(Pierre Terrail, seigneur de Bayard,1473 - 30 April 1524),在历史上被称为“无懈可击的无畏骑士”。他在查尔斯七世、路易斯十二世、弗朗西斯一世的意大利战役中充分体现了他的无所畏惧骁勇善战的品质。

② 戴维·劳合·乔治(David Lloyd George, 1863—1945):英国自由党领袖和英国首相,第一次世界大战后半期在国际政坛叱咤风云。

③ Eamon de Valera (1882—1975):爱尔兰著名政治家。他的政治生涯跨越了从1917年到1973年的半个世纪,担任过爱尔兰的总统(1959—1973),还领导了爱尔兰宪法的引入。

④ Bonnet:由于受到材料限制,暂未有更多相关信息。

茨[1]。广州也可以被称为是中国的阿尔斯特省[2]!

"在伦敦召开的爱尔兰会议上,劳合·乔治先生提出了一个先决条件,基于此来恢复英国和爱尔兰之间的和平。——因此,作为古老中国的代表,我现在也要向你们年轻中国的代表们提一个条件,凭借这一点,我们老一辈的中国人就可以和你们共同合作。——这个条件就是,中国可以经历改革并逐渐完善,但是**中国绝对不能欧洲化**。换句话来说,我们中国人可以去学习,甚至必须要学习,而且我们也愿意去学习欧洲和美国一切好的东西,但是**我们想要,必须要保持中国的特性**。我们当中的任何一位中国人若是谁娶了欧洲籍或美国籍妻子的话,他绝对不能对妻子示弱,更不能低眉顺眼地说:'你的民族就是我的民族,你们的上帝也就是我的上帝。'简而言之,我们中国人绝不能丢弃中国的民族特性,——这里指的与其说是政治层面上的民族性,倒不如说是**道德层面上的民族性**。总之,我们要绝对忠诚于中华文明,绝对忠诚于我们祖先在数千年历史中形成并建立起来的中国文明的理想。我再次重申,作为古老中国的代表,我要说,'如果你们这些年轻的中国人想与我们建立友谊并保持合作的话',以上我所提的就是你们要必须坚持的条件。

"但是在这里,你们可能会问我:什么是中华文明?我们必须坚持维护并忠心的中华文明的理想是什么?那么现在,我将用简约的几个字来概括一下所谓中华文明的理想。在我们中国历史上,有一位伟大的人,他也是最典型的中国人。但他既不像孔子那样的教书先生,亦不属于那些圣贤之列,而是一位务实求真之人——事实上他是中国从古至今最为注重实效的人。我在此提及他,是因为他是一

---

① Jan Christiaan Smuts(1870—1950):著名的南非和英联邦政治家,军事领袖和哲学家,从1919年至1924年以及1939年至1948年担任南非联盟总理。

② 阿尔斯特(Ulster):爱尔兰四个历史省份之一,位于爱尔兰岛东北部。当中六个郡组成了现在的北爱尔兰,是英国的一部分,其余三个郡属于爱尔兰共和国。

位最典型的中国人——一位真正意义上的中国人。对于这位伟大的历史人物，在中国不分男女老幼，人尽皆知。这位伟大的、真正的中国人名为——诸葛亮。我们中华文明的理想，用诸葛亮的话来说，就是'**淡泊明志**'——用英文来解释就是'过简约的生活以便实现我们的理想'。那些冒充专家来研究中国问题的外国人，比如普兰德先生，尤其是中国政府中的那些外国顾问，比如辛普森先生[①]，总是喜欢告诉我们说，如果我们采用了他们的建议，那么中国**必将**成为一个伟大的国家。但是，作为一个多少也了解些中国问题的人，我可以告诉你们：中国**向来就是**而且也仍将会是一个伟大的国家。原因何在？因为中华民族能够发展并保持很高程度的文明，也就是说，过着简约的生活，但是拥有很高的思维标准。或许在你们看来，这种简约的方式是一种原始的生活标准。我再次强调，即便是从**目前**来看，我们中国也依然是一个伟大的国家，一个道德层面上伟大而又卓越的国家。因为，即便是这个国家中那些**西方化了的中国人**以及拥有汽车的中国人降低了人民大众的生活水准，使其处在饥饿的边缘，那些快要被饿死的、但是真正意义上的中国人也仍旧是遵纪守法的。相比之下，中国的犯罪数量比欧洲和美国要少。”

辜先生认为，协会中的英国会员应该认识到在中国从事“文化出口”事业的重要性——而不是一味地鼓励和推进“文化进口”到中国来。辜先生说，如果可能的话，他们应该帮助那些像他自己一样的人——那些人接受过国外教育，但却独自从事着“出口中国文化”这种出力不讨好的工作。

---

① Bertram Lenox Simpson (1877—1930)：英国人，出生于宁波。中国海关税务司辛盛之次子。曾在瑞士留学，能操流利的法语、德语和汉语。后进中国海关，在北京总税务司署任总司录司事。1900 年八国联军进北京时他参与劫掠。1902 年辞海关职务，就任英国报社驻京通讯员。1911 年辛亥革命后任伦敦《每日电讯报》驻北京记者。1916 年被黎元洪聘为总统府顾问。

致卫礼贤函

卫礼贤(Richard Wilhelm 1873—1930)原名为理查德·威廉,来中国后取名卫希圣,字礼贤,亦作尉礼贤。基督教同善会传教士,著名汉学家。1899 年,卫礼贤来到青岛传教。1901 年,由德国、瑞士同善会出资,卫礼贤创办了“礼贤书院”。由于办学有功,1906 年被清政府封为道台。第一次世界大战结束后,卫礼贤全家被迫返回德国本部,任教于法兰克福大学,成为首席汉学家。1930 年逝世于德国斯图加特。翻译作品颇丰,包括《论语》《老子》《庄子》和《列子》等经典,还著有《老子与道教》《中国的精神》《中国文化史》《中国哲学》等。他所译的《易经》,至今仍被认为是最好的版本之一。魏汉茂(Hartmut Walravens)教授主编的《卫礼贤(1873—1930):在中国的传教士以及中国精神文化的传播者》[*Richard Wilhelm* (1873 - 1930):*Missionar in China und Vermittler chinesischen Geistesgutes*. Nettetal: Steyler Verlag, 2008]一书中收录了辜鸿铭致卫礼贤的 21 通信函(第 283—316 页,其中 20 通为英文,1 通为德文),时间跨度为 1910 年 6 月 10 日至 1914 年 7 月 6 日。这批书信是在卫礼贤的遗物中找到的,原件藏于德国慕尼黑巴伐利亚科学院档案馆(Archiv der Bayerischen Akademie der Wissenschaften, München)。

一

上海

1910年6月10日

亲爱的卫礼贤牧师：

给您回过上通信后，又收到两通来信[①]。您为犬子[②]承担了不少麻烦，我要表达诚挚的谢意。所幸犬子的情况并不严重。但除非给他做个彻底的体检，否则我仍放心不下。他很快就要回家了，我会在上海安排他体检。

很高兴得知您正在着手的出版计划[③]，这将使欧洲人更好地了解中华文明。在我看来，和传播欧洲现代文明到中国来相比，这项工作则更为必要。对于欧洲文明的辉煌成就，大家有目共睹。中国人现已意识到学习欧洲的必要性。其实依我所见，欧洲人对中国事物的欲求应该有所调整，甚至要有所节制，而决不应进一步被刺激。另一方面，显而易见的是，中华文明的意义和价值或许从未像现在这样

---

① 由此可见，卫礼贤和辜鸿铭相识最迟也不会晚于1910年上半年。

② 指辜鸿铭的日本夫人吉田贞子所生的儿子辜守庸，字志中，当时在"青岛高等学堂"读预科三年级。卫礼贤曾向德国当局提议在青岛建立大学。中德政府于1909年创立"青岛特别高等专门学堂"（Deutsch-Chinesische Hochschule），也称"德华大学"，学制为二级高等教育建制，包括预科、本科及中文科。预科传授基础知识（包括德语、地理、生物、数、理、化等西方课程以及古籍、历史、伦理和文学等中国传统课程），学制6年，相当于中学。1914年日本占据青岛后，德华大学迁至上海与同济医学专科学校合并，称"同济大学"。

③ 1910年卫礼贤出版了德译本《论语》，引起德国出版商奥伊根·迪德里希斯（Eugen Diederichs，1867—1930）的注意。当年，耶拿（Jena）迪德里希斯（Diederichs）出版社与卫礼贤达成出版计划，以"中国的宗教和哲学"为总标题，出版包括德译《论语》在内的十部卫礼贤翻译的中国典籍。

被忽视。

问题是怎么做才能使欧洲人了解中华文明的价值。答案很明显：让欧洲人了解中国文学。然而，中国文学的伟大之处，既不在于它的哲学体系，也不在于某部经典杰作中，它体现在对于文明生活所付出的广泛和持久的努力上。一位英国作家[①]在谈到莱辛[②]和赫尔德[③]时说："时代更迭，历次文学运动都会结出累累硕果。比莱辛和赫尔德作品更完美的著作将在德国产生，但一提到他们两位的大名，每一个德国人的心里都会充满敬意和热情，就算最富才华的大师也难使人们这样。为什么？因为他们使知识变得人性化，因为他们拓展了生活和智慧，因为他们的努力卓有成效，散播甘甜和光明，使理性和上帝的旨意成为准则。"法国作家茹贝尔[④]也说过："要培养人类的志趣，使其既不垂涎于食色，也不贪恋于金钱，要让人们养成一种喜欢精神食粮的品位。在我看来，这就像是大自然赋予所有文学作品中的一种有益的果实。但无论有意与否，人类若品尝了其他的果实，总体说来，那也是无益的。那些让我们深陷其中、剥夺我们阅读其他作品兴趣的书籍是非常有害的。因此，这些书只带给世界一些奇思异想，使现存繁复的法则、规章和制度更为杂乱不堪。"

我想要说，中国文学中没有雄壮与华丽，而只有一种持久而统一的卓越。目前，若要欧洲人来欣赏中国文学，则难度非常之大。因为

---

① 即马修·阿诺德。信中的引文出自其《文化与无政府状态》(*Culture and Anarchy*, Oxford: Oxford Unviersity Press, 2006, 53)一书。

② Gotthold Ephraim Lessing(1729—1781)：德国戏剧家、美学家和文学批评家。他是德国启蒙运动最杰出的代表。

③ Johann Gottfried Von Herder(1744—1803)：德国哲学家、历史学家和文学批评家，主张历史进化论，他对德国"狂飙运动"有很大影响。

④ Wohl Joseph Joubert(1754—1824)：法国著名散文家，生前并未出版作品，死后因出版《随想录》[*Pensées* (*Thoughts*)]而出名，马修·阿诺德在作品中曾多次称赞他。

在我看来，现代欧洲人的才智变得有些失常，他们渴求新鲜刺激、宏伟壮丽和奇思怪想，而不论是非曲直；他们无法欣赏虽不宏大，但平实且理性的优秀文学。正如病人一般，现代欧洲人目前渴求味道刺激的腊肉，而对普通的健康食品没有胃口。而中国文学正是这样一大批普通的食品，它有益健康，营养丰富，以此为生，人类就可以使自己养成不贪恋食色钱财的志趣，因此就可培养出一种喜欢"精神食粮的品位"。

如若您想感受中国文学中的高尚品位，那我就推荐您阅读这两部作品：

一、《唐宋八家》(唐宋八位文学家文钞)

二、《文献通考》，马端临编撰

法国汉学家雷慕萨[①]在评述《文献通考》时说："该作品本身就是一座图书馆，假设中国没有其他文学作品的话，仅读此书就可知汉语是值得研习的一门语言。"[②]在这部作品中，您想要的东西，应有尽有。一切尽在其中。

此信即发，就此搁笔。

致以最诚挚的问候
您真诚的
辜鸿铭

① Jean Pierre Rémusat(1788—1832)：法国汉学家、法兰西公学院第一任汉学主席，曾译《风月好逑传》及《玉娇梨》。

② 引自雷慕萨《亚洲杂文新编》(*Nouveaux Mélanges Asiatiques*)一书。

二

上海

1910 年 9 月 24 日

亲爱的卫礼贤牧师：

您的译作《论语》[①]已收到，非常感谢。现在无暇拜读，等仔细拜读之后，我会告诉您我对于全书的看法。目前我只能说，您的翻译工作做得很彻底。但我要冒昧地提出质疑：您在翻译过程中，如果没有对原文做出那么多的扩展，那情况会不会更好些呢？毫无疑问，中国文学的语言有高度浓缩的特点，中国的文人总试图化一本书为一页书，化一页书为一个短语，化一个短语为一个字。因此，将汉语译成欧洲语言时，需要略加解释。但问题是，您可能做了或者说不应该做过度的诠释。在译文中，恐怕您已扩展了原文本身的内容，因此，您为了阐释原文的思想，就在客观上自己写作出原文之外的文本。我个人认为，如果能仅是通过翻译原文而达到阐释思想的目的，那样也许会更好。您知道，我总是通过牢记大师们所用的确切词语来传播其思想，思想的伟大之处常常既在于思想本身，也在于传播思想的方式。当然，您的书旨在帮助学生理解文本的含义。同样，在这种情况下，或许学生阅读文本时就捕捉不到鲜活的思想。就仿佛是一个人在欣赏一件艺术品，或者说是一座周围布满脚手架的漂亮别墅，那总不如别墅毫无装饰地出现在他面前来得印象深刻，若非要有装饰的话，那除非是美丽天空中射过来的一道阳光。我还记得在上大学时读维吉尔和荷马著作的情形。维吉尔至今仍令我难以忘怀，因为我只阅读著作原文。但在读荷马的作品时，也同时读了一些拉丁语评注。时至今日，我仍感怀于维吉尔作品中那种难以描述的优雅和高

---

① *Kung-Futse*：*Gespräch*(Jena：Diederichs，1910).

贵,但无法感受到荷马文字中的恢弘简洁之美。

密施[①]教授来信告知,您和《法兰克福报》的帕凯[②]博士打算翻译《中国的牛津运动故事》[③]。若情况果真如此,那将是我莫大的荣幸,此外,热爱阅读的德国民众也应极力受到称赞。我曾试图在英国再版该书,但没有哪家出版商感兴趣。它或许可以在德意志的土壤中茁壮成长!

犬子来信说您给我写了信,是不是还没有寄到呢?

随信寄上两卷中文拙作——《张文襄幕府纪闻》。其主旨思想和我在《中国的牛津运动故事》中所要表述的是一致的。希望这部作品能对中国有些益处,尽管它可能会使我和伪善文人们之间产生些矛盾。但我想要教训他们一下,而现在他们也已领教到了。

致以美好的问候
您真诚的
辜鸿铭

---

① Georg Misch(1878—1965):德国哲学家、历史学家,师从狄尔泰(Wilhelm Dilthey, 1833—1911),继胡塞尔(Edmund Husserl, 1859—1938)之后执掌哥廷根大学哲学教席。

② Alfons Paquet(1881—1944):德国作家。1915年任《法兰克福日报》记者,曾撰写大量游记。1932年成为普鲁士艺术科学院院士。与迪德里希斯出版社关系密切,1910年曾在上海拜访过辜鸿铭,后将辜介绍给卫礼贤。曾为辜德语版《中国的牛津运动故事》(卫译题目为《辜鸿铭:中国对欧洲思想的抵抗(批判文集)》)作序。详见第九通信函内容。

③ 英文全称为:*The Story of a Chinese Oxford Movement*: *An Essay in Political and Social Criticism in China* (Shanghai: Shanghai Mercury, 1910)。又名《清流传》。该书最终由卫礼贤译为德语后出版:*Chinas Verteidigung gegen Europäische Ideen*: *Kritische Aufsätze* (Jena: Eugen Diederichs, 1911)。

又及：

您在出版《中国的牛津运动故事》德译本的时候，也可以将我写给《字林西报》有关"慈禧之死"的信作为附录①。

三

上海黄浦江浚浦局

1910年10月8日

亲爱的卫礼贤牧师：

感谢您的上通来信。近来异常忙碌，以至无法及时回信。随信寄上一部全本《金瓶梅》。我坚定地认为，翻译这样一部作品是不可能的。此外，您为何要展示中国社会最腐朽状态下的面貌呢？在中国，有诸多其他有益于欧洲的作品。我下周将再写一通信，详述有哪些著作适合译为西文。

匆匆搁笔

辜鸿铭

---

① 即登载在1908年11月28日《字林西报》上的一通信函，题目为《已故皇太后：致敬与告别——致〈字林西报〉编辑的信》("The Late Empress-Dowager：AVE ATQUE VALE. To the Editor of the '*North China Daily News*'")，该信后经卫礼贤翻译后收录在附录中，题为"Offener Brief an den Herausgeber der *North China Daily News*"。中译文收于黄兴涛编《辜鸿铭文集上卷》，海口：海南出版社，1996年，第391—396页。修订的中文译文详见本书"致《字林西报》编辑的信函"第四通：《已故皇太后：致敬与告别》。

四

上海

1910年10月22日

亲爱的卫礼贤牧师：

我答应过要给您详细列出可译的中文书目，但一直没有时间。已寄出您需要的《金瓶梅》，希望已如期收到。

我十分确定翻译此书是不可行的。对想了解中国国情的哲学家或哲学专业的学生而言，这部书非常有趣，它显示出在通常情况下，一个腐朽的社会是如何导致政府解体的。事实上，道德因素左右一个国家的兴衰。但是这部书并不是面向大众读者的。

至于曾国藩侯爵的信札，我一向认为，若能编辑一本书信集，附上这位伟大侯爵的生平简介，并将其译成欧洲语言，这会使欧洲民众认识到一位政治家和绅士，感觉到这样一个杰出的中国人的人格。我在寄上的两卷《张文襄幕府纪闻》中描述过这位伟大的侯爵，但他自身也具有局限性。但总的来说，他是中国现代绅士的典范，一种正在从中国消亡的典范。事实上，我已在收集他的书信，打算随注释一起出版，以方便学习汉语的欧洲学生使用，但找不到出版商来承担出版费用。我出的书全都在赔钱。

依在下愚见，所谓能唤起对于中华文明兴趣的书籍，无不包含着对中国历史伟人，即卡莱尔所谓的“英雄”的简要描述，他们包括：

周公——律法制定者

秦始皇帝——专制的暴君

汉高祖——伟大的平民/民主皇帝

汉文帝——理想的帝王（马库斯·奥勒留）

韩广——造王者

诸葛亮——政治家

韩文公(韩愈)——学者
司马迁——历史学家
苏东坡——诗人
等等。

书籍中包含的描述应与贵国伟大诗人席勒[①]的历史讲座风格一致,当时他在耶拿大学作历史教授。以欧洲语言出版的所有著作都太过关注中国文学的博大精深。人们忘记了汉语本身并未消亡,汉语文学也不像埃及和巴比伦文学那样已经死亡,现在四万万辛勤劳作的中国人每天使用的正是这种语言,欣赏的也正是这种文学。

恐怕当务之急仍是要教育并感染一批人,让他们充满激情。要燃起大火,先要点燃些许火把,使之四处传播火焰,然后以成燎原之势。

我昨天和一个从牛津来的英国人聊天,这个年轻人要到汉口去,参与一个英国大学的项目。他说在青岛火车站遇见过您。在我离开他的时候,他已燃起对中国文学的热情之火。我是多么希望能真正感染一批年轻人!那样的话,这项工作就会自行发展下去。我现年事已高,且精力不济。有趣的是,我可以感染英国年轻人,但却无法感染年轻的中国留学生。这是吾国人民精神死亡的信号,对此我异常痛心。

您提议要翻译《中国牛津运动故事》一书,随信寄上一篇近期所写的关于"慈禧之死"的文章,供您所用。因为该文只此一份,所以能否请您在用完之后寄还于我?同时也寄上一部《总督衙门论文集》[②],我想请您翻译其中最后一篇文章,题为《文明与无政府状态》,

---

① Johann Christoph Friedrich von Schiller(1759—1805):德国18世纪著名诗人、作家、哲学家、历史学家和剧作家,德国启蒙文学的代表人物之一。

② 英文全称:*Papers from a Viceroy's Yamen* (Shanghai: Shanghai Mercury, 1901),又名《尊王篇》。

并建议您将其作为《中国的牛津运动故事》德译本的引论。

再次委托您照管犬子。

致以良好的祝愿

您真诚的

辜鸿铭

五

上海

1910 年 12 月 27 日

亲爱的卫礼贤牧师：

我写此信仅致以节日的问候，愿您及家人一切顺利，新年快乐！

我的近况有些变化，现已不在黄浦江浚浦局供职，而转任南洋公学教务长一职[①]，现正处于试用阶段。工作中乐趣不少，可这学校也像中国其他方面一样，亟待改革。可怜的学生们(有五百多个)简直是在遭受文化饥荒，他们渴求明智的教育，对此你也会唏嘘不已吧。对于所学的东西，他们毫不理解。但是改革总要带有风险，最终可能我又会和某人的意见相左。在目前的情况下，即使想要为政府做点事，也无能为力。我要尝试为中华文明做些事。但要做事，首先要生存，对我这把年纪的人来说，尤为困难。但我的人生主题是自育，而非赚钱。事实上，在幸运地谋到此职之前，我异常焦虑，担忧无法解

---

① “南洋公学”为上海交通大学前身。1896 年由盛宣怀创建于上海，1907 年改隶邮传部，名为“邮传部上海高等实业学堂”。1911 年到 1912 年间为“南洋大学堂”。有关辜鸿铭职衔信息，参见上海交通大学志编纂委员会编《上海交通大学志》，上海：上海交通大学出版社，1996 年，第 135 页。

决生计问题。

我收到了米施教授撰写的有关人格的文章，但无暇给他或是帕凯博士回信。他们二人都给我写了信，字里行间充满同情之意。因为我有太多的话想说，所以暂且无法回信来感谢他们的好意。您在与这两位绅士写信时，能否将我未回信的原因告知他们呢？此外，我之前也提到，我异常地焦虑，不知怎样才能解决生计的问题。

想必您对于我那本书的翻译也取得不少进展吧。帕凯博士建议我修订一下，但我认为没有必要。我想再次提议由您翻译《文明和无政府状态》一文来作为全书的引论。

致以最良好的祝愿

您忠诚的

辜鸿铭

六

上海卡特路70号

1911年1月10日

亲爱的卫礼贤牧师：

在中国农历年末，我收到了您的来信，但由于繁忙无暇回复。现匆忙寄上拙著的原始笔记，这是您需要的。恐怕其篇幅过长，您可酌情选用。希望书稿能及时送达德国。犬子很快将返回青岛，届时再致长信。同时请接受我最真挚的祝福！

您真诚的

辜鸿铭

七

上海卡特路70号
1911年5月27日

亲爱的卫礼贤牧师：

拖了太久未能致信感谢您寄来的《道德经》译稿[①]，现刚有时间读完引论。请恕我直言，对于翻译此书的缘由，我认为您的解释不甚清楚。事实上，在我看来，您是如此关注老子及老庄学派，这很可惜。研究一个民族的文学，辨别民族思想体系中的主流和支流是十分重要的。老子及其学派观点的核心思想是一种消极性批判。在某个时期，消极性批判对于一个民族来说是必要而有用的。但消极性和破坏性的批判永远无法成为构建民族生活的主流思想。构成中华文明的主流思想不是老子及其学派的著作，而是存在于儒家经典中。现今欧洲的破坏性批判已足够多。事实上，中国人即使阅读欧洲的现代书籍，也永远无法理解欧洲文明，原因在于当下欧洲的书籍包含的全都只是破坏性批判。若要让欧洲人理解中华文明，您就应特意展现儒家经典中伟大而重要的建设性思想。在我看来，我研究的时间越长，这些思想就越令人印象深刻，这里我是指有关中华文明的规划和蓝图方面的内容。

致以良好问候
您真诚的
辜鸿铭

---

① *Laotse Tao te king* (Jena: Eugen Diederichs, 1911).

八

中国上海帝国理工学院
1911 年 9 月 22 日

亲爱的卫礼贤牧师：

犬子已寄来您翻译的散装书稿。不知您是否需要我做些订正，其中仍有许多排印错误。在第七十七页上，“Wie Yuan Shih Kai Ubernommen wurde”一句之后，有一整句话给漏掉了，这使后文显得异常费解，而且后文也应另起一段。此外，在第一百二十六页上，最后一段应调整位置，与第二段整合在一起。

我要恭喜您，您的译文非常忠实于原作。当然，您的传译未能再现原作的语气风格。

匆匆致以良好的问候
辜鸿铭

九

中国上海帝国理工学院
1911 年 10 月 15 日

亲爱的卫礼贤牧师：

两通来信悉已收到，一通英文，一通德文。对于耶拿大学授予您的文学荣誉[①]，我表示衷心的祝贺！

我上通信中说您的译文未能准确地传达原文语气风格，恐怕您会认为我过于挑剔。我知道自己在要求您做不可能之事。比如，我

① 指耶拿大学于 1911 年授予卫礼贤的“神学荣誉博士”头衔一事。

读过歌德《少年维特之烦恼》的英、法两种译本，译作中的歌德文风尽失，读起来毫无紧张刺激、热情澎湃之感。在某种意义上，我就像是歌德一样。无论是书写文章，还是发表言论，我都是在呕心沥血。因此，没有强烈的感受，我就无法写作。事实上，如果有了强烈的感受，却不能以某种形式表达出来，那我就会生病或死亡。您恐怕很难得知我写完一本书后会多么的释然，好似一个女人刚刚分娩了一个婴儿，感到无限解脱。在这种情况下，我不能期待阅读译文时的感受要和我写书时的感受完全相同。另外您也提到，没有时间来深思熟虑书中的观点，无法待融会贯通后再用德语来传译。

至于帕凯博士的引论，我必须说，在我看来他并未深入阅读我的作品，未能理解我思想的深层涵义。单是书中某些章节的逻辑和睿智就足以让他印象深刻了。他开篇就讲"满汉之争"，而我在书中对此根本是只字未提。在这方面，帕凯博士显出他法国人的特质来。他是法国人，而不是德国人，因为所有德国人拥有一项特质：可以深刻地感触事物。但或许其记者的身份也妨碍他进行深入的思考。歌德认为现代报纸是最不道德的，因为它不仅降低读报人的道德水准，也降低写报人的道德水准。草率地书写未曾彻底掌握的对象，对于真正的文化而言，没有什么比这更令人沮丧的了。

我给《字林西报》写过一通信[①]，谈论关于铁路问题的看法，已令犬子寄上信件复本。外国民众常受外刊的误导，所以我认为致函报

---

① 指1911年10月7日发表在《字林西报》上的信函《中国的铁路问题——致〈字林西报〉编辑的信函》("The Railway Question in China, To the Editor of the '*North China Daily News*'")。信函中文译文详见本书"致《字林西报》编辑的信函"第六通和第七通。

社是我的责任。我供职的学校隶属邮传部,该部的头领盛宫保[1]独断专行。我写了信,当然就有丢饭碗的危险。但要在道义和饭碗之间选择的话,我必须抛掉饭碗。

不幸的是,我在信中的预言已成为现实,长江很快就会陷入汪洋火海。若这可以使北平政府悔过并改正自己的做法,那些生命和财产也就没有白白损失。我仍对满族抱有同情。可怜的满清亲王们的本意是好的,但是他们现在就像是森林里的孩子(就像汉赛尔与格丽泰尔)。巫师就是中国的独裁者[2]。从巫师手中解救孩子们的骑士在哪里?我想让阿喀琉斯成为我们的骑士,但他学养不足,无法理解我的思想。在这位前总督收到去四川的电报那天,我和他在屋里谈了一个半小时。他留意倾听,但无法理解。如果我能使他理解我的思想,仰仗他的人格和声望,我们或许可以共同做些事情。

目前的运动就像日本的西乡或萨摩起义一样。日本开始现代化进程的时候,他们必须推翻寡头统治,即东京的"幕府"。同样,我们中国人也必须推翻李鸿章在天津的"幕府"。后来,日本掌管国事的人又形成新的寡头统治。西乡人在萨摩侯爵的领导下起义,反抗的正是新的寡头统治。起义虽然失败了,但是推翻了大久保[3]新的寡头政权。同样,在川汉两地的反抗将会以失败告终,但盛宣怀新的寡头政治将会瓦解,之后在北京及全中国,发展的进程将适时展开。对此我们抱以最好的期望。目前惟一的危险是外国势力的愚蠢干涉。

---

① 盛宣怀(1844—1916):字杏生,以幕僚受李鸿章赏识,从天津海关道逐步升为邮传部尚书,晋封宫保,当时人称"盛宫保"不可一世。曾创办轮船招商局、天津电报局、中国通商银行、汉冶萍煤铁厂矿公司、第一所工业高等学府北洋大学堂(今天津大学)和第一所师范学堂南洋公学(上海交通大学前身)。

② "Hansel & Gretel"以及"Hexe"皆来自《格林童话》故事《汉赛尔与格丽泰尔》中的人物。

③ 大久保利通(おおくぼとしみち,1830—1878):生于日本萨摩藩,日本明治维新时期的政治家,与西乡隆盛及木户孝允并称"维新三杰"。

因此我致信《字林西报》是及时而富有远见的。

英文版《中国牛津运动故事》已脱销。我也曾一度在寻找出版商，希望在英国出第二版[①]。但此书在当时未受到公众关注，感兴趣的出版商也无处可寻。现该书已发行了德文版，中国的公众也正在关注，您可否致信帕凯博士，请他介绍一些德国出版商来发行英文版，并送到英国和美国出售呢？

关于此事，我本应亲自致信帕凯博士，但由于已有三通信未回复了，要写就得写通长信。

致以最美好的祝福

您忠诚的

辜鸿铭

十

中国上海帝国理工学院

1911 年 10 月 22 日

亲爱的卫礼贤牧师：

考虑到美元在上海的安全性，我暂时还不能从中国的银行兑现来寄给犬子，以供他每月的开支。能否恳请您慷慨资助，以此信作收据，付给犬子二十美元？我会周转其他资源，手头一有现金，马上如数奉还。

提前感谢您的帮助

您真诚的

辜鸿铭

① 第二版英文《中国牛津运动故事》于 1912 年由上海文汇报馆出版发行。

又及：

请告知犬子，我会定期给他汇款二十美元。

十一

上海固本肥皂厂

瑞嘉氏代理

1911 年 11 月 21 日

亲爱的卫礼贤牧师：

犬子从青岛返回后，我就给您发了一封电报："阿斯卡尼俄斯已抵家，安然无恙。"当时就想写信感谢您对犬子的厚爱，也感谢您帮我找到房子，我如果移居青岛，也终于能有个住处了。我和家眷已在上海安顿下来，非常安全，这一切都多亏一位奥地利绅士——索伊卡先生[①]的帮助。是一个很偶然的机会让我们认识的，受上帝意志的指引！

学潮开始不久，学生们在学校就开始抵制我，因为我义不容辞地致函报社。因此我只好辞职，离开了学校。因为家离学校很近，而学生们的行为也愈发嚣张，所以我举家搬到法租界的外国旅店，十天后才找到现在的住所。

我无法预测目前的暴乱将持续多久，但我认为时间不会长。当下的混乱是令人难以理解的欧洲"新学"的产物，就好似"拳乱"是中国"旧学"的产物一样。好在这种崇尚利益和野心的"新学"之毒还未

---

① 瑞嘉氏为上海固本肥皂厂的经理，由于资料所限，此人的具体信息尚待补充。在辜鸿铭英文版《中国人的精神》(*The Spirit of Chinese People*)的 1915 年第一版以及 1922 年第二版的鸣谢页上，辜写道："谨以此书献给一位奥地利绅士——尊敬的 L·瑞嘉先生，感谢他在中国 1911 年革命期间为我及家人提供的无私和慷慨的帮助。"

渗透到中国社会的每个阶层。底层人民仍感觉到“忠孝宗义”的力量，而且也秉持着道义。目前“忠孝宗义”之势仍处休蛰状态，我们也缺乏首领人物。当正道盛行、头领出现时，崇尚利益和野心之毒便易于清除。在我看来，你们德国人及其英国走狗如此钦佩的袁世凯，也是同样代表着利益和野心，因此他不会是成功解决目前的困局的人。袁世凯所作的聪明安排顶多只是个权宜之计。能给中国带来持久和平的人，心中必有忠孝宗义。

不知您读没读外刊，如果读了，就会发现所有人都崇尚利益和野心。但是“新知”的鼓吹者们意识不到，他们应对目前的流血事件负主要责任，他们当中的一批传教士罪大恶极，其团体名为“基督教知识宣传协会”①。李提摩太牧师曾翻译出版过麦肯齐的《泰西新史揽要》，这是一本愚蠢的英文著作，其中充斥着对法国革命粗鄙错误的看法。我曾写信给已故的花之安博士，说那本蠢书将会导致多少流血冲突啊！让我引用一下圣保罗的话吧，不幸的是此话已成为事实：“不要被人虚浮的话欺哄。因这些事（“新学”等等），神的忿怒必临到那悖逆之子。”②

然而我仍抱有希望，深入国人骨髓的忠孝宗义，必将被唤醒，也必将战胜利益和野心。此外，在基本元素得以重新组合后，中国一切肮脏、卑鄙和不良的事物都将被席卷一空，燃烧殆尽。那时我们就能看到一个真正的新中国。

至于在新中国该怎样执行使命、进行生活，我将遵从上帝的明智

---

① 17世纪以来，英国为展开大规模的海外宣教活动，组建了大量殖民时期的海外宣教机构。基督教知识宣传协会成立于1698年，全称为“The Society for the Propagation of Christian Knowledge”。

② 出自《圣经·以弗所书》第五章第六节：Let no man deceive you with vain words：for because of these things cometh the wrath of God upon the children of disobedience.

引导。现在,我心存感恩,感谢上帝使我和家人远离危险,某种意义上讲,我似乎已感知到指引方向的上帝之手。

待事态平静些后,我再送阿斯卡尼俄斯回青岛。我会寄还您借予的四十美元,之后他会回青岛。

致以最美好的祝愿

您真诚的

辜鸿铭

十二

上海

1912 年 2 月 22 日

亲爱的卫礼贤牧师:

近来我对公共事务感到十分担忧,也发愁如何解决生计的难题,因此无法致函感谢您的上通来信,想必您也能够理解,

革命以袁世凯成为中华民国大总统而告终。人们哗然一片,但我却未感到半点意外。若您阅读我的《中国的牛津运动故事》就会发现,我将中国人分为三个等级:第一,满清贵族;第二,中层文人;第三,普通百姓。

中国过去二百多年的历史始于

1. 满清政府的掌权,之后太平天国运动兴起;

2. 中层文人势力崛起,之后中日甲午战争开始;

3. 满清政府重掌政权后,义和团运动又爆发;

4. 之后是中国"三大巨头"[①]控制下的政权真空期,在目前的新知义和团暴动平息之后,我们就会进入;

① 指张之洞、袁世凯和岑春煊。

5. 平民掌权期。我在书中曾指出，袁世凯出身平民，在维新运动中叛党变节。现在平民掌权，他自然成为共和国最合适的头领。我认为他统治的时间长不了，但即使在他的短期统治内，中国一切精致、美丽、尊贵、高尚和美好的事物也都将会遭到破坏。德国领事馆的一位绅士说，他自己很吃惊，中国人长久以来一直屈从于满族的暴政!! 他问我说，满族人到底为中国做了些什么？我回问他说，见没见过康熙时期的瓷器？如果见过，就该清楚满族人到底为中国做了些什么——他们赋予中国人美丽的心灵，所以我们才可以创造出那些美丽的瓷器，以及其他事物。总之，中国在满人的统治下，变成了一个美丽的国度——一片真正绚妍如花的土地。

中层文人阶级掌权后，中国变成了“庸众”遍地的国度。一位英国贵族绅士曾描绘过一幅图景，详述出广州和广东人衣不遮体的情形，我在书中也予以转述。这就是李鸿章统治下的中国，一个粗俗和丑陋的中国。正是针对这样一个粗俗、丑陋的中国，传统的文人志士才奋起反抗，发起“中国的牛津运动”。

但是如果中国在李鸿章的统治下变得粗俗、丑陋，那么现在，袁世凯执掌政权，平民首领孙逸仙和美国人荷马·李①大权在握，表现得毫无节制，我们的结果将会是怎样的呢？我简直不敢去想。歌德说过：“压抑我们的是什么？——庸俗。”中国的“庸俗”，即一切粗俗、卑鄙、下流和可耻的东西，都将拥有充分的空间和充分自由来发展，事实上，庸俗也将会成为新中国的理想。更糟的是，我们将不但拥有中国式的庸俗，而且也拥有欧美式的庸俗。

歌德去世前曾发出警告，要大家警惕“盎格鲁-撒克逊传染病”。大年初二，我去了上海最为贵族化的茶园，看到了“新中国”的迹象：一群剪掉辫子的中国人，他们谈吐粗俗，举止嚣张，焦躁不安，聒噪不

---

① Homer Lee(1876—1912)：孙中山的美国挚友和军事顾问。1909 年出版《无耻之勇》(*The Valor of Ignorance*)一书。

已，其厚颜无耻之态简直令人无法形容。这让我第一次充分领悟到歌德那警告的涵义。上海的外国民众，包括传教士及德国的领事（很抱歉），现在都欢欣得意，认为袁世凯领导下的“年轻中国”，通过剪掉辫子的方式，最终“接受”了欧洲文明。殊不知，年轻中国接受的根本不是欧洲文明，而仅仅是歌德所谓的盎格鲁-撒克逊传染病式的文明。可以想见，一旦中国四万万同胞都染上了盎格鲁-撒克逊传染病，接受这种文明，全部变成新年我在茶园见到的那群庸俗至极、卑鄙、躁动的无辫之徒，那这一切将给世界文明带来怎样的一种后果呢？我们同样应牢记，这种低俗、躁动的中国人已认识到炸弹的用途。现在，人们谈论着袁世凯统治下的“新中国”，在我看来，这才是真正意义上的“黄祸”。欧洲人，守护你们最神圣的天良！

我和在上海的欧洲人及有教养的人——如德国使馆的绅士们——交谈时，告诉他们我的上述看法，所有人都说我是理想主义者。然而这些务实的现实主义者们忽略了一点。现今的政论家和政治家们所忘记的一个简单的事实，按照某个法国作家说法，就是“每种文明赖以存在的根基，在于民众的一般道德水准和公共事务中体现出充分的正义”。中层“庸众”统治下的中国，其旧式政权虽有诸多缺陷，但仍可维持民众一般的道德水准。有事实为证：外国人，比如传教士，无论男女，皆可安全地畅游整个中华帝国。至于证明公共事务中正义充分的事例，那就是中国政府虽然财政极端匮乏，仍能定期支付庚子赔款。

但在现今的平民政权下，袁世凯成为共和国大总统，所有这一切将会成为泡影。为什么呢？原因有二：

首先，无论哪个国家，要保持民众一般的道德水准，政府首领必须拥有并展现出一般的道德品质，这样才能赢得人民的尊重。但袁世凯在目前危机中的做法，没有展现出任何最一般的道德品质，以及忠孝宗义，简直连盗贼和赌徒都不如。别忘了，袁世凯是奉命来保卫大清王朝的，他也积极领命，然而其所作所为却不仁不义。先是向革命党投降,然后策划阴谋诡计,滥用军士们的赤胆忠诚,他拥兵自立,逼帝退位,自己最终成为民国大总统。所有这一切怎能被视为符合最普通的道义准则呢?整个过程中最值得一提的是,袁世凯自始至终从没有哪怕是佯装战斗或付出努力,有的只是投降和背叛。

这种人怎能赢得臣民的尊重和爱戴呢?尊崇这种人的民众也必定丧失了所有的忠孝宗义。我认为在袁世凯作为总统的新政权下,民众甚至连一般的道德水准也保持不了,这就是原因之一。

至于第二条原因,记住它非常重要,尤其在涉及中国人民的事情上,但解释它却不容易。

在欧洲,国家和教会是彼此分立的,而在中国却是二者合一的。在欧洲,教会负责维持民众的道德水准,国家主要负责维持社会秩序。但是在中国,国家要两者兼顾,既要维持民众的道德水平,又要维持社会秩序。欧洲的教会促使民众道德高尚,其力量和权威的本源是上帝;而在中国,国家促进民众的道德,其力量和权威的源泉是皇帝。因此,在欧洲,如果你破坏并移除对于上帝存在的信仰,那么维持民众一般道德水平的条件就不复存在;在中国,如果你攻击并消除臣民对于皇帝的尊崇,建立起没有皇帝的共和国,那就破坏了民众道德所依赖的整体框架。事实上也就破坏了中国人的宗教,这是一种人间的宗教,而不是什么超越凡尘的神教,这种宗教以中华帝国大清王朝为天堂,以皇帝为上帝——或称为上帝之代理。一旦破坏了这种宗教,再想维持民众一般的道德水平就不可能了。也正因为如此,我才认为忠君是一种宗教,不但是一种宗教,而且是一种必不可少的宗教,因为在中国,民众的道德依赖其存在,正如在欧洲道德依赖对上帝的信仰一样。欧洲的殉道者宁遭千刀万剐,也不愿放弃对基督——上帝之子的信仰;中国的殉道者也会舍身受死,而且史书也有记载,为的是忠于他们的皇帝——天子。

这也是为什么袁世凯作为总统当政,民众甚至连一般的道德也无法维持的另一原因。民众不具备一般的道德水准,政府如何能存在？更不用说所谓文明了。

洋人皆赞赏袁世凯，认为他是个挽救时局、避免了流血冲突的伟大政治家。但他们不知，未来摆在中国和世界面前的，是怎样的一种可怕的无政府混乱状态和更为激烈的流血冲突，这都拜袁世凯的懦弱和愚蠢所赐。您可能记得，在法国大革命时期，罗伯斯庇尔[①]让法国人民公开尊信“无神论”，在巴黎的战神广场(Champ de Mars)建立“理智女神”像，人人都期待自由、民主和博爱的黄金时代；与此相反，在不到六个月的时间里，随之而来的是雅各宾专政的“恐怖统治”，这动摇了整个欧洲的王权。当袁世凯到达南京时，也让中国民众公开尊信“中国式的无神论”，即不忠君的宗教，欧洲世界为之欢呼，认为中国迎来了进步、改革、文明的黄金时代。但在我看来，用不了六个月，至多也就一年，德国皇帝所担忧的黄祸(Gelbe Gefahr)即将变成一种可怕的现实。我说过，我不敢去想。届时全世界都将悔之晚矣，这一有着致命缺陷的盎格鲁-撒克逊瘟神[②]已经给世界带来了巨大灾难，不仅破坏了中国人的忠义廉耻，也破坏了中华民族的宗教和文明，使四万万国人的道德丧失。

在上海的许多外国朋友都取笑我，说我对于满清王朝是一种狂热的愚忠。他们不知，我的忠诚不仅是对于皇室忠诚，因为我世代受恩于她，更是对中国宗教的忠诚，对中华文明的忠诚。一场殊死的搏斗已经展开，一方是对忠义廉耻、责任义务的信仰，另一方是崇尚利益和野心的现代欧洲式信仰。这也是我在《中国的牛津运动故事》一书中所想表达的内容。

现在看来，这一故事的本质已很清楚，故事的寓意可以用一句话来概述：“你无法既信神，又拜金。”张之洞教导我们说，我们可以也必

① Maximilien François Robespierre(1758—1794)：法国革命家，法国大革命时期的重要领袖人物，是雅各宾派政府的实际首脑之一。

② 借指袁世凯。

须做出妥协。我在书中(第 42 页)说,张教导我们要妥协,结果使得“耶稣会教义”(Jesuitism)和“马基雅维利主义”(Machiavellism)盛行,而当二者被那些远不如张之洞完美和高贵的人接纳时,被像袁世凯这样低贱、粗俗的人接纳时,中国人将会因此深受其害,比李鸿章的庸俗、堕落所带来的危害还要严重。现在您可以看到,我的预言皆成为事实。张之洞教导我们要妥协,结果就是为达目的不择手段。在革命者和袁世凯面前,正是这种“耶稣会教义”瓦解了中国全体文人的忠诚与抵抗能力。也正是这种“耶稣会教义”,使文人们变得盲信于袁世凯,即使他屈从于群氓,滥用军士的忠诚,逼皇帝退位,自己变成中华民国大总统时,也对其忠于皇上的谎言深信不疑。

我要说,正是这种诡诈的“耶稣会教义”精神——为达目的,不择手段——让教养良好的外国人以及传教士们无视于一个显而易见的事实:袁世凯的所作所为是连盗贼和赌徒都感到不齿的。

总之,大清王朝是面旗帜。在中国,它不仅象征着对于权威的尊崇,也象征着中国人的宗教和华夏文明。这面大旗已托付于袁世凯来扛,但这样一个懦夫和叛徒竟将旗帜丢弃,并借口说要保护旗帜的布料,不得已而为之。然而,扛起政权大旗的官员,不仅仅是要保护旗帜布料——即花费钱财的物质消耗,他的责任更应是继承并维护道德精神——忠孝宗义、尊崇权威以及奋斗争得的原则和正义——承载这一切的旗帜则是一种象征和标志。对于像袁世凯这样的所作所为,以保护旗帜为由而丢弃旗帜,每个有廉耻的人都将视其为叛徒、懦夫和无赖。

爱默生[1]在其《英国人的特性》一书中,谈到英国人在伦敦向路易拿破仑授予荣誉时说:“我确信,在我有幸结识的英国人中,没有谁

① Ralph Waldo Emerson(1803—1882):美国思想家、文学家、诗人,其文学上的贡献主要在散文和诗歌上,出版作品有《论自然》(*Nature*, 1856)、《英国人的特性》(*English Traits*, 1856)等。

会同意，伦敦的贵族以及平民，在一个成功的盗贼面前，要像那普勒斯的下等贱民一样卑躬屈膝。”

亲爱的卫礼贤牧师，我写这通长信的原因，就是想让您以及所有您尊重的朋友们，不要苟同其他在中国的外国人，不要像他们一样畏惧这个具有致命缺陷的盎格鲁-撒克逊瘟神——袁世凯。

如果您能翻译此信中最重要的部分，并发表在德国最有影响的报刊或杂志上，那我将非常高兴。目前我正在撰写新的一章……

（原注：缺一页信纸）

……中国古典诗集名为《古诗源》，冒昧地先寄给您一部六卷本《古诗源》。

不知道在中国除了您之外，还有多少外国人关注在中国古典诗歌世界里的理想主义。我们中国人无疑需要物质层面上的实用知识，但即使是这种知识，如果没有理想主义来增加其生机与活力，那也是徒劳而无所得的。我常常思考，为何我们的外国朋友无法将欧洲文艺和科学之树移植到中国，使其生根、成长、并结出硕果，那是因为我们外国的老师不具备必要的理想主义，以激发所传授知识的活力。“叫人活着的乃是灵”[①]，这句话不仅适用于精神和道德层面，同样也适用于物质利益的层面。

教授一门具体科学的人要想成功，必须要有广阔的视野，才可以超越那门具体科目或是整体科学的局限。

请您原谅此信的拖沓冗长，提前感谢您照顾犬子。

您忠诚的
辜鸿铭

又及：

---

① 出自《圣经·约翰福音》第六章第六十三节：It is the spirit that quickeneth.

请告知医药费数目，我好如数奉还。

十三

北平 奥地利公馆

1912年4月27日

亲爱的卫礼贤牧师：

来北平已将近一个月，但未能得闲写信。我在天津遇见赫尔曼·凯瑟琳①，然后就一道来此。在北平我常常见到他，感觉他很有人格魅力。他不得不较早地离开北平，这比他预计的要快得多。他希望在上海见一些我的朋友，我因此写了引荐信让他带给朋友们。

北平的状况仍和我们上次见面时一样的黑暗。德国银行驻华代表②曾向我描述现在的唐绍仪政权，他的用词是"昏庸无能、挥霍无度而且彻底腐败"。然而诸多外国银行仍愿意提供上百万的贷款，以便维持这个腐朽的政权！

我的新书，或者说是新版的书已经印好，但还没有收到样书。

我的家眷仍留在上海，我打算谋到差事后再接他们过来。解决生计问题是如此之难。同时，讷色恩博士也善意地保护着我这样的

---

① Hermann von Keyserling(1880—1946)：德国哲学家，波罗的海德国贵族，曾做环球旅行。在青岛期间经卫礼贤介绍结识辜鸿铭，驻留北京期间与辜交往甚密，在其代表作《一个哲学家旅行日记》(*Reisetagebuch eines Philosophen*)中的"北京"一节中有与辜交往和论学的详细描述。书中还描述了他在亚洲、美洲与南欧的旅行见闻。

② Heinrich Cordes(1870—1927)：海里希·柯德士，曾为德国驻华外交官，并任德华银行驻华代表。1892年在德国驻华大使馆任翻译官。1900年6月20日德国公使克林德(Clemens von Ketteler，1853—1900)遇袭身亡，直接引发震惊中外的八国联军侵华事件，而他就是克林德的贴身翻译，当时作为现场目击者就在克林德身边，并身负重伤。

一个中国老古董，以防主张共和的同胞们把我踩碎。

您找到犬子留在青岛学校的夏装了吗？劳烦您惦记此事，盛夏已临近。

您收到帕凯博士的回信了吗？您翻译了我的书信，我想知道是否已发表。

若得闲暇，敬请回复。

致以美好的祝愿
您真诚的
辜鸿铭

十四

北平

1912 年 6 月 29 日

亲爱的卫礼贤牧师：

我令犬子寄上此信，因为他即将去青岛执行一个特殊任务，届时他会告诉您任务的具体内容。朋友们想雇犬子做些口译工作，但我认为他还太年轻，因此无法胜任。所以我想让他到您那去，听从您必要的建议和指导。

对外人而言，他此行目的是在青岛为我谋住处。

我听说我的朋友沈曾植先生几天后也到青岛去[①]，他是凯瑟琳极其钦佩的学者。

犬子将会促成您二位会面。在中国，沈先生是我所知的一位卓越的文人，您会很有兴趣认识他的。

---

① 查阅许全胜编《沈曾植年谱长编》(北京：中华书局，2007 年)后得知，沈曾植的青岛之旅最终未能成行。

我和家眷在北平已无险情，我们在等待政局的发展。

致以良好的问候
您真诚的
辜鸿铭

十五

北平
1912年11月3日[①]
亲爱的卫礼贤牧师：

料想您定不介意在下冒昧致函，驻留青岛期间曾拜访贵府，若不书一字来感戴您的好客与好意，那贵夫人和其他女士定视我为无礼之辈。

本非仅为表达感激而致函，愿书长信一通，详述在下和您密谈之印象。然此亦需闲暇，自辞别归家，连日以来，不断拜望亲友，拒见访客亦不在少数，故无法写长信寄予您。

今日（周日）得闲，亦无访客搅扰，遂匆匆润笔撰函，以弥疏漏不周之礼数，拜谢您和贵夫人之好意，其他女士待我亦热忱恳挚，同样不胜感激。

至于密切交谈之印象，依在下看来，您于良善事业之诚挚与热忱，令在下当时鼓舞不已，日后亦定会启迪良多。然在下探求真理之爱常胜于践行良善之心。儒教之病在其仅为思想智识之用，而乏施行良善之心。您浸濡基督教久矣，深信心之宗教，然恐其温润良善之心尤过，以至不堪重负，结果势必累己，亦碍事业之完满。恕在下直

---

① 辜鸿铭为表达感激之情，在此通书信中的遣词造句十分考究，因此译者在翻译时也尽量贴近原信所表达出的风格。

言，望您稍加节制过溢之热忱，以更加审慎之心定夺献身之事业。

致以最美好的祝愿
您真诚的
辜鸿铭

十六

北平
1913 年 4 月 1 日
亲爱的卫礼贤牧师：

感谢您二十四日的来信。从信中可知，您并未因我疏忽致信而生气，我十分高兴。

自农历年末回北平以来，我的身体和思想都患了病，可能思想的病痛更严重些，不仅无法思考，而且连任何想法也没有。大脑一片空白。茹贝尔曾说过："生活，就是思考并感知你的灵魂。"因此对我来说，不思考无异于生命的终结。这也是我为什么忽略所有朋友的原因。也未动笔写信给海因里希亲王[1]，虽然之前我曾答应给他详述我的日本之行。

但是可以高兴地说，我现在又重新恢复自我了。只是目前也再一次经历着"产痛"，这篇正在孕育的演讲稿名为"中国人的精神"，我曾许诺要在讷色恩博士资助下的"北京东方学会"上报告。可以告诉您，这种"产痛"很可怕，但最痛苦的环节已经结束。我想，在给您看过之后，您会喜欢这个孩子的。您会辨别出这是辜氏的作品，它脱胎

---

① Prinz Heinrich von Preußen(1862—1929)：曾任德国海军元帅，是德国皇帝腓特烈三世的第三个孩子，威廉二世皇帝的弟弟，曾几次赴山东青岛，1912年与在青岛避难的前清官员及遗老会面。

于一个中国人所拥有的精神特质。在不做类比的情况下,我相信自己现在可以理解中华文明,当人们阅读这篇文章时,他们也会理解的。

现在的问题是:在哪里可以发表这篇文章?讷色恩博士建议寄给一本名为《东方精神》[①]的新的德文杂志。但在文学期刊上冒险,可能会使之无法广为传阅,而我想让这篇稿子人尽皆知。然而对于迪德里希斯[②]提议的杂志《共济会》,恐怕也会出现我担忧的这种情况。该杂志的名称有些个别宗派的意味。我的观点不是写给个别宗派的,而是写给普通民众的——我是指所有普通人。歌德曾说过:唯有民众懂得什么是真正的生活;唯有民众过着真正的人的生活。

我想,对于我思想最好的载体,应该是我在您家里看过的一本德文杂志——《艺术守护人》[③],它很"通俗",但是并不"庸俗"。另外我也喜欢该杂志的文风。是否有可能与该杂志主编取得联系?我会致函给您详述此事,也一并寄上供您翻译的手稿。我想再次请求您,我亲爱的牧师,来做我的翻译,将其介绍给德国人民[④]。

至于奥托[⑤]教授的要求,请您代致函以表诚挚的问候,并告知他

---

① 即 *Der Geist des Ostens*,该杂志由 Hermann von Staden(1868—1927)担任主编,后由于二战而被迫停刊。

② Eugen Diederichs(1867—1930),德国著名的出版商人,见"致卫礼贤信函"第一通注。

③ 即著名杂志 *Der Kunstwart*,由 Erwin Redslob(1884—1973)担任主编。

④ 《中国人的精神》演讲稿经卫礼贤翻译后,最初刊登在 1913 年 9 月号的《给支持我们在华事业的友人的秘密信息》上,这是在青岛的德国传教士自办的刊物,由卫礼贤主编。参见 *Vertrauliche Mitteilungen für die Freunde unserer Arbeit in China*. Herausgegeben von Richard Wilhelm (Tsingtau 1913) Sep. S. 32—52.该德语译文是否还发表在其他德语杂志上,目前未见相关资料。

⑤ Walter Friedrich Otto(1874—1958):德国古典文献学家,1914 年至 1934 年任法兰克福大学教授。

可完全自行酌定,修订译稿。

帕泽斯基[1]先生的提议非常好,但我不知自己是否符合要求,以便完成这一旅行。您知道,我的才能有余,而积累不足。对于这样一个巡回演讲的旅行,演讲者须有大量的积累才好。

请带去我对于威特泽尔[2]先生失去亲属的慰问,望节哀顺变。

向卫夫人及贵府所有女士致以我衷心的祝福。

您忠诚的

辜鸿铭

又及:

烦请奥托教授在用德文出版我的译著《中庸》[3]时,加上一句歌德的格言:"唯有民众懂得什么是真正的生活;唯有民众过着真正的人的生活。"歌德此言其中的涵义在该书题目的"庸"字里已尽现。事实上,所谓"庸",就是非"通俗",即不可能被所有人都认可的东西。

十七

北平

1913 年 6 月 24 日

亲爱的牧师:

---

① Friedrich Perzynski(1877—1965):德国艺术收藏家、汉学家,对中国寺庙和佛像颇有研究。

② Wetzel:由于材料所限,未知此人具体信息。

③ 此前辜曾出版过英译《中庸》:*The Conduct of Life: or, the Universal Order of Confucius, a Translation of One of the Four Confucian Books Hitherto Known as the doctrine of The Mean*. Shanghai: Shanghai Mercury, 1906. 然而这里提到的德译《中庸》最终出版与否我们尚未可知。

一直未给您写信，因为我曾以为会很快在青岛与您再次相见。现在看来，我近期离开北平的可能性已微乎其微。既然无事可做，我只好与北平的家人待在一起。

您和贵夫人会利用学校的假期来访北平吗？如果您能来，我将全力为您效劳。

现在看来，积极的力量再次沉睡过去，目前这个腐败的政权将慢慢腐化下去。在北平，如柯德士先生这样的一些局外人对目前的形势也持悲观态度。讷色恩先生与夫人刚启程赴欧洲度假。

我几乎见不到其他人，只好与自己的书厮守。我读了不少中国诗歌，也想将部分诗歌译为英文，可在我身上，诗意已无处可寻。

我见过帕泽斯基先生两次，他非常支持我去德国，然而我实在不能确定自己能否进行这样一次旅行。我会继续考虑一下，同时他也会在德国短住，着手其他工作的安排。

您应当常常看望一下在青岛的同仁们，他们的情绪很低落。然而我们必须要有耐心。目前的政权定将灭亡，对此我深信不疑。但至于何时灭亡、如何灭亡的问题，答案仍未可知。

能否劳烦您将鄙人的《中国人的精神》一文和《大学》的译稿邮寄给我？

向卫夫人致以最温暖的祝福

辜鸿铭

十八

北平

1913 年 9 月 22 日

亲爱的卫礼贤牧师：

刚收到您十七日的来信，赶忙致信感谢您资助犬子四十美元。

犬子来信告知，说他要去上海，但没解释缘由。我间接得知严复先生和北平的政府正在谈判[1]。因此坦白讲，我们的事业目前似已无望。这对我们所有人，尤其是严复先生，都是一个沉重的打击。谋事在人，成事在天。

对我来说，当务之急是下一步该怎样走。中国已无我立锥之地。我在台湾有个做生意的同族兄弟[2]，他邀我前去避难。我可能会很快离开北平。但可以告诉您，我见到了总统的长子[3]，得知总统已经开始行动，要将我扣留在北平。但是，即使在最后一刻，我也绝不会变节。

我没收到帕泽斯基先生的信，但穆勒[4]博士告诉我，他生了重病，在家调养。我认为他的提议恐难成行。此外，我目前要先找到一个永久的避难之所，然后才能做一些事情。

在过去三个月中，我全身心投入在润色或者说是重译《论语》上，译文已获得很大改观。您能否为我找到出版商呢？同样我也期待出版英译《大学》，您手头有我的译稿。但想请您先归还译稿，在正式送交出版之前，我要做最后的修订。《大学》和《中庸》应当一同出版[5]。

---

① 1911 年辛亥革命爆发后，严复曾被袁世凯指派为谈判代表，参与过南北和谈。1912 年 2 月，宣统皇帝溥仪下诏退位。1912 年 9 月，严复进入总统府，成为袁世凯的顾问。

② 指辜显荣(1866—1937)，字耀星，鹿港人，是日本统治台湾时期五大家族之一的鹿港辜家成员。后来辜鸿铭于 1924 年底访问台湾做巡回演讲时，受到辜显荣的接待。

③ 据卫礼贤《中国心灵》中的记述，辜鸿铭曾做过袁世凯长子袁克定的家庭教师。

④ Herbert Mueller(1885—1966)：德国汉学家、记者、艺术品经销商。曾为柏林博物馆做有关民族学研究资料的收集工作。

⑤ 辜鸿铭的英译《大学》曾以单行本正式出版过。Ku Hung-Ming, *Higher Education* (Shanghai: Shanghai Mercury, 1915).

关于《中国人的精神》一文，我将做必要的修订，随后寄上。

我要祝贺您实现了建立“桃源”的梦想①。对于实践理想，您是多么的富有活力和激情啊！您现在拥有了青岛的法学家②称之为“家园”的外部设施，以实践您的理想。您现在必须着手它的内部建制了。在永久离开中国之前，我会再次赶赴青岛，届时我们可详谈此事。

我也许要永远离开自己的祖国了，这令我异常悲伤。子曰：任重而道远。愿上帝助我能勇担重任，直至成功！

向您及家人致以最真诚的祝福

您最真诚的

辜鸿铭

又及：

如果您见到严复先生，请带去我的问候。他已竭尽全力，但困难之大不仅让他，也让我们大家都难堪重荷。在中国现有的情况下，依我看已无对策可言。

---

① 1913年秋，卫礼贤在自己建立的“礼贤书院”内创建了“尊孔文社”，既是前清遗老畅谈学问、讥评时局之地，也时不时充当着保皇派密谋复辟之所。当时人们常称“青岛”为遗老寓公避世消遣的“桃园”。

② Harald Gutherz (1880—1912)：德国人，中文名赫善心，维也纳大学法学院博士，曾参与创建最早的法哲学国际性协会，即“国际法哲学和社会哲学协会”(Internationale Vereinigung fur Rechts und Sozial philosophie)，简称IVR。1909年9月赴华，到辜守庸就读的青岛德华大学任法学讲师。他是辜鸿铭和卫礼贤的好友，曾给卫所译的《道德经》撰序。在大学开设课程有《法学一般原理》和《哲学入门》等。1911年2月离开青岛，回到柏林大学法学院任法学教授。

十九

1913 年 10 月 25 日

亲爱的卫礼贤牧师：

随信寄上我的一通重要信函的两份复件，请将其中一份转给帕凯博士。

致以最良好的祝愿

辜鸿铭

二十

北平

1913 年 12 月 24 日

亲爱的卫礼贤牧师：

我还未曾致信感谢您慷慨解囊，资助我移居台湾。因为想随信一并寄上文章的前言。近来一直用中文创作，因此英文有些荒疏，所以总也无法将前言写好。但我会尽快完成，可能会在下周寄出。

由于您一直在善意资助我，所以想再次劳烦您，给我在上海的儿子汇五十美元，汇款地址在另外一张纸上。我总共的欠款金额如下：

资助犬子三十美元
资助犬子四十美元
现在需要的五十美元
总共为一百二十美元

柯德士先生已资助了我一千美元，但我不想进一步领受他的好意了。家里女眷的首饰、衣物可变现两千五百美元,但这是我的救命稻草。新年正在临近,我将入不敷出。因此我恳求您来资助犬子。

我认为时局会改变,但恐怕我错了。事实上,事态会无限期地拖延下去,也许会再拖上一年。农历年后我将前往台湾,途中定会驻留青岛。

衷心恭祝您及家人新年快乐

您忠诚的

辜鸿铭

又及:

已拜读过您论及"国教"问题的信件,昨天也就此问题而写信,您肯定会同意我的观点。

二十一

北平

1914 年 7 月 6 日

亲爱的卫礼贤牧师:

对于正经历伟大考验时刻的德意志民族,我表示真切的同情。我深信,贵国同胞是为人类和文明的真正事业而战。在当今的欧洲,人类和文明有两类真正的敌人:一类是野蛮粗鲁、尚未教化的俄国群氓;另一类是过度开化、病态、平庸、依赖感性的法国人,以及不列颠卑鄙、低俗、自私的盎格鲁-撒克逊民族。第一类可被称为"外夷",即外族蛮夷;另一类是"内夷",即真正欧洲现代文明的内族蛮夷。若使真正欧洲的文明有希望可言,就要打倒这两类文明的敌人,而这一伟大的使命,就赋予了德意志民族,因此德意志民族是欧洲文明真正的守护者。我曾向海因里希亲王预言,未来或许将不得不先处理掉一类,然后再对付另一类。但是现在他们已联合起来与贵国作战。因此，这对于你们来说是一场巨大的考验。然而我抱有坚定的信念，正如圣经《诗篇》里所说的那样："你必用铁杖打破他们，你必将粉碎他们如摔碎陶器。"[①]

然而我在此希望英勇的德意志士兵应该铭记，战争真正的目的并不是杀戮或破坏，而是消除武力。冯本生[②]在其回忆录中说，毛奇[③]（和我国古代的孙子一样伟大的战略家）认为战争的概念只有一个：战争为的是捕获敌人，而不是杀死他们。

因此，我进一步希望，这场伟大的战役将会净化并增强德意志民族，使贵国不仅成为欧洲文明，也成为中华文明的守护者。

您真诚的

辜鸿铭

---

① 《圣经·诗篇》第二章第九节：Thou shalt break them with a rod of iron; thou shalt dash them in pieces like a potter's vessel.

② Georg von Bunsen(1824—1896)：普鲁士和德国自由派政治家。

③ Helmuth Karl Bernhard von Moltke(1800—1891)：德国著名军事战略家，是普奥战争、普法战争中打败奥军和法军的实际组织指挥者。位于北京椿树胡同的辜鸿铭家中曾挂有歌德和毛奇的画像。

致张之洞函

张之洞(1837—1909),字孝达,号香涛,晚清名臣,清代洋务派代表人物,出生于贵州兴义府,祖籍直隶南皮。咸丰二年(1852)十六岁中顺天府解元,同治二年(1863)二十七岁中进士第三名探花,授翰林院编修,历任教习、侍读、侍讲、内阁学士、山西巡抚、两广总督、湖广总督、两江总督、军机大臣等职,官至体仁阁大学士。张之洞早年是清流派首领,后成为洋务派的主要代表人物。教育方面,他创办了自强学堂(武汉大学前身)、三江师范学堂(南京大学前身)、湖北农务学堂、湖北武昌蒙养院、广雅书院等。政治上主张"中学为体,西学为用"。工业上创办汉阳铁厂、大冶铁矿、湖北枪炮厂等。八国联军入侵时,大沽炮台失守,张之洞会同两江总督刘坤一与驻上海各国领事议订"东南互保",并镇压维新派的唐才常、林圭、秦力山等自立军起义。光绪三十四年(1908)11月,以顾命重臣晋太子太保。次年病卒,谥文襄。有《张文襄公全集》。

上湖广总督张书　丙申[1]

按西洋当初，各部落皆封建立国，世族为君长，故有事即集族众开国会。后风气渐开，各部落分为列邦，其君长遂招国之贤士，分国会为上下议院，盖欲集众思广众益，达上下之情，此即我中国置台署设言官之意也。近百年来风气大开，封建渐废，政体未定，列邦无所统属，互相争强，各国君长欲济其贪忿之志，乃利商贾富人之捐输，故使入议院，列为朝士，议政事，由是权遂下移，国多秕政。于是其士人又忿激时事，开报馆，诋议政事，其要路朝臣，亦各结党互相标榜，以争权势，此西洋各国近日政治之所以外强而实弥乱也。昔人有言："乱国若盛，治国若虚。"虚者非无人也，各守其职位也；盛者非多人也，缴于末也。汤生尝阅历中国史籍，至东周季世，当时风气始一大变，封建渐废，纲纪乱，犹今日西洋之时势也。按《史记·越王世家》载范蠡去越，耕于海畔，致产数千万，齐人遂举以为相。此犹西洋今日公举富人入议院、秉国政之事也。至于战国游说之士创立权谋之说，争论时事，此则犹今日西洋人开报馆、论时事之风也。当时孔子忧民之心无所系，故作《春秋》明尊王之旨。汤生学识浅陋，不敢妄解经义，然愚意谓《春秋》尊王之旨，要在明义利之分，而本乎忠恕之教。义利之分明，故中国之士知君臣之相属以义也，非以利也；忠恕之教行，故中国士人知责己而不责人，责人犹不可，况家国有艰难，而敢以责其君父乎！自是中国尊王之义存。故自春秋至今日二千余年，虽有治乱，然政体未闻有立民主之国，而士习亦未闻有开报馆之事，此殆中国之民所赖以存至于今日也。乃近日中国士人不知西洋乱政所

---

① 丙申年，即光绪二十二年，西历 1896 年，时张之洞任湖广总督。此通信函摘录于辜鸿铭《读易草堂文集》，1922 年，第一版，10b—12b，哈佛大学图书馆藏。同时也参阅了以下文献：冯天瑜标点《辜鸿铭文集》第 7—9 页；黄兴涛编《辜鸿铭文集》，海口：海南出版社，1996 年，下卷，第 220—221 页。

由来，好论时事，开报馆，倡立议院。汤生窃谓此实非盛事，至于《时务报》[①]载有君权太重之论，尤骇人听闻。前日汤生辱蒙垂问译西报事，造次未能尽言，今反复熟思，窃谓西人报馆之议论，多属彼国党人之言，与中国无甚关系，偶有议论及中国政事民情，皆夸诈隔膜，支离可笑，实不足为轻重。在中国办理交涉事，当局偶尔采译之，以观西人动静，或亦未尝无补益，然若使常译之刊于民间，诚恐徒以乱人心志，在宪意[②]不过欲借此以激励中国士人之心，而振其苟安之习耳。然窃恐中国士人开报馆论时事之风渐盛，其势必至无知好事之辈创立异说，以惑乱民心，甚至奸民借此诽谤朝廷，要挟官长，种种辩言乱政，流弊将不可以收拾。谚有云："其父杀人报仇，其子且行劫。"伏愿大人留意，甚幸甚幸！

---

① 《时务报》：戊戌变法期间维新派的重要舆论刊物，1896年在上海创刊，宣传包括民权思想在内的维新变法观点。

② 清代总督称为"宪台"，此处"宪意"即"宪台之意"。

致盛宣怀函[①]

盛宣怀(1844.11.4—1916.4.27),字杏荪,又字幼勖、荇生、杏生,号次沂,又号补楼、别署愚斋,晚年自号止叟。清末官办商人、买办,洋务派代表人物,著名的政治家、企业家和慈善家,被誉为"中国实业之父""中国商父""中国高等教育之父"。一生经历传奇,成就不凡,创办了许多开时代先河的事业,涉及轮船、电报、铁路、钢铁、银行、纺织、教育诸多领域,影响巨大。

宫保大人[②]阁下:

遵示奉上梅翻译[③]函,惟鄙见不如径晤正使,以免别生枝节为妥。

---

① 此通信函约为盛宣怀在大冶铁厂时期收到的,具体日期受材料所限暂时未知。信函收录于上海图书馆历史文献研究所编《盛宣怀档案名人手札选》,上海:复旦大学出版社,1999 年,第 172 页。1896 年,盛宣怀接办湖北汉阳铁厂,1898 年开办萍乡煤矿,并在 1908 年将它与汉阳铁厂、大冶铁矿和萍乡煤矿合并成立中国第一家钢铁煤联合企业——汉冶萍煤铁厂矿公司。

② 在众多盛宣怀收到的信函中,其抬头均有"宫保"或"宫保大人"的字样,这与当时其被人称为"盛宫保"有直接原因。

③ 即梅尔思(Sidney Francis Mayers, 1873—1934),又译万耶斯,英国外交官。1895 年至 1897 年任驻华使馆翻译学生。1898 年至 1901 年任上海公共租界会审公廨英国陪审官。1900 年曾代理上海副领事。1901 年至 1909 年任使馆汉文副使,其间,1902、1905、1907、1908 年四次代理汉务参赞。后辞使职,继濮兰德为中英公司驻华代表。1910 年 9 月 28 日,与清政府签订《津浦铁路续借款合同》。1913 年 6 月 6 日,与北洋政府签订《广九铁路垫款函约条(转下页)

肃复。敬请均安！

汤生谨肃(初三)

(接上页)件》。同年 10 月 30 日，与北洋政府签订《沪宁铁路出售购地债票凭函》。1924 年 11 月 29 日，与北洋政府签订《广九铁路中英公司十三年垫款凭函》。详见朱寰、王恒伟编《中国对外条约辞典(1689—1949)》，长春：吉林教育出版社，1994 年，第 730—731 页。

致赵凤昌函①

赵凤昌(1856—1938),字竹君,晚号惜阴老人,常州武进人。他是清末民初政坛上十分活跃、很有影响的立宪派代表人物。早年以佐幕湖广总督张之洞而闻名,因被人参克,被张打发出府,任武昌电报局驻沪代表。辛亥革命时期,在戊戌变法、东南互保、《苏报》案中,皆起到了决定性的作用,其居所上海南阳路十号"惜阴堂"成为南北双方非正式的议事之所,参与机密,出谋划策,被称为"中山宰相式人物""民国产婆""民国诸葛"。其与当时政界、商界、教育界等各界高层人士往还信件的合辑《赵凤昌札记》,合计109册36函,内收重要函电、文稿2729通(件),今藏国家图书馆善本部,是研究民国历史的主要史料。

竹君吾兄大人阁下:

把晤未几,又是一别。拳拳之谊,寸心志之。沪上诸公,见许过分。弟扪心自问,感愧良甚。务乞代为致意,为祷谢寓主人②天资幽闲,品格名贵。又令人"不能忘情"③,但是我自爱卿,关卿甚事?即

---

① 经考证,该信函写于农历一九〇一年十月廿七日,即公历1901年12月7日。参见拙文《秀才人情纸半张:辜鸿铭致赵凤昌的一通信札》(上、下),《中华读书报》,2016年2月17日,第17版;3月2日,第17版,国际文化。信件的标点为编译者所加。

② 此处所指应为赵凤昌继配夫人周南。

③ 此处应特指唐朝诗人白居易的诗作《不能忘情吟》。

唐人所谓“草木有本心，何求美人折”[①]。请对主人代诵此句。弟昨日即廿六日早到鄂，适德使已去，闻德使来鄂[②]，并无要务，故弟不及陪作舌人，亦无关紧要。昨晚进署，不见崧生[③]，故尚未悉鄂中近事[④]，容另日再详达。承嘱字典《题辞》[⑤]，当在途中缮就，由九江托船

---

① 出自唐朝诗人张九龄的《感遇》：“兰叶春葳蕤，桂华秋皎洁。欣欣此生意，自尔为佳节。谁知林栖者，闻风坐相悦。草木有本心，何求美人折？”

② 1901 年 11 月 6 日，德国公使穆默抵武昌会晤张之洞，希望清廷将北洋大臣遗缺以袁世凯继任，张之洞据以呈报军机处。详见李学文、方明等编《湖北省志外事侨务》，武汉：湖北人民出版社，1996 年，第 62 页。

③ 辜鸿铭入武昌总督署时，梁敦彦或正忙于办理“法商亨达利退还武昌租地”一案。详见《秀才人情纸半张：辜鸿铭致赵凤昌的一通信札》(下)。

④ 据载，1901 年初冬，湖北全省开始推行“盐厘加价”等加税苛政。详见王宗华、陈辉等编《湖北省志大事记：晚清时期 1840 年 1 月—1911 年 12 月》，武汉：湖北人民出版社，1990 年，第 98 页。

⑤ 辜鸿铭在信中所指的字典，是我国首部由华人编纂的英汉双解字典，其全称为《华英音韵字典集成》(*Commercial Press English and Chinese Pronouncing Dictionary*)，首版发行于 1902 年。这部字典的底本取自于英国传教士罗存德(Wilhelm Lobscheid，1822—1890) 编著的《英华字典》(*English and Chinese Dictionary*：*With the Punti and Mandarin Pronunciation*)。此四卷本辞书共 2013 页，在 1866 至 1869 年间出版于香港，在晚清产生过较大的影响。它还曾流传到日本，在经过井上哲次郎(Tetsuziro Inouye，1855—1944)校订后，于 1899 年在东京再版，共计 1357 页。商务版的《字典集成》由盛宣怀题签，除商务书馆的《序》外，英国传教士李提摩太(Timothy Richard，1845—1919)、严复、辜鸿铭和美国传教士薛思培(John Alfred Silsby，1858—1939)分别为之作序。其中收入超过 10 万的词汇，内容涵盖发音、翻译、词源、定义、插图等，正文部分共计 1835 页。该字典后成为光绪皇帝学习英语必备的语言工具辞书。

上买办寄去，但恐有失落，今再誊副本奉上[①]，祈即查检为荷，忽忽泐此鸣谢，并请著安。

小弟汤生顿首

十月廿七日

① 可以想见，随原信寄到赵凤昌手中的，应该还附有辜鸿铭誊抄的《题辞》副本。只是我们已无从知晓这最初的版本到底是以英文还是中文写就。

致莫理循函[①]

莫理循(George Ernest Morrison,1862—1920),澳大利亚出生的苏格兰人,1887年毕业于爱丁堡大学,曾任《泰晤士报》驻华首席记者(1897—1912),中华民国总统政治顾问(1912—1920),是一位与近代中国关系密切的旅行家及政治家。1894年在中日甲午战争爆发前夕来到中国,由上海动身,经长江到达中国西南内陆,后循陆路到仰光,为时半年,完成著作《中国风情》,1895年在英出版后引起西方广泛关注。1896年从曼谷到昆明,次年又作横穿东三省的旅行。1897年以后驻北京。1912年,莫理循接受中国政府的邀请,出任袁世凯的政治顾问,一直当到第四任总统徐世昌(1855—1939)时期。袁世凯称帝后,将"王府井大街"改名为"莫理循大街"。1919年,莫理循以中国政府代表团顾问身份出席巴黎和会。1920年5月30日病逝。

一

亲爱的莫理循博士:

抱歉前来打扰您。我得知,您在四点半之后才会下班,因此,我

---

① 从严格意义上说,第一通信函是写在名刺上的便签内容,第二通受材料所限暂未列出全部信函信息,出处及相关内容详见笔者未来计划出版的《辜鸿铭先生全集》。

会改天再来访。届时，您或许可以告知我，您是否可以利用该手稿。

辜鸿铭
武昌

二

北京
1903年7月10日
我亲爱的莫理循博士：

我刚刚收到您充满善意的来函，得知您的状况并不好，我感到很难过。但是，我希望您不要感到太过压抑，同时希望您积极地努力恢复健康。我感到很抱歉，自己未能给您提供任何形式的帮助。

……

您知道，我在写作的时候，常常需要“心脑并用”。如果某个话题没有触动到我的内心，那么我是很难下笔书写的。贺拉斯[①]曾说过：“是什么让你产生愤怒呢?”(Indignatio fecit versus)在看到中国目前现状的时候，我感到极端的厌恶，简直无法摒弃心中的愤怒……

您真诚的
辜鸿铭

① Quintus Horatius Flaccus(公元前65—8)，罗马帝国奥古斯都统治时期著名的诗人、批评家、翻译家，代表作有《诗艺》等，是古罗马文学“黄金时代”的代表人之一。

致汪康年函[①]

汪康年(1860—1911),初名灏年,字梁卿;后改名康年,字穰卿,中年号毅伯,晚年号恢伯、醒醉生。浙江钱塘人。晚清著名人物,中国近代资产阶级改良派报刊出版家、政论家。甲午战争后,在沪入"强学会",办《时务报》,后改办《昌言报》,自任主编。又先后办《中外日报》《京报》《刍言报》等。著有《汪穰卿遗著》《汪穰卿笔记》。

穰卿吾兄大人阁下:

昨奉惠书,承荷垂念,至以为感。前允寄拙作,所议论皆迂远,不切时事,恐与贵报[②]体裁实不相符,然前既允诺,今即照寄上,用舍唯兄酌之。如列入报中,请先刻戈登事及赠日人序[③],后再刻其余。近日南皮入京[④],弟恐亦不免随节同行,相见在即,余容面谈。此请著安。

弟汤顿首

(又月十一到)

---

① 上海图书馆主编《汪康年师友书札》,上海:上海古籍出版社,1987年,第3册,第2232页。此通信函书写时间约为1907年8月或9月间。

② 或指的是汪康年在1907年创办的《京报》。

③ 即《英将戈登事略》以及《赠日本国海军少佐松枝新一氏序》,这两篇文章皆收录于辜鸿铭的第一本中文著作《张文襄幕府纪闻》。

④ 张之洞曾两次入京,一次在1903年5月,另一次在1907年9月,此处应指第二次。

致光绪皇帝函[①]

清德宗爱新觉罗·载湉(1871—1908),清朝第十一位皇帝,定都北京后的第九位皇帝,在位年号光绪,史称光绪帝。父亲醇亲王奕譞,生母叶赫那拉·婉贞为慈禧皇太后亲妹。在位三十四年。1875 年 1 月,被两宫皇太后立为帝,起初由慈安、慈禧两宫太后垂帘听政。1881 年,慈安太后崩逝后由慈禧太后一人垂帘。1889 年,载湉亲政,此后虽名义上归政于光绪帝,实际上大权仍掌握在慈禧太后手中。在载湉亲政后发生的中日甲午战争中,光绪帝极力主战,反对妥协,但终因朝廷腐败,而以清朝战败告终。痛定思痛,他极力支持维新派变法以图强,1898 年,光绪帝实行“戊戌变法”,但却受到以慈禧太后为首的保守派的反对。

---

① 在光绪三十二年(1906)前后,仅就清政府是否要立宪的问题,有大量官员上奏皇帝表示反对,如光绪三十二年八月二十八日内阁中书王宝田等条陈立宪更改官制之弊,光绪三十三年二月二十二日江苏巡抚陈夔龙(1857—1948)奏新政请勿庸扩充宪法或暂缓施行,七月十七日章京鲍心增(1852—1920)条陈护惜三纲振兴吏治等项不必泥言立宪,七月十八日拣选知县举人褚子临等条陈宪政八大错十可虑,等等。1907 年 11 月,时职衔为“外务部员外郎”的辜鸿铭上书光绪皇帝,主要内容为:内政宜申成宪,外事宜定规制,并请降谕不准轻改旧章,创行新政。此通信函摘录于辜鸿铭《读易草堂文集》,1922 年,第 1 版,1a—10b,哈佛大学图书馆藏。同时也参阅了以下文献:故宫博物院明清档案部编《清末筹备立宪档案史料》,北京:中华书局,1979 年,第 307—313 页。冯天瑜标点《辜鸿铭文集》,长沙:岳麓书社,1985 年,第 1—7 页。黄兴涛编《辜鸿铭文集》,下册,第 213—219 页。

光绪帝打算依靠袁世凯牵制住以慈禧太后为首的这一股势力，但反被袁世凯出卖，从此被慈禧太后幽禁在中南海瀛台。整个维新不过历时103天，故称“百日维新”。政变后大权再次落入慈禧太后手中，对外宣称光绪帝罹病不能理事，实将他幽禁于西苑瀛台，1908年11月13日光绪帝暴崩，享年38岁，葬于清西陵之崇陵。

上德宗景皇帝[①]条陈时事书

具呈外务部员外郎辜汤生，为应诏陈言，呈请代奏事。

窃谓内政宜申成宪，以存纲纪而固邦本；外事宜定规制，以责功实而振国势。近日献策陈事者，皆以为中国处今日之时势，若不变通旧制，则无以立国。然草野之愚以为，国之所以不立者，或由外患之所迫，或由内政之不修。独是外患之忧，犹可以为计；若内政不修，则未有能立国者也。惟修内政在存纲纪，夫制度者，所以辅立纲纪也。盖凡所以经邦治国，定之者谓之制，行之者谓之政，行政若无定制，则人人可以行其私意，若既有定制，则虽人君亦未便专行己意，故制度者非特以条理庶事，亦所以杜绝人欲，杜绝人欲即所以存纲纪也。今制若屡行更易，则纲纪必损，纲纪既损，邦本必坏，邦本既坏，又何以立国耶？昔日唐太宗指殿屋谓侍臣曰：“治天下如建此屋，营构既成，勿数更易，若易一椽，正一瓦，践履动摇，必有所损。若慕奇功，变法度，不恒其德，劳扰实多。”盖言法宽之不可轻改也。然法度亦有时不

---

① “德宗景皇帝”取自光绪皇帝爱新觉罗·载湉的庙号“德宗”和谥号“同天崇运大中至正经文纬武孝睿智端俭宽勤景皇帝”，此上书题目应为辜鸿铭在1922年编辑《读易草堂文集》时添加上的，原题目为《创行新政呈》。参见故宫博物院明清档案部编《清末筹备立宪档案史料》，北京：中华书局，1979年，第307页。

可不变也，昔汉承秦统，制度多用秦法。夫秦立国于群雄相争之际，而创制于海内未定之时，法固多简陋偏刻，致以病民害治，故时贤如董仲舒有改弦易辙之请，此乃立法不善，故有不可不变也。逮有宋之世，欧阳修对仁宗言，谓："今日朝廷有三大弊，一曰不谨号令，二曰不明赏罚，三曰不责功实。三弊因循于上，则万事废坏于下也。"及后王安石用事，不务去此三弊，而徒事变法，而致纲纪紊乱，宋祚以亡。此则行法不实而非立法不善，故徒改法度适足以滋扰乱耳。若今日我国家之制度，其规模虽取法于前明，而体制实征验于往代，历今已千百余年矣，分目细条，或须随时删定，而大纲要领，岂有不足为治者哉？

职幼游学西洋，历英、德、法三国十有一年，习其语言文字，因得观其经邦治国之大略。窃谓西洋列邦本以封建立国，逮至百年以来，风气始开，封建渐废，列邦无所统属，互相争强，民俗奢靡，纲纪寖乱，犹似我中国春秋战国之时势也。故凡经邦治国尚无定制，即其设官规模亦犹简陋不备，如德、法近年始立刑、礼二部，而英至今犹未置也。至其所以行法施政，犹多偏驳繁扰，如商入议院，则政归富人；民立报馆，则处士横议；官设警察，则以匪待民；讼请律师，则吏弄刀笔。诸如此类，皆其一时习俗之流弊，而实非治体之正大也。每见彼都有学识之士谈及立法之流弊，无不以为殷忧。唯独怪今日我中国士大夫不知西洋乱政所由来，徒慕其奢靡，遂致朝野皆倡言行西法与新政，一国若狂。在朝诸臣又不知清静无扰为经国之大体，或随声附和，或虽心知其不便，又不明辨其所以不便，遂致近日各省督抚多有借西法新政名目，以任其意之所欲为，而置民苦民怨于不问也。《诗》曰："民亦劳止，汔可小康。"又曰："无从诡随，以谨无良。"[①]盖今日民实不欲新法新政，而彼好大喜功之督抚，遇事揽权之劣绅，欲借此以缴名利耳。至若两洋所创制器之法，如电报、轮船、铁路等事，此虽未

---

① 出自《诗经·大雅·生民》。

尝无利于民生日用之事，且势至今日，我中国又不能不渐次仿行举办，然天下事，利之所在，害亦将随之耳。故凡兴办此等事，又不可不严定限制也。盖自中古以降，生民风气日开，其于日用生计之谋，固非若上古屯晦纯朴，必待上之人纤悉教诏之也。彼其智巧溢而贪竞滋，苟利之所在，虽立法禁限之犹且不能，若其熟视而莫肯趋者，则必俗之所不便，与其力之所不赡焉。上之人且嗷嗷焉，朝下一令曰“为尔开学堂”，暮下一令曰“为尔兴商务”，彼民者未见丝发加益于吾事，而徒见符檄之惊怛，征敛之无已，房捐、米捐、酒捐、糖捐日加月增，而民已无聊生矣。孔子曰：“惠而不费。”又曰：“因民之所利而利之。”[①]夫今之民之所欲者，欲得政之平耳。政苟得其平，则百利之兴矣。然政之所以不得其平者，非患无新法而患不守法耳。盖近日凡百庶政之所以不得其理者，其病由乎！行内政则不守旧法，而办外事又无定章可守。所谓外事者，非仅指交涉一事，即近日凡谓洋务，如制造、电报、铁路、矿务等事宜皆为外事也。然内政旧法之所以废弛不守者，亦皆因办理外事之漫无定章也。推原其所由来，固非一朝一夕之故耳。请为我皇太后、皇上略陈之。

伏维我中国自驰海禁以来，天下多故。咸丰五年，发匪起于粤西，前督臣曾国藩奉命督兵平寇，当是时，匪踪蔓延十三省，大局糜烂，故朝廷不得不畀以重权，命为钦差大臣，凡军国大事，虽具文关白，而实皆得以便宜行事。自是而后，天下遂成为内轻外重之势。然该督臣曾国藩，秉性忠贞，学术纯粹，能明大体，故天下大小臣工听其号召，犹能各矢忠诚，同心翊戴，尽瘁驰驱，是以卒成大功，河山重奠。及前督臣李鸿章为北洋大臣，适值中外交讧，外患孔亟，故凡办理外事，朝廷乃不得不畀以重权，一若前督臣曾国藩军之时。由此以来，北洋权势愈重，几与日本幕府专政之时不相上下。故当时言及洋务，中外几知有李鸿章，而不知有朝廷也。且该督臣李鸿章，品学行谊不

---

① 出自《论语·尧曰》。

如曾国藩之纯粹，故德望不能感服人心，号召天下，是以甲午之役天下解心，一败几不可收拾。北洋既败，而各省督抚亦遂争言办理洋务，则虽动支百万金，而度之不敢过问，虽招之私人，声势震一省，而吏部或有不知其谁何者矣。此皆办理外事漫无定章之所由来也。人见办理外事既无定章可守，遂渐视内政之旧法亦可不必守也。如此故人人各得徇其私意，此上下纲纪所以废弛，以致庶事不理，民生日苦，而国势日蹙以至于今日也。

窃维今日如欲振兴国势，则必自整理庶政始；欲整理庶政，则必自分别内政外事始。内政宜申明成宪，外事应统筹全局，而定立规制也。今为分别内政外事，拟请先降明诏，特谕各省督抚，凡关吾民内政之事，不准轻改旧章，创行西法新政。当此民生凋敝之时，凡百设施，当以与民无忧为主，务去其害人者而已。至今日时势，所不得不办之事，如练兵、设专门学堂、兴制造，及各种凡用西法之事，必俟朝廷通筹熟议，订立规制，特降谕旨，指省饬办，始准恪遵所定规制举行办理。如未奉此旨，以前业已举办，能停止者，即行停止，若势实未便即行停止者，则不准扩充，并将现办情形奏明，请旨定夺，似此省事安民，即有职牧民之官，亦可以专心地方民事也。

至为申明成宪，拟请特谕军机大臣，会同各部院大臣，并酌选久于外任有学识之大小人员，随同办理，将该部现行事例，彻底推究，据实厘定，务使简明易行。其法涉于苛细者，熟议而酌除之。其事迹相同，轻重迥异，多设条目，致使胥吏得借法为奸者，一切删去，然后奏明定为令甲，分别纲目，刊成简明善本，颁行天下。似此成宪申明，则纲纪立，而庶事可以得其理矣。臣所谓内政宜申成宪，以存纲纪而固邦本者此也。

至若办理外务，先应统筹全局。窃谓中外之所以多龃龉，致启衅端者，皆因我内政之不修，或号令之不谨，或用人之不慎，以致内地民情不安，外人亦以为口实也，然我中国内政不修之所由来，又因自驰海禁以后，国家惟日汲汲于防外患，而无余力顾及内政也。故欲治内政，又不能不先使国家无外患之忧也。惟近日国家愈汲汲于防外患，而外患日益孔亟者，此其故无他，皆因所以防外患者，未得其肯要耳。夫治外患犹治水然，若徒为堵御之防，而不设疏通之法，愈积愈不可防，一旦决堤而溢，其害尤甚于无防也。即如庚子之祸，亦多因中外情太隔膜，以致彼此猜忌，积嫌久而不能通，遂如两电相激，一发而不可收。庚子之祸诚有如当时谕旨所云，彼此办理不善也。夫今日中国所以不得仿行西法者，皆欲以防外患耳，而所以防御外患者，惟在修邦交与讲武备两事为最紧要。然职之愚以为，今日国家之安危，关系全在乎朝廷庙算熟计。修邦交与讲武备，孰为轻重，孰为缓急，孰应先后，而早定国是，以辑天下之民志，而安中外之人心也。昔我朝睿亲王[①]致故明史可法书有曰："晚近士大夫，好高树名义，而不顾国家之急，每有大事，辄同筑舍。昔宋人议论未定，兵已渡河，可为殷鉴。"窃维今日我中国自甲午、庚子以来，士大夫皆多忿激，每言为国雪耻，遂致朝廷近日亦以筹饷练兵为急务。然臣之愚诚恐此犹非计之得者也。昔韩安国[②]对汉武帝曰："高皇帝尝困于平城，七日不食，及解围反位，而无忿怒之心。"圣人以天下为度者也，不以己私怒伤天下之功也。盖彼卧薪尝胆之论，犹是当时战国列邦之陋习，而非我帝王治天下之大度也。且我中国今日民生凋敝，士气不振，若不体量民力，一意汲汲于筹饷练兵，慕奇功，求速效，职之愚诚恐此非特不足以御外患，而且必重伤民生，适足以致内乱耳。古人有言："兵犹火，不戢将自焚也。"即使我今日所练之兵固有奇效，若我不修邦交之道，则彼联我孤，彼众我寡，我或犹可以敌其一国，试问能敌其众国耶？故

---

① 睿亲王：即爱新觉罗·多尔衮（1612—1650），清太祖努尔哈赤（1559—1626）第十四子，曾被封为和硕睿亲王。

② 韩安国（？—前127）：梁国成安（今河南民权县）人。西汉时期名臣，曾任御史大夫、护国将军等职，并参与平定"七国之乱"，深得汉景帝信任。汉武帝时，进入汉王朝中央政权的核心。

臣之愚以为，今日与其积力以防外患，而外患未去，内患已可虞，不如节兵费以裕民生，以治内政，以修邦交，而外患要无不可以销也。国固不可以忘戎，惟今日国家于戎政，当以作士教礼为先，而不可以练兵集师为重，合无仰恳我皇太后皇上特降明诏，通谕中外，谓我国家设戎政为诛暴安良，原以保民为主，今日重修戎政，亦为久远之计，而非因欲与外人为仇也，且当此民生凋敝之日，所应办者亦惟在定军制、振士气而已，至营伍兵额，除京卫重地之外，各直省应设之兵，当严立限制，使仅足以存军制之规模，备地方之不虞而已。内外各督兵大员应仰体国家设戎政之意，先以保民为重，不可存好大喜功之念，不可有佳兵黩武之心。兵士固宜体恤，尤以军礼纪律为先，至于营伍兵房服色器械，凡百设施必事事求撙节之法度，念念思民生之艰难。应如何可节省兵费，而不废戎政之处，拟请特谕陆军部会同南北洋大臣熟议通筹办法，奏明施行。如此则兵省民裕，内患既消，外患亦可以治矣。此臣所谓办理外事宜先统筹全局者也。

至于办理外事应定规制，其关键在乎用人、用款两端，而两端之中，尤以用人为最要。夫用小人以办内政，固足以偾事；用小人以办外事，其祸为更烈，是尤不可不加慎重也明矣。臣观今日内外大臣所用一般办理外事之员，率皆树立私党，非其旧属故吏，即系采听虚声，罗致门下，彼此借以自固，故奔竞夤缘者，易以幸进，而贤能廉退之士，反无自而升，此外事所以日形荆棘，几几乎无从下手者，职是故也。所有办理外事用人用款，应如何严定规制之处，应请特谕军机大臣会同外务部通筹熟议，俾办理外事之大臣，人人知有限制之当守，然后筹一办理外事之款，则款皆实销；用一办理外事之人，而人收实效矣。职所谓外事宜定规制，以责功实而振国势者此也。

职又有请者，昔宋臣欧阳修对仁宗言："陛下之所忧者，忧无财用也，忧无将材也。臣以为陛下今日皆有之，而所以不得其用者，盖有故焉。"细按当日宋臣奏对之意，盖谓国家之大弊不去，则大利不兴。所谓大弊者何？即上端所陈不谨号令，不明赏罚，不责功实是也。宋有此三大弊而不去，此宋之天下所以终积弱而不复振也。职愚以为今日之弊，毋乃类是。合无仰恳我皇太后、皇上特谕军机大臣激发天良，昕夕图治，有类此三大弊者，亟宜振刷精神，删除净尽，以副朝廷汲汲救时之意，以慰四海喁喁望治之心。

职本海滨下士，游学欧西，于彼邦国政民风曾经考察，略识端倪。回国后，凡中国经史诸子百家之言，亦尝稍稍涉猎，参观中外，利弊显然，现值圣明广开言路之时，目击时艰，忠义奋发，故敢就梼昧所及，披露沥陈，上渎天听，不胜屏营悚惶之至，伏乞代奏。谨呈。

致梁敦彦函[①]

梁敦彦(Liang Tun Yen,1858.11.7—1924.5.12),字崧生,广东顺德人,晚清外交官,乃清政府保送赴美留学的首批留美幼童之一。1873年获官费往美国留学。1881年回国,先后在福建船政学堂、天津"北洋电报"学堂任英文教习。1884年应张之洞聘,任两广、湖广督署文案、知州府候补道,累升汉阳、天津海关道员。1906年,任清政府公使,累官外务部侍郎、尚书、右丞。1912年,任袁世凯内阁外务部大臣。1914年任北洋政府交通总长。1917年参与张勋复辟,任外务部大臣。1924年病逝于天津。

1909年4月30日

亲爱的崧生:

前些天我写了封信,本该寄给尹尔·彻曼[②]先生,可我的秘书误将信函寄给了你。

我现写信重复我在上封信中的内容。如果你能为他做些什么,

---

① 此信函属私人收藏,参见王金声《北大三怪》,载《解放日报》,2007年4月8日,第七版。

② 原文中的英文原迹约为:Yir Chilman。因为材料所限,此人的具体信息未知。

我将不胜感激。据我对他的了解,他有很多**事能**[1],你会发现他的用处。

致以良好的祝愿
辜鸿铭

---

① 辜鸿铭在英文信函原文中标明了"savey"一词的翻译:事能。在评论袁世凯和张伯伦的时候,他也曾使用过该词:"他们俩都具有天生的智能,但却只是一种丧失了优雅和美妙成分的智能,即英国人称之为常识的东西,在华外侨则名之曰:'自救本能(savey)。'"见辜鸿铭《中国牛津运动故事》,第四章"空位期:中国三头执政",载黄兴涛编《辜鸿铭文集》,海南:海南出版社,1996 年,上卷,第 371 页。

致《字林西报》编辑函

《字林西报》(*North China Daily News*),又称《字林报》,前身为《北华捷报》(*North China Herald*),曾经是在中国出版的最有影响的一份英文报纸,也是英国人在中国出版的历史最久的英文报纸。英国商人亨利·奚安门(Henry Shearman)1850年8月3日在上海创办《北华捷报》周刊。1856年增出《航运日报》和《航运与商业日报》副刊。1864年《航运与商业日报》扩大业务,改名《字林西报》,独立发行。《北华捷报》作为《字林西报》所属周刊,继续刊行。该报曾发表大量干预中国内政的言论。主要读者是外国在中国的外交官员、传教士和商人,1951年3月停刊。亨利·奚安门作为创办人兼第一任主笔,此后继任者有康普顿(C. S. Compton)、马诗门(S. Mossan)、詹美森(R. A. Jamieson)、盖德润(R. S. Gandry)、海单(G. W. Haden)、巴尔福(F. H. Balfour)、麦克李兰(J. W. Maclellan)、李德尔(R. W. Little)、毕尔(H. T. Bell)、葛林(O. M. Green)等,均为在华商人。

一

政治罪行及其惩罚在中国①

1903 年 9 月 11 日

致《字林西报》编辑函

先生：

鉴于不久前曾因北京处决一名革命领袖，而在外国人士当中引起了异常情绪和过激言词，我认为有必要以中国人的观点就这个案件作一自我克制的阐述。

在我看来，公众就这一案件对中华帝国政府的指控，可以分成三点：

第一，司法程序不正当；

第二，判刑过严；

第三，处决过分残忍。

现在，为了判定司法程序是否不正当，有必要了解案情的真相。真实的情况是：沈克诚②其人被控不仅犯了写文章进行诽谤和煽动

---

① 英文原题目为："Political offence and its punishment in China," *North China Herald*, Sept., 11, 1903, 577—578。研究莫理循的专家骆惠敏曾在编辑莫理循书信集时收录过这篇文章，来源为辜鸿铭致信莫理循时所附寄的剪报文章，英文原文除了上述报纸信息外，也可参照 Lo, Hui-min, ed., *The Correspondance of G.E. Morrison* (Cambridge; New York: Cambridge University Press, 1976 - 1978), 222—227。本信函中文摘录于骆惠敏编注、刘桂梁等译《清末民初政情内幕(上)》，上海：知识出版社，1986 年，第 271—276 页。

② 沈克诚：沈克诚或沈荩，是位新闻记者，1900 年因暴动计划败露在武昌被杀害的维新派领袖唐才常的同党。沈于 1903 年 7 月 17 日被捕，同月在刑部被毒打致死(见《实录》第 518 篇)。这一件事使在华的外国人大为震惊，最后他们说服北京的各国公使拒绝清朝政府所提引渡在上海公共租界的章炳麟和邹容的要求。这两个人是《苏报》案中被控的首要人物(见莫理循 1903 年 9 月 7 日致濮兰德函)。骆惠敏注。

叛乱的罪行，而且确系一个旨在推翻帝国政府的革命社团领导成员，上述社团的成员确曾企图在1900年纵火焚烧武昌和汉口两座城市，为此，许多成员已被湖广总督张之洞阁下处死。沈克诚被捕后，在受刑部委任的法官提审时，不仅对其全部罪状供认不讳，而且公然扬言引以为荣。刑部据此判以死刑，并以全部提审过程奏请皇上降旨处决。但是刑部收到的不是通常的朱批处决谕旨，而是一道由军机处封交的廷寄，钦命将囚犯不是一般地公开处决斩首，而是立毙杖下。这道敕令就那样执行了。我可以在这里提一下我的一个能讲英语的学生告诉我的可靠消息，他是刑部郎中，是目击最后行刑过程的见证人。据他说杖毙的敕令只在名义上执行了，实际上这个人是在挨了几棍子以后被用一条带子勒死的。

目前，按照中国的国法，皇上未经咨询皇家司法官员是不准下令把一个人处死的。未经咨询皇家司法官员，只凭皇上的专横意旨去惩处个人，中国话叫做诏狱，相当于革命前法国统治者发出的拘票。中国这种诏狱治罪事属非法、违法，监察御史的职责就是专门阻止此类事情。当前所涉及的这一案件中，这种不通过内阁直接颁发廷寄敕令的干预行动，按照正常司法程序可以看作是皇上不当地行使其君权。但是，必须记住，在中国，皇上可以以一国之主的身份或别的理由驳回皇家司法官员所作的定谳，因为皇上的裁决是最高的法律。

由此可见，指责中华帝国政府司法程序不正常的鼓噪是十分荒谬的。人们记得在不久前的布尔战争中，一位被指控为倾向布尔人的英国妇女据说被非法逐出了非洲。当此案提交英国法律当局时，颁布了一项未经议会同意的敕令，支持放逐令的合法性，当时弗雷德里克·哈里逊先生①以漫无节制的措词谴责英国内阁大臣们的违宪

---

① 可能指的是 Frederic Harrison (1831—1923)，英国学者、历史学家和作家，曾任英国实证主义委员会的主席(1880—1905)。骆惠敏原注。

行为。但是我不认为柏林的哪一个德国国务大臣会想到要在德意志帝国议会中提出这样的问题。总之，我并未听说英国政府因为英国内阁的这一违宪行为而被谴责为野蛮的政府。

现在谈第二个问题，那就是中国对政治犯和犯煽动罪者判刑过严的问题。让我提出下列需要考虑的情况：

尽人皆知，香港和东京对鼠疫的预防措施之一是，把整个区域的建筑物，不管多么有价值，全部夷为平地，如有必要则全部用火焚烧。我想任何人对于采取这样严峻的预防鼠疫的措施也不会提出疑问的。现在按照中国人的看法，无政府主义是同鼠疫一样的坏，而中国这个国家把所有对正统权威的公然违抗看作是最危险的瘟疫，或者确切地说，是无政府主义病菌。因此，为了消灭一切可能的无政府主义病菌，采取最强有力的严厉措施是必要的。中国的君主是最高正统权威的象征，而对于公然违抗最高正统权威者的惩治就是处死。中国宋代的伟大政治家和历史学家司马光所著中国史是一部关于中国合法政府历史的最伟大的标本著作，然而他在谈到审判一个政治犯的案例时写道："一家（即罪犯的家庭）哭何如一路哭（就是说遭受未惩办罪犯的后果之苦）。"事实上，对罪犯实行不适当的和欠考虑的宽大，实际上就是对于受这些罪行后果之苦的人们的残忍。

关于严厉惩办政治犯的问题，人们应该记得，布尔战争之后不久，有一个爱尔兰人，竟然由于犯了法律上认为的叛国罪而被判处死刑。还有，在《辛丑条约》中，列强要求对任何参加排外社团的中国人均应定罪处以死刑。因此，面对这些事实，我认为让外国政府出面干涉，以减轻对那些公开宣称要推翻中国现政府并谋杀所有满族的中国人的惩治，是荒谬而不合逻辑的。

最后，谈一谈处决残酷的问题。我想在这里指出两件事。第一件，根据中国人的观点，认为用棍子打死的严峻和残酷程度比砍头处死要轻，因为前一种惩处不会造成中国人感觉特别可怕的身首异处。

但是为了免得中国人对事情的这一颠倒看法，被认为是荒谬可笑的和难以置信的，让我再举一个看起来更为荒谬可笑和难以置信的外国人对惩治观点的例子。在美国独立战争期间，一个英国军官被作为间谍逮捕，判处绞刑。这个可怜的人苦苦哀求不要把他吊死，他宁愿听任一排士兵同时把他们枪筒内的子弹对准他的身体射击。的确，在中国人的心目中，欧洲式的军法处决是那样的野蛮而可怕，正如在欧洲人心目中把中国式的乱棍打死的处决看得非常野蛮而可怕一样。

关于残酷处死的问题，我想提醒注意的另一点是，如果认为过于残酷和野蛮的指责只是就现在这一案件而言，那么，这一指责不应直接针对中国现政府，而应指责中国的文化。中国的法律是中国人民文化的产物，现政府不能对此负责。如果人们认为中国的法律残酷而野蛮，也不应该归咎于中国现政府，而应归咎于中国人民和他们的文化。因此，在我看来，当前这种直接针对中华帝国政府的愤怒呼声，是反常而不公平的。

用现代欧美人民的道德观念来判断中国的法律，它无疑像是残酷的和野蛮的。但是在对有关中国人和他们的文明与刑罚的残酷性作出最后判断之前，我愿提出两点重要考虑。

第一点，中国刑事裁判制度是以道德为基础的，而欧洲的裁判制度的基础，从杰里米·本瑟姆[①]（边沁）以来，便单纯是功利主义的原则，即仔细盘算其收益和损失。用简单的话来说，现代欧洲惩办罪犯的动机，仅仅是希望阻止犯罪、保障社会安全使之不受伤害和损失。但是在中国，惩办罪犯的动机是对犯罪的憎恶。简言之，欧洲国家惩

---

① Jeremy Bentham（1748—1832），又名边沁，是英国的法理学家、功利主义哲学家、经济学家和社会改革者。他是一个政治上的激进分子，也是英国法律改革运动的先驱和领袖，并以功利主义哲学的创立者、一位动物权利的宣扬者及自然权利的反对者而闻名于世。

办罪犯是为了保护钱袋。在中国,国家惩办罪犯则为了满足国家正义的道德情感。欧洲法理学家全然不以道德上的是非感来看待犯罪分子,只是把这些人看作是社会上应被谴责的分子,必须采取对社会和国家损害最小而获益最大的方法予以铲除。与此相反,中国的法理学家把罪犯看作是应该被人憎恨的恶棍,在制定惩办他们的法律时,以憎恨犯罪的道德感为指导,而这种道德感是必须满足的。在中国道德主义者看来,某些罪行是特别令人憎恨和骇人听闻的。所有具有健康道德感的人,都应该具有反对这种罪行的感情,因此,为了表现对这种罪行憎恨和恐惧的道德感,在中国有必要用残酷和野蛮的手段来惩处这种犯罪行为,否则那是不符合并非残酷的中国人的精神,而且也不符合并非不人道的中国文化的主旨的。

关于这一点,我想再进一步讲一讲。如果一种文化是否残酷和不人道,要以人类遭受的痛苦后果去判断,我认为,没有偏见又善于思考的欧洲人,在确定其对中国文化的判断之前,当他睁开眼睛看一看现代欧洲的毁灭性战争机器给人类造成了多么大的灾难时,就很可能迟疑不决是否使用强烈谴责的语言了。的确,像一位中国朋友对我讲的那样,当你考虑进口的鸦片使中国人民蒙受的痛苦——一个家庭中的男性和挣钱养家的成员吸食鸦片,使他的妻子儿女所受的饥寒之苦——倘如你们考虑到这一切,那么据最近路透社报导,英国下院开始对于所谓中国残酷可怕地处决政治罪犯的歇斯底里叫嚷,就变成极端不合逻辑和荒谬可笑了①。

---

① 辜鸿铭所指的是1902年8月13日兰斯东勋爵在英国上院对斯宾塞伯爵提出的关于上海《苏报》案被捕者问题的问答。这位外交大臣提到了处决沈克诚的报告后说:“爵爷大概注意到了不久前一个中国人在北京于骇人听闻的野蛮情况下被处死的可怕消息:我们感到在我们正在讨论的这一案件的问题上,我们不可能同意这些被控告的人们应服从中国的判决。”(《英国议会议事录》第四辑,第127卷,第1123栏)骆惠敏原注。

最后，我想说明我不嫌麻烦地写这封信的主要目的，不完全是为中国政府的行为辩护，而是向外国人说明：他们错误地同情所谓上海的维新派是很愚蠢的。我想在这里指出的是，中国真正的改革只能出自品学兼优的中国好人之手。但是这些被无知的外国人设法使他们成为英雄的所谓维新派，从道德上和智力上说都是病态的人。这些人正像我上面说过的那样，是受鼠疫或无政府主义细菌感染的人。必须承认，空口说说怎样处理这些被鼠疫和无政府主义感染的人最好，那是很容易的事。我个人并不认为目前当政者对这些维新派采取的措施，在现在情况下是最明智的。不过，这些措施是否最明智，那是留待这个国家的好政府的负责人去解决的问题，外国政府或外国人干涉这个问题，只能是有害的，而且会使事态恶化。我经常反复说过，指导外国人同中国政府打交道的一个原则是，如果外国人要求中华帝国政府尽到一个好政府的职责，那么外国人的一个简单的责任就是，允许中华帝国政府有充分自由和权限，去采取它认为是治理好这个国家的最好的措施。比康兹非尔德勋爵说过：除非一个国家现实有效的政府拥有绝对权力去做它认为正确的事情，那个国家是不可能治理好的。

外国人在中国应该支持的事业不是改革和维新派的事业，而是支持好政府的事业。支持好政府的事业的惟一途径，就是用各种可能的办法维护正统权威的权力。

辜鸿铭
1903 年 8 月 25 日
北京

二

1906 年 3 月 9 日

致《字林西报》编辑函①

先生：

达文特牧师先生②在本月五日曾向贵报投书一通，如果他现在自己没有感到羞愧的话，那我就真的感到十分奇怪了。作为一个穿长袍的中国人，如果我指摘基督教精神的话，就会显得十分鲁莽无礼。但是若以公平且公正的标准来审视的话，在我看来，达文特牧师先生的投书显示出他完全缺乏一种应有的高雅和体面。

在此，我不想和达文特先生来讨论设置咨询委员会会有什么样的好处。因为我个人甚至认为，这样的一个委员会将不会发挥任何实际而有益的效用。那种真正拥有良好声誉、愿意主动站出来、且能够投身于公共事务的代表，在中国是很难找到的。在中国的好人，他们太过遵循于"少管闲事"的原则，这很好地体现在一个中国习语中：各人自扫门前雪，莫管他人瓦上霜。然而虽然这样的咨询委员会无法有什么实际且利好的效益直接发挥出来，但是能促使市政工部局委员们认识并接受成立一个华人委员会的需求，这种精神是非常好的。这标志着在上海的外国人士正在开始认识到并真诚地尝试要发挥实际效力，以便践行一个原则：应该适当考虑在上海公共生活中市

---

① *The North-China Herald and Supreme Court & Consular Gazette* (1870 - 1941), March 9, 1906, 558.

② Charles Ewart Darwent (1858—1924)，英国人，牧师、作家和摄影家。1899 年担任上海联合教堂的牧师，随后的二十年中他成为上海的著名人士。1919 年移至天津，直到 1924 年去世。曾于 1904 年出版过有关摄影的书籍《上海：旅游者和居住者手册 1904》(*Shanghai: A Handbook for Travelers and Residents*)。

民的感受和情绪。

但是，达文特先生却认为这是骇人听闻的暴行。这位牧师绅士认为穿长袍的中国人呼吁外国人士考虑他的感受和情绪是鲁莽无礼的。牧师进一步认为，外国人士如果试图考虑穿长袍中国人的感受和情绪是一种耻辱。

现在，当一个中国人显示出一种所谓的排外情绪时，许多外国人会感到愤怒。事实上，在经过“义和团”事件之后，北京的外事官员甚至试图要给具有排外情绪的人定以死罪。然而可以确信的是，如果一个中国人排外就是一种罪行的话，那么同样，一个外国人排华是同样错误的，达文特牧师先生的信就是典型的排华体现。

但是，达文特先生，以及《字林西报》社，对中国的官僚阶层都存在着一种特殊的敌意。在此，我并不是想要写点什么来为中国的官员们辩护，但是，我特意指出这一点是想说，中国的人民才是有真正正当理由来抱怨这个国家官僚阶层的群体，在华的外国人无权抱怨。以我个人的观察，目前在中国各地的官员都太过于卑躬屈节，一味地迎合外国人而不考虑广大人民的情绪和利益。现在，总督就算是设宴招待一个二级或者三级的外国官员，他会毫无顾虑地挥霍掉上百美元本属于人民的开支。最近，在一个省会城市，官员们在设置道路名牌的时候认为，应该在中文路名下附上英文翻译，这样可以方便那些居住在这个城市的几十名外国人。目前，对于外国人和外国事物，中国官员都太过顺从和迎合，事实上，这种过分的卑躬屈节给中国的良治事业带来巨大的危险：这种过分的卑躬屈节已经导致了近来江西南昌的恐怖事件[①]。

---

① 此处所指的是发生在1906年2月22日的江西“南昌教案”。法国传教士王安之杀死南昌知县江召棠。2月25日，南昌群众怒毁教堂，杀法国传教士王安之等6人，英传教士3人，发生第二次“南昌教案”，结果清政府竟处死民众领袖龚栋等6人，赔款35万两。

我发现,在华的外国人士普遍具有一种固执的观念,他们认为中国的商人和人民在本质上不仅不排斥外国人,而且是相当欢迎外国人的,因为真正排外的是那些官僚阶层和受过教育的人群,即他们所谓的文人阶层。在某种意义上,我认为这种观念既正确又错误。说它错误,是因为事实上是中国的官僚阶层和文人阶层在怂恿中国的商人和苦力来仇视外国人。说它正确,是因为中国的商人和苦力只关心眼前利益,他们当然欢迎外国人,这样就可以因此获得发财的机会,用达文特先生的话来说,这些人可以居住在宽敞的外国洋房里,出行时可以坐在四轮折篷马车中。的确,中国的官方和文人阶层不喜欢外国人和欧洲的文明侵入到这个国家。他们这样并非是因为一种独断专行的爱国主义使然,而是出于本能,中国几个世纪以来的教育传统都是强调道德高尚比物质富足更为重要,因此文人和官员本能地认为,外国人和现代欧洲文明来到中国的最终结果只是一种物质上的繁荣景象,而代价是人民的道德水平会丧失甚至遭到破坏。这才是中国文人阶层排外情绪的真正根源所在。

达文特牧师先生认为生活的至善至美的境界,就是要居住在宽敞的外国洋房和驾驶着四轮折篷马车出行,因此,穿长袍的中国人应该永远感谢外国人帮助他们获取了这种最高等级的享受。但是,任何一个人,只要他懂得什么是高尚道德水准,会得出外国人和西方文明的到来提升了上海当地人道德水平的结论吗?很多年以前,我曾给香港医学院学生们做过演讲,其中我借用圣保罗的话说:“不要被人虚浮的话所欺哄,因这些事,神的忿怒必将降临到那悖逆之子。”①

① 来自《圣经·以弗所书》第五章第六节:Let no man deceive you with vain words: for because of these things cometh the wrath of God upon the children of disobedience。

事实上，就算从物质富足的角度来看，我也不认为中国人有任何理由可以来感谢外国人来到中国。不可否认，在上海的一些中国人的确变得极为富足，但是读者们也应该去看看，首位英国赴华使节麦卡尼勋爵[①]在访问中国的报告中描述了怎样的一种物质富足？读者们现在也应该深入中国内地去看看，中国人民到底生活在怎样的一种赤贫和悲惨境遇中？然后，应该没有人再会说，因为自从外国人到了中国以后，中国人开始变得物质富足之类的话了吧。事实上，在我晚间行走于福州路的时候，脑中常常会想起一句中国的诗行：

若使桑麻真蔽野，肯行多露夜深来？[②]

但是我必须致歉，这通信函写得太过认真严肃。达文特牧师先生不应该被这样认真严肃对待的。他只是一个演员，喜欢在人前装腔作势而已。惟一可惜的是，达文特先生不知道收敛一下他的姿态和口才，哪怕是为了他的宗教聚会也好。

现在回想起来，我上一次进基督教教堂还是二十六年前的事情。但是最近一些外国朋友劝诱我去听听伟大而著名的达文特牧师是如何来布道的。在离开教堂的时候，我想起来弗卢德先生[③]在给爱丁堡的学生们演讲时曾说的一个好玩的故事：剑桥教堂的一个门房曾对弗卢德先生说，四十多年来，他自己听过在这个教堂中每一位著名

---

① George Macartney(1737—1806)，出身于苏格兰贵族家庭，英国近代著名政治家，曾率领使团以给乾隆皇帝祝寿为名，于1793年抵达中国，欲通过谈判打开中国市场，却无功而返。这是中西交往史上的一件大事。

② 出自袁枚(1716—1797)《随园诗话》中无名氏的诗句，全诗为“妖姬从古说丛台，一曲琵琶酒一杯。若使桑麻真蔽野，肯行多露夜深来？”

③ Richard Hurrell Froude (1803—1836)，英国圣公会牧师，英国“牛津运动”的早期领导者之一。

牧师的布道，谢天谢地的是，他依旧是个基督徒！

您真诚的
一个穿长袍的中国人
3月6日

三

在华的外国人①

1906年7月27日
致《字林西报》编辑函
先生：

贵报在本月二十一日刊登的社论中评述了"在华的外国人"这一话题，我认为该社论的口吻及其所表现出的情绪应该予以批评。它读起来就像是某种祷告词："噢，感谢上帝，幸好我们没有这样。"云云在华的外国人不需要担忧被镇压，毋庸置疑，知道这一点，对于他们来说是令人满意的。但是，我认为，在华的外国人也不应该在中国人面前炫耀自己的优越感，因为他们就生活在中国人中间并以此来谋生。

在此，我并不打算驳斥社论中所得出的大致结论，即现在的中华民族是无法廉洁行政的，而且就算是西方的教育似乎也无法使得中

① "The Foreigner in China", *The North-China Herald and Supreme Court & Consular Gazette* (1870 - 1941); July 27, 1906, 232.

国人变得廉洁。但是我想提出一个疑问，你们仅以甘福履[1]所描述三都澳的报告作为判断是非的惟一证据，从而武断地得出结论，这样是否是公正的呢？比如说，假如一个中国人在阅读完揭露南非近期丑闻的报告后，或是目前美国肉制品丑闻的报告后，就下结论说盎格鲁-萨克逊这个种族是不诚实的，那么你们将会作何感想呢？

我也不想为现在中国的官僚阶层去辩护。我承认，现在中国的官僚阶层是腐败不堪的。但是在我看来，人们应当承认，比起官员们与生俱来的贪念来，现在中国官僚阶层的腐败则更多地应该归咎于体制，或者更准确地说，应该归咎于北京和地方当局的一种状态：惊慌失措、前景无望、优柔寡断、孤立无援，这导致了整个国家公共机关的组织失序。在提到中国的官僚高层所不得不面对巨大困难时，已故的戈登将军说："我能替满清官员说的话远不止此；他们的确有他们自己的过错，但是他们所承受的那些外国掠夺者所干的坏事则更多。"

但是，在我看来，中国官员的腐败并不影响中国人要求掌管自己海关这一诉求的正当性。就指责而言，中国的官员是对中国皇帝和中国人民负责的，而不是对外国人负责的。如果中国的皇帝和中国人民选择让那些腐败不称职的官员来管理自己的海关和铁路，而不是让那些廉洁的外国官员来管理的话，在我看来，那是他们自己的事情，外国人是无权干涉的。至于中国的海关已经抵押为外债的说法，这里需要指出的是，中国抵押的只是其海关的收入，而不是海关的控制权。根据抵押条款的相关规定，只有当中国出现拖欠和无法偿还债务时，其债权人才能攫取中国海关的控制权。

有关海关控制权的问题，也正如你们所说，其实只不过是你们称

---

① 指的是时任福建三都澳常关代理税务司的英国人 Frederic William Carey。1906 年 7 月 20 日，《字林西报》刊登了他所撰写的三都澳常关报告，其中涉及管理混乱和腐败盛行的内容。

之为“年轻中国人”的抱负之一。我自己已经是一个老年人了，不属于“年轻中国人”的一类，而且，我非常强烈地反对那种傲慢式的自信，以及其他古怪的倾向，即目前的这种宣称“中国是中国人的”运动。但是与此同时，我也必须指出，在华的外国人在看待你们所谓的年轻中国人运动的时候，既没有公正的精神，也没有开阔的视野，而这两点将会使最终和平地解决中国问题的过程变得简单。你们所谓的“年轻中国人”的运动，或许在很多方面都是古怪无常的，但却有其根源的：中国人强烈地感受到外国人并未公正合理地对待自己。或者用戈登的话来说，就是外国人一直在掠夺中国人。这场宣称“中国是中国人的”运动，其最根本的诉求是要在公正合理的基础上重新调整中国人和外国人的关系。

我甚至认为，即便是在华的外国人无法同情这场运动，他们至少也应该是尊重这场运动的。外国外交人员现在的所作所为，就是仅仅将这场运动、将中国人对于公正的渴望诉诸条约的神圣权利，这样的做法是毫无用处的。躺在大烟馆里腐化堕落的三亿多中国人，现在开始公开洗劫粮店，有一天他们会站起来，甚至或许会来到上海，质问到底是谁授予了那些条约以神圣的权利。

我认为，更遗憾的是，阁下，你们作为在华外国人的非官方领域的机构，竟然试图遏制这场运动，遏制这种中国人对于公正的渴望，你们表示，因为中华民族无法做到廉洁奉公，所以中国人没有权力来开展这项争取公正的运动。我在此想要提醒你们，这种对待渴望公正以及运动的方法是各国官僚寡头政治所正采用的方法，因此在那个不幸的国家，正在产生着令人吃惊的后果。

自庚子拳乱之后，在华的外国人就一直呼吁，中国和中国人都应当进行改革。因此，满清官吏们一直在大刀阔斧地改革。但是，以我所见，大肆宣扬改革的狂热的满清官员们，很有可能将改革的事情搞砸，因为在改革这件事上，他们疏忽了或者说看不到中国百姓心目中真正且首要的目标。中国百姓心目中有关改革真正且首要的目标，不是铁路、新学或者欧洲式的奢侈，中国百姓心目中想要的是改变在华外国人对待中国人的方式。一位在汉口的睿智的英国人曾对我说："上海的那些外国人真是愚蠢至极。他们要求中国人进行改革。为什么？如果中国人真的改革成功了，你认为我们这些在华的外国人还能过得像现在这样惬意吗？"

但是在华的外国人或许会问，中国人想让在华的外国人进行何种方式的改变呢？已故的戈登将军曾说过："我想，如果我们试图驱使中国人接受突如其来的改革，他们将会反抗，并且像顽固的猪一样进行抵制；但是如果我们对其加以引导，我们便会发现，他们在一定程度上愿意接受管理，并且也很容易管理。他们喜欢有选择的余地，不喜欢被指手画脚，好像自己在这事情上毫无发言权一样。"

中国人希望在华外国人所做的改变就是如此。他们希望外国政府和在华外国人与中国及中国人打交道的时候要留有选择的权利。他们不喜欢外国政府和在华外国人与中国打交道的时候咄咄逼人，强加给中国诸如门户开放、划分势力范围、建造并控制铁路、控制海关等政策，仿佛中国人自己对此毫无发言权一样。中国人并不反对有能力的外国人来中国经商、谋生，甚至是发大财。但是如果整个政府机构、生活方式、国家生活与生存都被掠夺，而仅仅为使英国和其他国家的贸易进一步发展和受益的话，那么中国人对此是强烈反对的。总而言之，中国人民希望在华的外国人摒弃这种想法，即认为上帝在中国创造了三亿多中国人，就是为了和英国及其他国家通商的，为了让在华外国人谋生的。中国人可借用丁尼生的话："我们是为其他的事情而生的。"这就是宣称"中国是中国人的"运动的根本理念所在。该运动的宣言其实并非"中国是中国人的"，而是"中国人要作为中国人来生活"，也就是说，在这个上帝所创造的宇宙中，中国人的国家生活应该服务于其他的目的，而不应该只是用来促进英国和其他国家的贸易和产业，而且，也正如我那睿智的朋友所说的那样，也不应该只是用来让外国人在中国享福的。

我并不是通过写信来表达我的排外情绪，而是期望具有理智的外国人能理解中国的真实情况。因为就像法国的圣伯夫[1]所说的那样："能以正确的观念理解事情，是人类的幸福。"（C'est le Bonheur des homes quand ils pensent juste.）的确，我也看到很多在华的外国人对中国人怀有如此多的善意，即便是在上海。这促使我想要在他们面前讲出实情，虽然话有些不中听，但是我执意向他们呼吁，从外国人士的一方来开启在中国的改革。

以我所见，中国目前改革运动的狂热必将给中国带来一场大的灾难。在我看来，惟一能够减轻和制止这种狂热的办法就是从双方进行双向的改革，即从中国人这一方来改革，也从外国人那一方来改革。我认为，一旦从外国人那一方的改革开启了，中国人这一方的狂热程度就会降低，然后我们所有人才将有可能躲过这场巨大的灾难。

歌德说："世界上有两种和平的力量——公正和常识。"外国人士，尤其是英国人，无论他们的观念有多么的错误，他们仍旧怀有强烈的公正意识。而中国人则拥有很多的常识，除非被传教士以及邻国日本完全破坏掉。因此，我们没有必要对于和平解决中国现状问题感到绝望。

此致

一个穿长袍的中国人

7 月 24 日

---

① 夏尔-奥古斯丁·圣伯夫（Charles-Augustin Sainte-Beuve，1804－1869）：法国作家、文学评论家，法兰西学院院士，著有《文学肖像》《女性肖像》《当代肖像》等作品。

四

已故皇太后:致敬与告别(AVE ATQUE VALE)[①]

1908年11月28日

致《字林西报》编辑函

先生:

贵报最近在这个国家举国同悲的日子里刊登了一些文章和短评,在我看来,那些谈到刚刚去世的皇太后陛下的那些话,是那么的冷酷无情、充满敌意和尖刻刺耳。因此,我认为自己必须要提出抗议。你们残酷无情,描述已故皇太后生平的情状,就像是一个自然史的教授在描绘某些凶残动物中的一个有趣的标本。你们有对皇太后的品德形成并发表自己的看法的权利,对此,我毫无异议;我要抗议的是你们那些文章中的腔调。我请问你们——在这个国家万民同哀的时刻,一份在中国出版的外文报纸刊登有关皇太后残忍、谋杀和暴虐的那些未经证实的传闻,是一件很体面的事吗?无中生有的谣言已经玷污了她的名誉,而仅仅几天以前,她还是这个国家的国母,而外国人作为客人在这里过着一种享有特权的生活。

针对已故皇太后的真正品行问题,我无意与你们展开争论,因为现在时机和场合都不合适。对于这一问题的审慎看法,我已经在自己一本不成熟的小书[②]中做过了阐述。贵报也曾经向读者推荐过这本书。一些外国人士认定皇太后是一个野心勃勃、恶毒残忍的妇人,

---

① "The Late Empress-Dowager: AVE ATQUE VALE," *The North-China Herald and Supreme Court & Consular Gazette* (1870 - 1941), Nov. 28, 1908, 521 - 522.

② 即1910年出版的英文集《尊王篇》。

对于这些外国人，我别无他话可说，只能重复福音书中那充满哀怜的字句："你们将因你们的罪恶而死去（Moriemini in peccatis vestris）。"但对于另外一些尚未固执此见的外国人，如果你们允许，我倒愿意提供几点意见，或许可以帮助你们更加公正地来评判皇太后的品行。

我要指出的第一点是已故皇太后生活中的支配动机问题。我并无意冒犯各位，但是我认为它正如历史上一切伟人的生活动机一样，从来都不是一种卑鄙的野心。卡莱尔在谈及野心的话题时，曾说起他心目中的英雄克伦威尔[①]："趋炎附势的小人以其可怜的谄媚之心推想，每天命令别人把成捆的公文拿给你看，那该是一件多么惬意的事情。"考虑到中国的皇太后，除了每天必须劳神于那一捆捆各种公文之外，她从实现野心中得到的额外好处就是，无论严寒还是酷暑，每天早晨她必须得四点半起床。不仅如此，她还不像纽约社交圈的女士那样得到某种补偿，无法从次日数以百计的晨报上读到自己的大名，以及她所出席的豪华宴会的记述。付出如此之多，得到却如此之少的一个妇人，即便是雄心勃勃，那也一定是一个极其卑贱愚蠢的人。然而，无论你怎么看，已故的皇太后都绝不是这种卑贱而愚蠢的妇人。

如果不是野心，那么她生活中的支配动机又是什么呢？要回答这一问题，让我先来给你们讲一件我的朋友告诉我的事，它发生在中法战争爆发前北京的太和殿。皇太后一直支持李鸿章不惜任何代价来争取和平，当她听到法军炮击福州的消息后，立即传谕大臣召开御前会议。大臣们都异口同声要求宣战，而这时，皇太后指着小皇帝对大臣们说："皇帝长大成人且我死以后，他想要怎样我就管不着了。但只要我还活着，我绝不允许有人说，一个妇道人家抛弃了祖宗留给

---

① 奥利弗·克伦威尔（Oliver Cromwell，1599—1658）：出生于英国亨廷登郡，英吉利共和国护国主，英国政治家、军事家、宗教领袖。17世纪英国资产阶级革命中，资产阶级新贵族集团的代表人物、独立派的首领。

她代为看管的遗产。”

因此，我认为，这才是已故皇太后生活中的支配动机，她起早贪黑地奉献了自己的一生，尽可能完整无损地保卫帝国王室留给她管理的遗产。按照中国的道德法律，一个妇人的根本责任不是只为她丈夫活着，她的根本责任是要保护其家族的遗产和荣誉。因此，我认为已故皇太后生活中的支配动机，是一心一意要尽一个妇道人家的根本责任，符合中国道德法律的要求。她统治了中国五十年，在临死之前，她在遗诏中能够满意地向世人宣告：“我们没有辜负祖宗的信任。”这并非是一句空头的自夸之辞。孔子曰：“夫孝者，善继人之志，善述人之事者也。”①而已故的皇太后就是这样的人。总而言之，她生活中的支配动机不是野心，而是责任。

我要谈的第二点是她的能力问题。已故皇太后的伟大之处就在于她并不陶醉于自己的聪慧，而是有能力知人善用。在讨论高等教育（即外国人所熟知的《大学》）的那篇专论里，载有这样一段：《尚书·秦誓》曰：“若有一个臣，断断兮无他技，其心休休焉，其如有容焉。人之有技，若己有之；人之彦圣，其心好之，不啻若自其口出。定能容之，以能保我子孙黎民，尚亦有利哉。”

已故皇太后成功治国的秘密正在于：她的胸怀博大、气量宽宏，心灵高尚。她绝不是那种“君王的意志就是最高法律”（Voluntas regis suprema lex）意义上的独裁者。对于她来说，自始至终都是judicium in concilio regis，suprema lex——最高法律就是她在御前会议上所有英明决定的体现。事实上，在她统治中国的五十年间，中国的政治并非由一人独裁，而是由以她为首的执政团体共同治理。她所起的作用，与其说是操纵控制，倒不如说是稳健、调节和激励。

总而言之，她智识的伟大来自其品格和灵魂的伟大。

接下来，我想再谈谈她的品味问题。在你们丰富的想象之中，皇

① 出自《礼记·中庸》。

太后是一个东方的专制暴君，而东方专制暴君总是穷奢极欲、吃喝穿戴无不腐化透顶。对于这种谣传，最为简单的回答是：已故皇太后是一位趣味高雅、无可挑剔的人。而一个真正具有艺术品位的人，是绝不会沉溺于吃喝，也不会容忍过度奢华的装饰。艺术品位的专横支配，在反对庸俗的消费和奢华的装饰方面，胜过宗教的禁令或戒条，它是一种比后者更有说服力的严格纪律。我曾经进入过颐和园，见过太后的私人住所，还品尝过她曾享用的食品。从我在园中的所见所闻来判断，她甚至可以说是一个朴素生活的信徒。我在她住所看到的惟一可以视为奢华装饰的是堆成金字塔形状的小堆玫瑰色苹果。园中的人告诉我，她惟一醉心的是花事，即种植和培育牡丹花。顺便提一句，在她的桌子上，我看到一本打开的书，那是最近出版的新版注解本《书经》，这本儒家经典历史文献里记载着中国圣贤的治国箴言。我参观颐和园的时候，皇太后已经六十九岁了，她仍然在努力学习如何对她的人民来进行良治。

不可否认，修建颐和园，尽一切可能对其进行美化，的确耗费了巨额金钱。但是，为了让其子民幸福，一个君王应当存活下去（Mais, en rendant son peuple heureux, il faut bien qu'un roi vive.）。除此之外，我们还应记住，当已故皇太后开始花钱修建颐和园的时候，她已经通过自己的努力赢得了享受颐和园的资本。为把太平天国叛乱时中国的混乱和惨象变成今天中国相对繁荣的局面，她操劳了整整三十年。在将权柄移交给外甥光绪皇帝时，她向自己的人民，伟大的中华帝国的人民，提出想修建一个富丽堂皇的家，以便她在那里度过余生，这要求难道是过分的吗？事实上，当赫德[①]爵

---

① 罗伯特·赫德（Robert Hart，1835—1911）：英国政治家，1854 年来到中国，1861 年起在上海担任海关总税务司职务，1863 年正式接替担任海关总税务司。赫德曾担任晚清海关总税务司达半个世纪之久（1861—1911），在任内创建了税收、统计、浚港、检疫等一整套严格的海关管理制度，他主持的海关还创建了中国的现代邮政系统，著有《中国论集》等。

士和莫理循博士向我夸述太后生活奢侈的时候，我想到了他们自己的生活状况，并当面对赫德爵士说，他拥有个人铜管乐队等奢华之物，在我看来，其生活要比皇太后奢侈得多。

我要谈的最后一点是关于她家庭关系的问题。你们无端暗示她儿子已故同治皇帝的秘密死亡与她相关，并认为她对同治皇后阿鲁特氏[①]的死负有责任，针对这种所谓无可争辩的事实，我只想借用不幸的玛丽·安托万内特[②]的话作为辩护词，来替皇太后陛下辩护一句。当遭到同样恶毒的指控的时候，安托万内特平静地回答说："我求助于天下所有的母亲。"那"严寒的冬夜"的故事，及其"孩子哭泣"的戏剧性插曲，显而易见，不过是纯粹的道听途说而已。如果当时真有谋立恭亲王[③]儿子为帝那回事，那我就想问问，在已故光绪皇帝继位后，恭亲王怎么可能仍然长期得到恩宠呢？如果真有那样一场密谋，恭亲王的儿子现在就不可能像我去年在英国公使馆所见到的那样，四肢健全地活得那么自在了。

最后，我想再来谈谈她与她的外甥、已故光绪皇帝之间的关系。人们指控她野心勃勃，想大权独揽，因为她在儿子死后，没有按合法程序来立继承人，而是立了一个与儿子同辈的小皇帝，以便能继续摄政。其实这一点算是什么很严重的错误吗？要记住，中国之所以有今天，完全都是她操劳的结果。当她最初受命管理帝国遗产的时候，中华帝国不仅满目疮痍、混乱不堪，而且王朝统治已经摇摇欲坠，濒于崩溃。经过二十多年辛辛苦苦的努力，她不仅完全保住了帝国遗

---

① 孝哲毅皇后(1854—1875)：阿鲁特氏，同治帝皇后，蒙古正蓝旗人。

② Marie Antoinette (1755—1793)：法国国王路易十六的妻子，死于法国大革命，原奥地利公主，生于维也纳。

③ 奕訢(1833—1898)：道光帝六子，咸丰帝异母弟。他是咸丰、同治、光绪三朝名王重臣，洋务运动的首领，为中国近代工业创始和中国教育的进步做出了贡献。

产，而且将一个凄惨混乱的中国变成了如今这般井然有序，甚至是繁荣昌盛的局面。难道你们认为，让她眼睁睁地看着自己二十年的功绩和帝国的遗产再度遭到破坏，乃至万劫不复是应该的吗？答案是否定的，因为她的责任感太强了，那是一种符合中国道德法律的责任感，一种妇人应维护家族遗产和荣誉的责任感。

也正是出于这种对于皇室的责任感，她对其外甥、已故的光绪皇帝才感到格外恼怒。这种恼怒并非是其个人怨愤的结果，而实在是发自于责任。为了保护祖宗遗产，她已经奉献了自己的整个人生。她满怀希望地选择了光绪，原指望他会对得起自己为保全遗产所作出的那种牺牲。然而，光绪不仅辜负了她的期望，而且还犯下了试图毁弃她的功绩及其帝国遗产的罪行。在这最后几年的日子里，她仍然对光绪抱有一线希望，认为他最终不会辜负自己的选择。光绪是她早年孀居时领养的孩子，她寄予了全部希望在这个孩子的身上，然而当她看到这孩子在她之前离世的时候，她的生命之光便突然熄灭了。可怜而不幸的孩子已经死去，更加不幸的母亲能够做的，只能是立即随他进入坟墓。

> 唉，好可怜的孩子，你要是能够冲破残酷的命运，该是多好啊！
> 那你将是马塞勒斯。让我把满把的百合花和大红花洒出去。①
> （Heu，miserande puer，si qua fata aspera rumpas，
> Tu Marcellus eris. Manibus date lilia plenis
> Purpureos spargam flores.）

您的

辜鸿铭

---

① 取自《埃涅阿斯纪》第六卷第 882 至 884 行。

五

浚浦局事件[①]

1908年12月12日

致《字林西报》编辑函

先生：

贵报在12月4日刊登出的文章，成功地引起公众的关注，大家知晓了浚浦局事件令人不满的状况，在感谢贵报的同时，对于该文章的论调，我也要提出强烈地抗议。在我看来，那篇文章非常像是一个律师在为被告人辩护时所要说的话："罪名不成立：我必须要指控对方律师。"在那篇文章中，你们试图引导公众对于案件作出预先判定，你们描述已经向法庭提交了"最疯狂的指控"，而且你们不断地指控我为"偏激性狂热分子"，还指责我"试图破坏上海道台的努力，使得他无法向总督提出妥善解决问题的方案"。

在此，我想要指出的是，上海道台的努力只不过是在霍布森先生报告的基础上做出草率的了断而已。而且，鉴于目前的调查中已经发现有不正当的行为存在，霍布森先生的报告只是基于总工程师的调查而给出的结果。两个月以前，在贵报的一篇社论文章中，你们曾指出，如果疏浚公司已经声明承认有不正当行为存在的话，那么任何由工程师们所进行的单方面调查都无法向上海民众交代。因此，道台草率结案的做法只不过是这样的一种努力：让总督陷入一种即你们所谓的"无法向上海民众交代"的境地。当我试图劝阻道台别去做

① "THE CONSERVANCY CONTRETEMPS", *The North-China Herald and Supreme Court & Consular Gazette* (1870 - 1941), December 12, 1908, 647.

这样的一桩愚蠢的事的时候，你们却把我描述成一个祸害。

至于我那所谓的“偏激性狂热分子”的指控，在案件的全部事实进行公开调查的时候，我将任由公众来对此作出评判。与此同时，我只想说我本人在此没有想指控谁，而且我曾经也没有指控过任何人。我手中掌握了有关此案件的大量资料信息，我已经向总督大人呼吁过了，现在我请向上海的公众来呼吁，帮助我来尽快地、全面地且清楚地完成对这些资料信息的调查。因为我所做的一切，使我被指控为“偏激性狂热分子”，我愿意任由公众来评判，这样的指控是否公平合理。

您真诚的

辜鸿铭

六

中国的铁路问题[①]

1911 年 10 月 7 日

致《字林西报》编辑函

先生：

目前，针对铁路的问题，在中国的一些省份和北京当局之间产生了一种争端，我能否借贵报来向外国人士清楚地解释一下事情的真实情况呢？

现在，这一问题已经变成了一个有关原则的问题，正如你们所说，这个原则是由广东省的人民代表提出来的。你们将这一提议描

---

① “Chinese Railway Question,” *The North-China Herald and Supreme Court & Consular Gazette* (1870 - 1941), 7 Oct. 1911.

述为一种聪明的举动。你们还说北京政府方面的妥协将会产生致命的后果，目前的这个问题是一个最高级别的判例案件。

我非常同意你们说这个问题是一个最高级别的判例案件。广东代表现在提出一个原则问题，而且随后的一切重大后果也将取决于这个原则问题。但是，我认为，你们没有十分清楚地理解到这一原则问题的伟大和重要所在。目前这个争端中所涉及的这一原则问题并不是铁路国有化的政策，也不是要从外国贷款。这一原则是，中国引进西方思路所进行的改革是要由少数几个掌控摄政王的人以及其他掌权者来操纵，还是要由全体中国人民在充分且自由的认可的条件下来决定？换言之，问题的实质是中国各省份的人民和北京中央政府之间产生了一种争端：中国人政府是要由寡头政治集团来操控，还是要成为全体国民在充分且自由认可的条件下所拥戴的一种立宪政府？

在前段时间我出版的一本名为《中国的牛津运动故事》的小书中，我曾指出："当年庚子拳变结束后，朝廷恢复了在北京的统治，在全中国人民的支持下，中国政府开始致力于采纳西方化的方案。"我进一步指出："虽然中国的皇太后陛下不得不服从全体中国人民的意愿来采纳西方化的方案，她仍下定决心，在中国推行西方化的每一项改革举动和措施，都不能由某个人意志擅自为之，甚至包括她本人在内，而必须得到全体中国人民充分而自由的认可。"简而言之，皇太后陛下决定，如果中国非要进行一场革命不可，也就是说实际上对中国进行西方化的改革，它亦将是如伟大的英国公爵威灵顿[①]先生所说的那样，应该是"一场合乎法律秩序的革命"。

在此，我想解释一下，为什么已故伟大的伊藤博文公爵能够成功地在日本开展改革，他在访问武昌的时候曾当面向我详细解释过。

---

① 陆军元帅阿瑟·韦尔斯利：第一代威灵顿公爵（Arthur Wellesley，1st Duke of Wellington，1769—1852），英国军事家、政治家，19 世纪最具影响力的军事、政治领导人物之一。

这主要是由于他理解包含在威灵顿公爵那句话中的原则:“一场合乎法律秩序的革命。”也就是说,开展革命性的改革要得到全体人民的认可才行。同样,已故李鸿章未能成功地在中国实施改革的原因在于他试图通过寡头政治集团来进行改革。

令人好奇的是,邮传部现任的尚书盛宣怀曾是已故李鸿章寡头政治集团中的一员,他将会再一次组建一个新的寡头政治集团来在中国实施改革。为公平起见,李鸿章寡头政治集团的形成是情有可原的,因为当时中国大部分人仍旧反对改革,反对将西方化的生活方式引入中国来。但是现在盛宣怀新的寡头政治集团却没有任何借口或者理由能来为自己辩护,因为现在全体中国人民已经实际上认可了改革,认可了西方化,比如引入铁路等等。皇太后托付给李鸿章及其寡头政治集团的真正改革大业不但失败了,而且以灾难告终。那么我们现在可以设想一下,盛宣怀及其新的寡头政治集团在被托付了改革大业之后,是否同样不但会失败,而且以更大的灾难告终呢?

正向你们所说的那样,在地方省份的广大人民与北京的中央政府之间的争端问题是一个最高级别的判例案件。争端的实质是,中国的改革是要按照法定程序进行的革命,即一场和平的革命,还是要由一个寡头政治集团所操纵的革命,即一场无法完成改革且分裂中华帝国的血腥革命?

所有真正希望中国和平改革成功的外国人士们,请考虑一下外国人和中国人的切身利益,并应该明明白白地看清形势,把自己的赌注下对地方才好。

辜鸿铭

1911 年 9 月 28 日

又及:

我想进一步恳请您允许我引用已故的戈登将军的话,因为其中的睿智不言自明，对于解释当今中国的现状也再合适不过了。戈登将军曾说过："我想，如果我们试图驱使中国人接受突如其来的改革，他们将会反抗，并且向顽固的猪一样进行抵制；但是如果我们对其加以引导，我们便会发现，他们在一定程度上愿意接受管理，并且也很容易管理。*他们喜欢有选择的余地，不喜欢被指手画脚，好像自己在这事情上毫无发言权一样。*"

"他们也喜欢看到解决方案的实用性，并且喜欢一遍又一遍地听到解释的原因。"

"但是我们的做法却是要强迫他们按照既定方案行事，为同样的事情付出代价，而且认为与他们进行讨论是完全没有意义的。"

上述引言中我特意用斜体的部分，准确无误地描述了盛宣怀及其寡头政治集团所采用的一种愚蠢的做法，无疑，这也是拜其信任的心腹顾问、上海荣誉市民福开森[①]博士的建议所赐。正是由于反对北京寡头政治集团的这种愚蠢的做法，整个四川省才发生了这样的动乱和谋杀事件。

七

中国的铁路问题[②]

1911 年 10 月 7 日

致《字林西报》编辑函

先生：

---

① John Calvin Ferguson (1866—1945)：美国人，教士，曾来华传教及办学，并出任国民党行政院顾问。

② "Chinese Railway Question", *The North-China Herald and Supreme Court & Consular Gazette* (1870 - 1941), Oct 7, 1911, 34 - 35.

针对上周二[1]我的投书，贵报在今天刊登了社论文章[2]，但其中有一些误解，能否允许我在此更正一下？

首先，我要说，您在文章中提到“辜鸿铭先生的党派”的字眼，这是完全错误的。我不隶属于任何派别，而且因为我不隶属于任何派别，因此我的观点是客观公正的。所以，我敦请外国人士仔细思考我对于中国目前问题的看法，这是合情合理的。

其次，我要说，我自始至终都坚定地拥护满清政权和北京的中央政府，也正向您所说的那样，中央政府时至今日也都一直代表着律法和秩序。我认为，只要是读过我作品的人，就不会在这一点上对我的看法持有任何怀疑态度。

但是，当下这场争辩的核心问题，并不是像贵报社论中所说的那样：“一方是北京的中央政府，一方是地方省份，到底哪方能获胜？”核心问题应该是，一方是北京的中央政府为应对铁路问题所采取**措施**，另一方是要求摒弃该措施的来自各个省份的人民意愿，到底哪方能获胜？

我认为，该措施是一种寡头政治统治的方法。假设这种措施以及采用这些措施的人战胜了全中国人民的意愿，那么我们在中国失去的不仅仅是铁路，还有改革的机会和可能，甚至连政府也将不复存在。

因此我认为，考虑到中国铁路事业的未来，北京政府必须摒弃这种措施，提议采用该措施的那些人，诸如盛宣怀、端方及其同党之流也必须被撤职查办。因此，我建议那些外国人士，如果参与游戏的

① 辜鸿铭在此所指的投书实际写于1911年9月28日，当天是周四，因此文章中“周二”的说法恐怕疑有错。

② 即《铁路与中华民族》，详见“Railways and the Chinese Nation” *The North-China Herald and Supreme Court & Consular Gazette* (1870－1941); Oct 7, 1911, 12.

话，就最好还是押对赌注。

您真诚的
辜鸿铭
上海
1911 年 10 月 5 日

八

辜鸿铭先生论时局①

1911 年 10 月 28 日
致《字林西报》编辑函

先生：

就在两个星期之前，您允许我在专栏里讨论一下那个非常重要的问题，该问题的答案现在已经揭晓，其迅速程度大大超乎您和我的预料。很不幸，我所预料的留学革命已经到来，我认为我有责任向外国人更加全面和清晰地解释一下目前时局的具体状况，这样，他们也不至于感到惶恐。首先，我想请外国人相信，他们根本不必持有悲观的态度。目前的危机局势虽然比较严峻，但也并非是绝望的，甚至还是大有希望的。我想说，这是因为目前的危机是新中国诞生前的最后阵痛。

是腐败，还是无能？

有些人把眼下的这场暴乱与太平天国叛乱相提并论，他们简直

① "Mr. Ku Hung-Ming on the Situation", *The North-China Herald and Supreme Court & Consular Gazette* (1870 - 1941), Oct. 28, 1911, 238 - 239.

是在胡说八道。这只能说明，这些人是完全没有资格来评论目前时局的。太平天国叛乱就像是法国大革命一样，其目的是要那腐败堕落的社会秩序分崩离析。用卡莱尔的话来说，法国大革命是社会底层百万群众的崛起，是对于养尊处优阶层奢华浪费和愚蠢轻浮的一种反抗。在太平天国叛乱之前，中国养尊处优的阶层是满洲的贵族，他们在苏州和杭州这样的城市过着优哉的生活。但是在目前的中国，已经没有像太平天国叛乱前的满洲贵族式的享乐阶层了。现在的满人，作为一个阶层，甚至比我们汉人还要贫穷。至于说那些受过高等教育的中国人，也就是官僚阶层，他们现在比上海的买办阶层还要穷，其中有些人的经济状况，还不如外国人家里的仆役。愚蠢的英国人认为，满洲达官贵人的腐败是中国目前一切罪恶的根源。但是请让我来告诉那些有头脑的英国人，中国所有罪恶的根源并非在于官员们的腐败，而是在于他们的**无能**。有些人一看到或听到中国各地的勒索压榨现象，就到处谈论中国官员的贪污腐败。但是他们忘记了，这些贫穷的官员们也得生存，而在目前的制度下，无论情况是好是坏，官员都得需要些勒索之财，否则便无法生存。事实上，在李鸿章及其寡头政治集团覆灭之后，那种肆无忌惮、情形恶劣的贪污腐败现象在中国已经极为少见了。在一个国家中，高层集团如果存在腐败堕落，那标志和证据就应该是奢华浪费和愚蠢轻浮。但是目前的情形，任何人都可以看到，中国的奢华浪费和愚蠢轻浮的现象是少而又少的。我们中国最后一个真正腐败、愚蠢且奢侈的高级官员是端方阁下，中国的士大夫们给他取绰号为“债帅”。上海的橡胶公司总监们以及股票经纪人开着汽车，在模范租界横冲直撞，给贫困且辛苦的劳工市民带来身体和生命上的威胁。除了他们以外，我不知道还能有哪个阶层可以被称得上是养尊处优的阶层呢。

总而言之，太平天国叛乱就像法国大革命一样，是一场社会革命，它意味着社会的有机整体出了毛病。而目前的这场暴乱则是一场**政治**革命，它仅仅意味着一种功能性的失调而已。

是暴乱,而不是革命

因此,我认为,将当前这场暴乱与太平天国叛乱相提并论简直是无稽之谈!若法国法院的官员对路易十六那一个著名的回答调转顺序的话,我认为就可以来合适地评价当前的这场暴动:“这不是一场革命,而是一场暴乱。”

事实上,这场暴乱从表面上来看是反对封建朝廷的,但是实质上却是一场反抗斗争,或者说是一种抗议,反对寡头政治集团阻碍自己民族正常而自由的发展。目前中国的这场暴乱,事实上相当于是日本历史上的“西南战争[①]”。当日本民族步入发展壮大或者说现代化进程的时候,他们首先遇到的障碍便是东京的寡头政治集团,即幕府,而且日本民族必须要摧毁幕府寡头政治集团。天津李鸿章寡头政治集团可以看作东京的寡头集团。在幕府寡头政治被摧毁之后,日本民族才真正开始发展起来,但是那些从幕府寡头政治集团手中接管国家事务的人,重新开始形成了另一个小规模的寡头政治集团。日本的这第二个寡头政治集团可被称为大久保寡头政治集团。而现在中国的盛宣怀寡头政治集团,亦可以看作日本的大久保寡头政治集团。已故的西乡隆盛侯爵所领导的“西南战争”正是为了反抗大久保的寡头政治统治的。因此,武昌的这场暴乱正是日本的“西南战争”。日本的“西南战争”作为一场叛乱最终失败了,但是它起到积极的作用,并成功地摧毁了日本的大久保寡头政治集团。

目前的武昌革命,作为一场革命,也将会失败,但是它会摧毁盛宣怀的寡头政治统治,至少我真诚地希望结果如此。“西南战争”之

---

① 西南战争:发生于日本明治十年(1877)2月至9月间,是明治维新期间平定鹿儿岛士族反政府叛乱的一次著名战役。因为鹿儿岛地处日本西南,故称之为“西南战争”。西南之役的结束,亦代表明治维新以来的倒幕派的正式终结。

后，现代日本诞生了，同样，在武昌革命之后，我们也将迎来新中国的真正开端。因此，我在这封信的一开始就说，目前的这场危机，是新中国诞生前的最后阵痛。

一个巨大的危险

然而，在这目前紧要的关头，存在着一个惟一巨大的危险，那就是外国的势力非常不明智地在干涉目前这场争端。我在一封来自日本的电报上读到，为了保护在汉口和汉阳地区大量存在的日本人的财产，日本政府正在权衡利弊，考虑采取某些行动。我真诚地希望这个消息不是真的。我要说的是，即便汉口地区整个外国租界范围内的全部外国财产都遭受破坏，这种损失也仍然是可以弥补的，外国某一方势力或者多方势力的干涉势必会造成可怕的后果，与此相比，这种损失简直微不足道。来自外国方面任何援助保皇党人的行为，除了会极大地降低现任政府的威望外，还将会激起一种强烈的排外情绪。我认为，目前的这场暴乱是整个民族对于政府的一种劝谏或者说是抗议。因此，任何外国势力来帮助政府强制镇压这种民族抗议的行为，都将会激起一种更为强烈的排外暴动，比上一次的义和团运动更为严重。所以我真诚地希望，日本的政治家能有足够的远见卓识而不要采取任何行动，如若不然，局势即便不会发展到毫无希望可言，也至少会变得极其困难。

失败的根源

在给出结论之前，我想在此解释一下，为什么我会说反对封建朝廷只是目前这场暴乱的一种表象，以及为什么我认为它作为一场革命不会成功。

目前的这场革命仅仅是一种反对封建朝廷的表象，我之所以这样认为的原因就是，中国最近的这场骚乱和暴动现在已经发展到了顶点，即武昌革命，但它只不过是强烈激愤地表达出一种渴求自己民族充分和自由发展的愿望而已。革命者们憎恨满族人,因为他们认为满族人阻碍了这种发展。但是满族人并不是真正的障碍。真正的障碍是国家缺乏活力,而且当权者们也腐败无能。除了缺乏这种活力之外,另一种障碍也以寡头政治集团的形式在国家政体内发展起来,它却突然中断了正常的体制运转,从而导致了武昌的局部暴乱。但是满族人并不是造成这一障碍的根源。盛宣怀及其同伙所组成的寡头政治集团才是造成这一障碍的真正原因。因此,我认为反对封建朝廷的革命只是一种表象。

此外,我之所以认为当下的这场革命将会失败是有理由的,因为发动这场革命的人是属于在革命中永远要失败的一个阶层。这场革命的发动者是大家都熟知的"革命党"。但是这个"革命党"在欧洲应该被称为"雅各宾党派"。依据法国革命和其他革命的经验,我们可以得知,雅各宾党派从来都没有过什么好结果。雅各宾主义是一种疯狂的爱国主义。它就好比是国家机体内原本健康的血液,由于某些障碍的存在,于是变得发热发炎。这种障碍便是寡头政治集团,它仿佛就是人体内的腐臭的脓包一样,阻碍健康血液的自由循环,从而导致炎症和腐烂的产生。雅各宾主义这种国家机体内部的发炎血液,对于清除腐臭的脓包——寡头政治集团——是有用而必要的。然而一旦雅各宾主义,即这种发炎变质的血液,完成其任务之后,就难免也要被清除掉,至少是其中那些已经过于腐烂和有害的部分必须被清除。拿破仑用葡萄子弹轻而易举地就消灭了法国的雅各宾主义,清除了法国内部剩余的那些腐烂变质的血液。

文人的忠义

中国的雅各宾党派已经掌握了一支新中国的儿童军,并且正在利用它来推进自己的事业。事实上,新中国的儿童军正在经历战火的考验。但这并不是目前局势真正严重的危险之处。目前真正的危险在于,几乎所有中国的文人在此时此刻都给予武昌的雅各宾党派以道义上的支持。可以说，在我上海的文人朋友当中，我恐怕是现在惟一一个仍然彻底效忠朝廷的中国人了。

然而，对于文人的不忠不义，中国人有一道防卫武器，那就是孔子学说——孔子学说中的忠义之教。对于一个真正有教养和纯正的中国人来说，若要公然举手反对皇帝，那就是彻底地背叛了他头脑中三千年以来根深蒂固的观念和思想。这就好似是在欧洲要一个男人举手来反对一位女士一样。这就是中国绅士的**忠义**所在。然而如果一个有教养的中国人忘记了或者丢掉了忠义，你就一定不要怀疑，他肯定不是疯子就是恶棍。外国人出于无知，就好像是被上海报刊误导的那些中国人一样，"新学"所传授的利益和野心的宗教在毒害他们的思想，他们不理解忠义的宗教是什么，不知道忠义的宗教的意义，因此，这些外国人在轻浮地谈论着满族人的厄运。

中国绅士的这种忠义之教，最近却受到了巨大的伤害，因为盛宣怀及其同党的做法，也正是你们所赞赏的方法，激怒了公众舆论，并疏远了整个文人阶层，因此在这个时刻，文人们选择从道义上去支持武昌的雅各宾党派。但是如果现在做出些补偿性措施来平息暴怒也为时不算太晚。一旦政府采取严厉措施来对付盛宣怀及其同党，进而使得文人阶层得以谅解，那么文人就会重新对政府给予道义上的支持。而雅各宾党派一旦失去了文人在道义上的支持，他们将会一事无成。最终的结果就是，他们将会和手中掌握的那些毫无生命力的儿童军一道，轻而易举地被袁世凯的葡萄子弹打地烟消云散。

戈登的一句话

最后，让我再次引用戈登将军的一句话来做结。他是在中国的最伟大的英国人，在此时此刻，包括英国人在内的所有外国人都应该牢记这句话："当我们必须在东方摸索前行的时候，最好的方法就是按**公正**行事。"我认为，对于外国人来说，在目前的情况下来公正行事，就意味着要严守中立，不要妨碍中国政府的自由行动。简言之，让中国人独立自主处理自己的事情，并管理好在华的外国人。最后，作为少数接受过西方教育的中国人中的一员，我愿意负责任地代表我深受苦难的同胞们做出呼吁，请求在华外国公众中的那些最优秀的人群，那些仍旧相信忠义宗教的人，在这个危难的时刻与中国人打交道的时候，要践行戈登将军的那句话，去公正的行事。总而言之，如果外国人都能够公正行事，那么我们将迎来一个新的中国。世界的秩序将重新奠定！（Ab integro saeculorum nascitur ordo!）

祝好
辜鸿铭
上海
10月21日

又及：

在此，我大胆地提出一个建议。我认为，在目前这样的一个危急时刻，在上海的外国人应该通过某些有组织的手段，不仅来获悉那些新闻报刊所提供的最新发生的事件消息，而且也要了解中国知识阶层的喜好倾向以及观点。为此，那些有教养的中外人士，是否可以成立一个"观察委员会"，以便相互交换对于中国正在发生的重大事件的观点和看法呢？考虑到委员会所起的方方面面的作用，单是在消除那些毫无根据的有害谣言方面，委员会的存在就是极有价值的。但是，对于这样一个委员会的组成，在选择其成员的时候必须要慎之又慎。那些别有用心的外国知名人士，以及在上海的那些对中国真实情况了解程度还不及央行苦力的中国人，都应该被严格地排除在委员会之外。我说过，中国的官员腐败无能，为了进一步说明这一点，我在此可以指出，如果我们现在拥有一个真正称职而**能干**的上海道台，那么我的这个建议也就没有必要了。因为，这个称职的道台不仅会早已主动成立我所建议的这样一个委员会，而且还会成立另一个救济委员会来帮助那些来自长江各个口岸的贫苦可怜的难民们。

辜鸿铭

九

引发革命的文章[①]

1911年10月28日

致《字林西报》编辑函

先生：

请再次允许我借贵刊来提醒在上海的外国官方机构，这个模范的公共租界在法律意义上依旧是大清王朝的主权领土。上海的报社的那些误入歧途的中国疯子们通过在租借印制“排满”的文字和图片来进行反对满族的宣传，他们已经忘记或者是丢掉了对于皇帝应持有的“忠孝宗义”，因此，在公共租界允许这样的行为不仅是违反国际法准则的，而且是违反了一切公平原则的。我仍旧记得外国人对于排外的文章以及海报的态度是怎样的，因此我认为，外国官方机构对于反对满族人的宣传策略和文章的态度是荒谬的。

在我看来，在华的外国人对于条约神圣权利的重要性有误解，这使得他们现在不仅失去了体面正直，更丧失了理智。因此，我认为有

---

① “Revolutionary Literature”, *The North-China Herald and Supreme Court & Consular Gazette* (1870 - 1941), Oct. 28, 1911, 239 - 240. 辜鸿铭在寄给骆任廷的信函中也发现了此篇信函的剪报内容，在剪报上辜鸿铭手写有一行字：“一个男人，当被惹怒乃至失去理智的时候，动手打了一个女人，或许他是情有可原的。但是，如果他是一个仁义之人，他最终会感到后悔。”

必要在此向公众指出，即便是国际法的义务以及体面正直对于条约的神圣权利不构成约束力，具备普通理智的外国人士也应该考虑一下自己的切身利益，纵容这种驱逐满族人的文章肆意传播，教会每个中国人摒弃对于皇帝所应持有的"忠孝宗义"，以至于让长江流域和中国其他地方的饥民也都能接触到此类文章，那么外国人也应该思索一下其后果将如何。

人们普遍感到惊讶，而且也欣赏武昌造反的雅各宾派的正确态度。但是，我想要告诉外国友人们，在武昌的难民们，无论是中国人还是外国人，他们的生命和安全之所以都得以保障，并不是因为真正雅各宾主义毒牙的威力，虽然在文明掩盖下的雅各宾派已在屠杀满族人的过程中已经显示过其威力了。事实上，难民们的安全有赖于张之洞在中国的童子军中所实施的那种德国式的军事训练和遵守的那种纪律。目前，甚至是在上海，空气里弥漫着一种造反和革命的狂热，长江流域数以百万计的饥民并不会遵守那种武昌雅各宾派所遵守的军事纪律。但是他们饥肠辘辘，头脑中的画面净是那些被肆意屠杀的满族人。那么，让我们来思考一下，这些百万饥民如果丢掉他们的所谓民族性本能，抛弃了对忠诚的信仰和对权威的尊崇，转而开始信仰野心的信仰，那么后果将会是怎样的呢？我非常确信，其中一个后果将会是这样：这些百万饥民的每一个人都想要成为显贵人士，就像上海橡胶公司的经理一样，如果无法成行，就会产生喧嚣纠纷。

总而言之，我们可以认真地设想一下，如果是在印度哗变[①]期

① 印度民族起义(Indian Rebellion of Nationality, 1857)：亦称印度反英大起义，英国人则称为印军哗变(The Indian Mutiny)，亦称印度叛变、士兵叛变(Sepoy Mutiny)，而独立后的印度则称它为印度第一次独立战争。

间，比如是在葡萄牙建立的印度果阿[①]公共租界中，有人允许印度叛变者印制并传播反对印度本地族群的下流且低俗的文章，就如同从上海山东路[②]流传开的那些反满族的文章一样，那么一个英国人对此该作何感想呢？

我在上一通信函中引用了戈登将军的话来谈论信仰忠孝宗义的问题。下面我将引用另外一个曾经在华生活过的英国伟人的话来说说对于理智的信仰问题。已故的威妥玛[③]爵士曾说过："永久性伤害中国人的东西，最终也同样会伤害到外国人，即便是在中国也是如此。"

辜鸿铭

上海

1911年10月25日

按：在这通信函登出之后的第二天，《申报》上也刊载了中文版本的相关信息：

---

① 果阿：即Goa，是印度联邦共和国面积最小的一个邦，人口是印度人口第三少的邦，历史上果阿曾是葡萄牙殖民地。

② 山东路：《时报》(*Eastern Times*)馆旧址在上海市山东路，该报于1904年6月12日在上海创刊，是戊戌政变后保皇党在国内创办的第一份报纸，也是辛亥革命期间影响较大的一份刊物。《时报》馆是上海立宪派在武昌起义后，进行政事磋商的主要活动场所，时报馆楼上的"息楼"，是狄平子、赵凤昌、沈恩孚、李平书等在此进行政治活动的场所。

③ Thomas Francis Wade(1818—1895)：英国外交官、著名汉学家，曾在中国生活四十余年，因发明用罗马字母标注汉语发音系统"威妥玛注音"而著称。1883年退职回国，1888年任剑桥大学首任汉语教授，并将所藏汉文、满文图书赠予剑桥大学。

怪物辜鸿铭①

本埠徐家汇高等实业学堂②为邮传部所设，今因鄂省乱事部款不发经济困难，赖唐监督③勉力维持，仍如常上课，乃前日该堂教务长辜鸿铭忽投函《字林西报》，痛骂革军（原函附后），见者大愤，即有人投函该堂，谓如此一轮诚丧心病狂之谈，欲将该堂烧毁云云。该堂学生见之，立请辜莅堂诘问，辜含糊以对，学生大哗，遂将辜逐出并纷纷罢课。该堂几致解散。若辜者诚怪物矣。记者曰：学生将辜逐出诚是也，罢课不必也。为该堂学生计，当登报宣告不认辜为该堂教务长，一面照常上课慎勿因此而辍学也。

辜鸿铭致字林报馆函

今以鄙意重烦贵报登载，意在使外国官员得知，此可为模范之租借，论理犹属大清之世界，若肯从上海报馆中痴人妄说，刊刻排满图画文章，非独有违万国公例，抑岂事理之平？外人犹记得对于排外之文章情状何若耶？今独对于排满之文章若此无乃大谬乎？以余观之则外人非独不应如此抑且失其普通知识，余是以不能不为公众一告夫有背万国公例及为此不应为者且不具论奈何并此常识而无之。夫此等排满文章，意在鼓动长江及各埠数百万饥民，使其抛却服从皇帝之职，意使乘间起事耳，武昌革命之举人颇讶异，然我今告之外人革命军外表之文明，半由于曾练德国操，又为张之洞自创之军，现在风潮将传布上海及扬子江下游各地此数百万饥民向无训练如武昌之军

① 《申报》1911年10月29日，第二张第一版。

② 即上海交通大学前身。

③ 唐文治（1865—1954）：字颖侯，号蔚芝，晚号茹经。曾任“上海高等实业学堂”（上海交通大学前身）及“邮传部高等商船学堂”（上海海事大学前身）监督（校长）。

徒，欲借此以获一饱，其情状如去年之买橡皮股票者，然不得志哄然一闹而已，试又设譬喻之当印度变乱时，葡萄牙人设有租界在印度，使任令人刊刻排英文字，如今日望平街前所刊排满文章，英人岂能置之不言？我愈思英将戈登之诚实尽职矣，我愈思英国巨子华德之言矣。华德之言曰：凡有以伤华人之心者，终致有以伤外人之心在他处，然在华地亦莫不然也。

十

引发革命的文章[1]

1911 年 11 月 4 日

致《字林西报》编辑函

先生：

开篇我先想说，在这样的一个时局中，要保持一个人正常的理智是一件多么困难的事情。如果麦克尼尔[2]先生没有失去他正常理智的话，他何以将我那旨在警告外国人士的投书解读为一种教唆，说我要煽动那些长江流域的饥民们来围攻上海呢？我想在此提醒麦克尼尔先生，那些饥民们恐怕没有钱来订阅《字林西报》吧。

在当下这样的时局，一个人失去正常的理智是如此的简单。同样，我在此也承认，处在这样的一个时局，向公共媒介投书来讨论那样一个困难的问题，对我自己而言也恐怕是十分不明智的举动吧。因为在处理暴乱和群情激愤的问题上，矫枉过正是和袖手旁观一样

---

① "Revolutionary Literature", *The North-China Herald and Supreme Court & Consular Gazette* (1870－1941), Nov. 4, 1911, 301.

② Duncan McNeill(1960—1935)：苏格兰人，曾在香港糖厂工作过 23 年，香港知名人士。

有危险的。

我的确利用了公共媒介的力量来向外国人士发出警告，我的解释是，之所以这样做是因为我也确实没有其他的办法。我想要发出的警告信息是，上海的官方部分应该**采取措施**，以免使从山东路传播开的火种引燃长江流域的熊熊大火。那该采取怎样的措施呢？措施的度是大是小、如何衡量呢？这个问题我将交由上海的那些理智的外国人士来考虑。

您真诚的
辜鸿铭
上海
10月27日

十一

1920年4月10日

致《字林西报》编辑函[①]

先生：

近来恰巧身居上海，针对于此地目前的热门话题“华人代表”，一些中外友人请我谈一谈我自己的看法。

在仔细思考之后，我想，外国人常常听到那些“新中国”代表们的意见，而我自认为是“旧中国”的代表，因此他们或许也愿意听一听我

① *The North-China Herald and Supreme Court & Consular Gazette* (1870 - 1941), April 10, 1920, 85.

的看法。大约在十五年前,上海在经历了“公堂风潮”案[①]后,当时有呼声要在公共租界的工部局中提建立一个华人顾问委员会。我随即马上草就了一通信函投至贵刊。我当时的意见是这样的,该想法在理论上是好的,但是若执行下去是弊大于利的结果,那它就是不切实际的想法。

针对这一问题,我的看法一直也没有发生过改变。我反对工部局中设置华人代表的理由甚至变得更为强硬起来。在“旧”中国,好人都不愿意出头,除非硬是被人拽出来坐在工部局之中,也就仅仅充当一种傀儡而已。但是如今在“新”中国,真正的好人仍旧不愿意出头,而且谁也无法强迫他们站出来,因此,只有坏人或者是那些彻底无用之人才愿意出头。

贵报的一位通信员曾谈论过作弊的危险。我想让外国人士注意到更大的一个危险——**阴谋**和**狂热**。简而言之,如果在工部局设置华人代表的提议通过了,那么诸位看到的代表将不是坏人就是彻底无用的傀儡。于是,那些想要通过取媚华人以谋求一己私利的外国人,以及那些愚蠢、狂热、雅各宾式的新中国人,将会利用这些无用的傀儡来制造阴谋。而且更糟糕的是,这将会刺激那些狂热的雅各宾式的新中国人来提出极为鲁莽的要求,使得外国人士大为头疼,以至于最终对中国人真正需要的正当供求的要求不闻不问。

最后,我要对上海的外国人士说:“工部局必须要将上海视为一种公共委托机关,以便来促进中国人和外国人都能保持更好的生活质量和更高的生活水平。**而且不要取媚于中国人**。”

---

① 1905 年 12 月,上海公共租界会审黎王氏案件过程中,中方官员与西方陪审官发生冲突,酿成轰动一时的“哄闹公堂”案。之后,上海社会各阶层集会抗议,形成了大规模的抗议风潮,其背后实隐含着中外双方对于租界内警政和司法权力的争夺。详见方平《权势争夺与“文明排外”——1905 年哄闹公堂案论析》,载《华东师范大学学报》,2005 年第 9 期,第 29—35 页。

儒家经典《尚书》中有这样一句话:**“罔违道以干百姓之誉,罔拂百姓以从己之欲。”**[1]独裁专制的危险在于,国王或者皇帝可以践踏人民的意志,但是民主制度的危险在于,共和国的总统或者是一市厅的董事会主席会受到诱惑,从而去做出不义之事来获得人民的掌声,换句话说,就是来**取媚于公众**。

您的真诚的
辜鸿铭
上海,4月6日

按:此通信函登载两天后,《民国日报》也刊登了信函的中文译文:

荒谬绝伦之辜鸿铭[2]

▲公然反对华董问题……恶根性较曹陆章尤烈……攻击新中国之劣手段。

《字林报》昨载辜鸿铭(汤生)一函。反对工部局增加华董。并痛诋中国人。顽固媚外,极于达点,特照译如下,愿与国人共讨之。

日来余适来沪,中西友人询余对于工部局华董问题之意见,余思外人既已闻“新中国”之意见,或亦乐闻“旧中国”之意见,余自视乃“旧中国”之一代表也。约十五年前“公堂风潮”案起后,友人提议设一华人顾问会,余当时致书字林报,谓此议在理论上自佳,但不能实行,若强行之,必有害而无益,余此项意见,至今未变,至于华董问题

---

① 辜鸿铭曾在其《中国人的精神》一书中引用过这句话。详见 *The Spirit of Chinese People*, 1915, 166。

② 《民国日报》,1920年4月8日,第10版。

之反对理由，更为强固，在旧中国中，良好之人往往不肯出头，欲其为工部局董事，须强迫之，而为董事之后，亦不过为一种傀儡，而在目下新中国，真正良好之人，更不愿出头，或且非强迫所能为力，其愿出头者，不过坏恶或毫无价值之人而已。

贵报通信员某君曾言作弊之危险，余谓外人当知尚有更大之危险，即阴谋与发狂是也，简言之，如华人加入工部局议董案一经通过，则所有华人董事，非恶坏即极无价值之傀儡，于是凡欲媚华人以图私利之外人，及愚蠢发狂之激烈新中国人，将利用此等傀儡，以造成阴谋，其更恶之结果，则使此种新中国人获得奖励，而提出极鲁莽灭裂之要求，使外人大为头疼，终至对于中国真正正当之要求，亦拒而不听矣。

余尚有最后一语告上海外人曰，工部局须视上海为一种公共委托之机关，委托其保存中国人及外国人之良好生活并使之进步者，故不可取媚于华人。

孔子有言曰：勿为不义之事以博人民之赞美，勿压抑人民之意愿，以行汝自己之意志。专制之危险，在皇帝易压抑民意，而民治主义之危险，则在一国之总统或一市厅之总董，被诱而为不义之事，以博人民之赞美或取媚公众也。

致《伦敦与中国电讯报》编辑函[1]

《伦敦与中国电讯报》(*The London and China Telegraph*, 1858.11.30—1921.12.24)是一份创刊于伦敦的周报,定期登载太平洋及远东地区的消息,另外也包括来自中国、日本以及英属海峡殖民地地区的信函内容。

一个中国人的“厘金”观

1902 年 12 月 29 日

武昌总督署中那位极为博学多才的辜鸿铭先生又写了一通很独特的信函。这一次讨论的内容涉及“厘金”。他的观点颇有些似是而非的论调,但我们的读者可能也想去了解中国人是怎样看待这一事物的。在这封长信中,他写道:

在华的英国人认为,“厘金”损害了英国在华的贸易,因为它欺骗性地对在华的英国商品征收赋税,而这也是违背条约精神的,甚至是阻碍了在华英国商品的自由流通。但事实根本不是他们想象的那样。那么“厘金”究竟以何种方式损害了英国在华的贸易呢?我认为是以下面的方式进行的。“厘金”使得中国人民变得贫困不堪,因此极大地削弱了中国人的购买力。“厘金”扼杀了所有中国本土企业的

① “A Chinese View of ‘Lekin’”, *London and China Telegraph*, Dec. 29, 1902, 1097 - 1098.“Lekin, Li-Kin”是广东话“厘金”的音译,又称“厘捐”,是旧时中国的一种商业税。

发展，若不是它，中国人本来可以购买更多的外国商品。这才是“厘金”在真正而严肃意义上对贸易所带来的损害。

外国人总在讨论对于“厘金”的滥用和压榨问题。他们认为，如果能使海关总税务司赫德爵士来掌控“厘金”，那么它就不会如此的邪恶不堪。虽然我对于赫德爵士尊敬有加，但我还要在此指出，他那种严格的高薪体制旨在将那些为他服务的人打造成一种完美无瑕但是反应机械的工具。这样的机制虽然令人渴羡，但它也没有美好到如果中国不加以采用就会亡国灭种的地步，这和很多外国人的想象是不同的。赫德爵士的体制倾向于将为其服务的人作为工具来使用，这种倾向会使得那些具有才干的人丧失自己的能力。很多外国人不得不通过非正常的渠道来和中国的海关专员打交道。对于我上述的说法，这些外国人可以证实我判断的正确性。外国人之所以认为“厘金”的压榨作用太大了是因为没有一个外国人了解中国财政体系的真正情况。中国财政的弊端或者说不方便之处在于缺乏一种精确且灵活的年度财政预算制度。中国各个省份的预算就好似是一本印制好的书籍一样，由各省编造（真的是编造）出来后送至京城。当预算呈递上去后，保管各省预算的国家财政部门就不再可能对其进行修改了，除非得到皇帝的许可。对于需要额外支出的大宗项目，总督和省长会通过不断地向皇帝请愿的方式来使国家相关部门得以修改预算。但是对于数目不大的额外支出、赤字、亏空、款项挪用等，各省却没有权利来修改预算。那么省级的财政部门在应对赤字方面的损失时，有什么举措呢？简单说，省级的财政部门只有压榨这一种手段。现在外国人将他们计算出的北京的官方收入称之为满清官吏的巨大压榨款，但是这些并不真正是满清官吏个人的压榨款，而是省级财政部门的压榨款，为的是和北京的国家财政机构所记录的省级资产和债务方面的数据保持一致。在中国，税收是具有弹性特点的，并且也没有办法发行公债。

目前，制定出清晰且精确的收支平衡表是困难的，因为所有的省级财政部门都已经破产且负债累累。但或许外国人会说,为什么不派遣一些高级的全权特使去各个省份做调研,然后再向国家呈递一份确切的数据报告呢?然而,几年前,慈禧太后曾派遣过已故的刚毅①去江苏和广东来做这样的调研和报告,可所有的外国人都称他为"勒索大人",所以他现在已经臭名昭著。

让我们重新回到有关"厘金"的话题上来吧。作为一种赋税,"厘金"的邪恶之处在于,中国人民支付了"厘金","厘金"给政府带来了财政收入,但是人民却丝毫无法从中获得收益。换句话来讲,"厘金"这种赋税是不具备生产性的。但是谁会从"厘金"中获益呢?要回答这个问题,我们有必要先提另一个问题:谁应该对"厘金"来负责呢?我可以毫不犹豫地告诉你——外国人。请听我来解释。最初,英国要求中国加入到对外贸易这场游戏中来的时候,中国是拒绝的。因为中国担心对外贸易会使得中国人的道德水准下降。但是英国方面仍然坚持,由于贫弱的原因,中国因此不得不就范。可当开始参与对外贸易这种游戏的时候,中国是完全无视游戏规则的。然后英国就以中国不遵守游戏规则为由,迫使中国放弃手中的游戏王牌,而这张王牌就是关税自主权。既然王牌已经没有了,中国在这场对外贸易的游戏中也就一直扮演着失败者的角色,这是不言而喻的。所以没过多久,中国在一开始就担心的事,即人民道德水准的下降,就成为了现实,而其结果就是太平天国的叛乱。为了获得资金援助来平息叛乱,"厘金"被发明了出来。这就是"厘金"诞生于世的前后经过。

太平天国叛乱被平息以后,"厘金"本可以逐渐地被废除掉。但

---

① 刚毅(1837—1900):他塔拉氏,字子良,满族镶黄旗人,世居札库木。笔帖式出身,累升至刑部郎中。1877年,平反"杨乃武和小白菜案"受奖励,升江西按察使,后为广东、云南布政使,擢山西巡抚。中日"甲午战争"爆发后,刚毅主战,任军机大臣兼礼部侍郎。反对"戊戌变法",升任兵部尚书、协办大学士率领义和团同"八国联军"开战,死于山西侯马镇。

是已故李鸿章的外国朋友们决定要将这位老先生变成中国的俾斯麦。因此，这原本可以被废除掉的“厘金”被保留了下来，为的就是来取悦已故李鸿章的那些外国朋友们，因为他们希图将李鸿章变成中国的俾斯麦。而在当时，外国传教士也开始活跃起来，不断地搬弄是非、挑拨离间。而这也增加了废除“厘金”的难度。这就是为什么“厘金”至今仍旧存在的原因。现在，对于李鸿章的外国朋友力图将他变成中国的俾斯麦的努力而言，其最坏的影响不仅仅在于中国人民不得不继续支付“厘金”来取悦李鸿章的那些外国朋友们，还在于“厘金”使得李鸿章异常地“狂妄傲慢”且“厚颜无耻”，对于日本而言，他尤为如此。简言之，李鸿章的外国友人要将他变成中国的俾斯麦，而这种努力的最终结果就是导致中日战争的爆发。而战争带来了赔款，要支付赔款，“厘金”必然要增加。这就是为什么“厘金”发展至此的原因。

中日战争之后，中国国内自然到处充斥着种种不满的情绪。康有为先生就利用了这种国内的不满情绪，变本加厉地要超过李鸿章，成为中国更伟大的俾斯麦。事实上，康有为是要试图对中国和慈禧太后进行改造。对于自己不理解并且也无权干涉的事务，有些搬弄是非的外国人并没有袖手旁观，而是相反地去支持康有为及其追随者们。当然，这的确令人兴奋，但是这种兴奋的结局就是北京在1900年所经历的大灾难，中国这个古老的瓷器店被捣得天翻地覆、狼藉一片。而现在，中国人不得不为这碎瓷烂陶满地的局面来买单，但是那些搬弄是非的外国人却未得到丝毫惩罚，反而获得补偿，他们其中的有些人还可以坐着西伯利亚的火车去欧洲度假。因此，这就是为什么“厘金”可以发展到如此畸形状态的原因。留给中国的还有另外一条出路，那就是不断地增加赋税，比如“厘金”或者消费税，而不去顾及人民的疾苦。除非中国宣布自己破产并无法正常运转，否则这也或许是惟一的出路。毋庸置疑，是要增加还是要削减由“厘金”所带来的负担，决定权将在外国人的手中，这当然也会间接地影响到对外贸易的发展。

任何一个外国商人，只要是他以自己的名义来掠夺中国资产收入的，或者是其行为对中国政府带来麻烦以及额外支出的，都要为“厘金”来负责，为中国人民的购买力所受到的影响来负责，也因此要为对外贸易所遭受的损害来负责。任何一个独自去河南并遭受杀害的外国传教士，都会给中国政府造成额外的支出，因此要为“厘金”以及对外贸易所遭受的损害来负责。最后，任何一个傲慢的江湖骗子，只要他现在是在说服那些“爱国”的中国总督们来建造毫无用处且造价昂贵的学校以及大学的，也都要为“厘金”以及对外贸易所遭受的损害来负责。

总而言之，我认为，“厘金”是对外贸易之中的核心问题。“厘金”是一种恶性的赋税，并且不具备生产性质，它就像是一个巨大的肿瘤一样在吞噬着中国人民的经济生活，它以这种方式损害了中国人民的购买力，使得对外贸易在中国无法进一步发展和繁荣。一句话，考虑到中国人民的福利和对外贸易的利益，“厘金”应该被废除掉。然而，“厘金”又无法被废除掉，因为它是在华外国人存在和行为的产物。若一定要废除“厘金”的话，只有两种真正可行的方法：第一，在华外国人的行为必须谨慎，要尽最大可能减少给中国政府带来额外支出，只有这样，中国在对外贸易上所征收的税款才足够能来支付有关外国人事务所产生的支出；或者还有第二种方法，也就是说关税自主权必须归还给中国，这样中国才可以对对外贸易征税，获取财政收入来支付因在华外国人的存在和行为而附带产生的额外费用。总之，中国问题的核心所在有两点：治外法权和关税自主权。

依据现有的条约，英国政府正在向中国提供一些救济。但可惜的是，英国政府在提供给中国救济的时候本应该迫使英国商人做出一些让步，从而来降低这些救济的价值。这些让步虽然对于英国商人而言毫无用处，但是对于中国政府来说却意味着可以免去太多的殚精竭虑和巨大的额外开支。最后，我想说，有一个问题是不能回避的，这个问题就是，英国是否将会以公平且公正的标准来对待中国。在英格兰的公立学校中，一个普遍的现象就是，那些成为学生领袖的男生，无一不是以最公平公正和友好的态度来无差别地对待比他弱小的其他男生的。学校当中的无赖男生和一些无赖国家其实在性质上也无甚区别。以公平且公正的标准来对待中国的国家也将会成为远东国家的领袖。

致《捷报》编辑函[①]

《捷报》(*The China Gazette*,1894—1912)是在1894年7月2日创办的英文晚刊,创办者亨利·欧希英(Henry David O'Shea)原是印刷厂主,创办该报本为扩大经营业务,刊登的新闻报道也是为了招揽广告业务。因此经常有登载其他报刊不愿刊载的批评英领事馆或租界当局的稿件,吸引读者。该报在民国元年(1912)停刊,具体原因和时间不详。

《浚浦工程作弊始末记》——译辜鸿铭部郎致《捷报》函

《捷报》主笔先生阁下:

敬启者:

兹有《浚浦工程作弊始末缘由》一书。敢乞登入贵报来函□□□□□□送登《字林西报》,因该报主笔,倍尔先生恐干英国诽谤条件。故随与弟表同情,未敢登录□□□预谢。即请撰安。

弟辜鸿铭顿首西十二月十号[②]

以下述浚浦工程弊端缘由。

---

① 国家清史编纂委员会编《近代史所藏清代名人稿本抄本》第一辑,郑州:大象出版社,2011—2012年,第135卷,《梁敦彦档五》,第452—456页。

② 具体日期应当为1908年12月10日。

黄埔工程舞弊一事，现已达最切要之一阶级。至前途结果之若何，全恃乎此时之关键。故鄙意□不得不将内容情节，特为布告与大众。

距今约二月以前，本埠《字林西报》，曾论利济挖泥公司。既已承认弊情，则该局工程师自行查问。断不能满上海全社会之望。乃至今迁延四月之久。该公司不独承认前次弊端。并已自行道歉。愿遵工程师调停办法。罚银十五万两。借此了结。此种办法，既不合例，且为该局工程师自行处断。其不能满社会之望。不言可知。乃税司好博逊君，急欲平静此事，得以避自己办理不善之过。力劝江督允许了结。□谓上海社会。对于此事，可谓忍耐之至。听好税司处置调理。并不责以对于中政府。及上海全社会。负有应尽之义务。故鄙人再四踌躇，决意将此事关于前途之重要，一一宣告大众。

当此事之始，请述工程合同之如何订定。去年浚浦局招人投标，系为开挖河泥，并在吴淞口外建筑码头两项工程，计承办此两项工程者，原有四家。一为日本大仓洋行，所开建筑码头工价最廉。因格式不符，未将各项工价，逐一指明。致遭拒绝。其次为德国维林(译音)洋行，所开挖泥工价，较之现在所订者，约贱一半，据工程师之意，价目过廉，恐遭损失，则将来德人必生纠葛。致反吃亏，故承办此项工程之标。卒为利济公司所得。而开办两项工程价目，亦为最高，浚浦局与订之合同条款，全听总工程师一人独签。计两项工程价目，每项计二百万两之多。

去年西历十月开工之际，鄙人因事赴京，回忆德国维林洋行(译音)，所以不能承办之故。因不能按期开工，而不料承办之荷兰公司(即利济公司)不独照合同原定日期过后开办，且所需开挖机器二具。照合同订办日期逾半年后始得到沪。不闻有人责问此事。及鄙人返沪询问，始得总工程师立极克君，答称曾因此事起与公司口舌。且以说谎之语，责彼承办之公司，而所谓浚浦工程局督办者，竟置此事于不顾。(未完)

续译辜鸿铭部郎致捷报函。

鄙人自京返沪后，第一事即问立极克君曰：曾否将挖泥机器平均能力及他管理，核算开挖泥沙之办法。有所预备乎，立极克君答余第一问曰：挖泥机器之能力，实难测断，全恃乎工作情形之顺逆而定。至管理，立君答余深信其属下诸员，尤盛称斯脱来登君之诚实可靠，而授以特职者也。

今年正初，鄙人稍闻有弊端之事呈现。西历二月一号，有裕泰马房书记员特来克福君来访，乞教于鄙人，并述其弟供职于挖泥公司，因该公司有纳贿其弟之事，故特来访问意见。余因此事关系甚重，即答以现在非谈论之时，余当往见督办，以后方敢有所陈说，因将此事面请税司好博逊君，及前上海道梁孟亭观察核办。好税司当即嘱余。须由特来克福君处得一缮就之报告。余随即尊行，督办阅过此报告后，当时亦无能为力。仅嘱特来克福君加意防范并嘱令探访确实证据而已。余此刻所得能使督办与鄙意表同情之一事。不过饬令工程处，将每星期开挖之详细报告呈送一份，先是工程处，每礼拜仅将总数报告并不将细情指明，以二百万两之工程，即此草率了事。而欲见信于人，难矣。余既屡次要求，办到此事。工程处不得已，将报告送来。较前似略详矣。然不过报告每日之总数而已，余得此乏味之数目，辄加验究。终不得要领。因再请特来克福君将开挖机器所载之实在数目抄送一份。余既得此，详加剖察，内中奇异之点，特然呈露余之目前。以两星期连日开挖之数比较，平均每日计算，凡特君轮派监工之日，其数目必较他监工者少三分之一，故余想挖泥机器凡特君监工之日，非被恶鬼魔力所胜，则别有他情。可无疑义。余因将此事至于税司案前察夺办理，好君问余所呈数目，是否真确。余答以可命，工程处将同时之报告另抄一份，以便核对，因即另抄一份，所得数目与余全然相同。

阅二日后，利济公司总理之侄，阿尔铁斯君忽于西历七月十七号起意谋害，乃于深夜用死力将特君掷之浦中。幸当时有挖泥工头第熊君见之，立往捞救，得以出难。第熊君既获救此不幸之人，忿不能平，乃以船篙击之，而破此蓄意谋害凶手之头。（未完）

续译辜鸿铭部郎致捷报函。

余既笔述上文后（即本报译述之文，参见前昨二日西报译要栏内），乃蒙比国总领事薛福德君光降谈晤，先是三日前，有为余孽助顾问之工程师何尔脱君，往访薛福德君，除将挖泥公司种种弊端陈说外，并以乘间取便之处，如该核算水三分之二，泥三分之一，同在开挖泥滓取□之中，此种弊端，明为浚浦局所默知，而不阻止者，薛君本系工程师出身，故此中情节，知之甚详，因向何尔脱君云，如能使余之信停止刊登，则彼必当利用权力，使挖泥公司定适当之办法，余因告何君转达曰，苟挖泥公司能出信一封交余，愿照君所定之办法议结，则余即停止刊载，今晨（十八日）何君复来，问余最后之决议，以便转致比总领事，余即要求下式之信则余当停止刊布焉。

启者近悉，贵部郎奉两江督宪之命，查办浚浦工程一案，敝公司现愿与贵部郎当面商议，务使此案满意了结，并愿遵何尔脱君提议之办法定断，专此顺颂日祉。上式之信，如能限十二点钟前交到，余当请捷报停止刊载，何君既去，与比总领事会晤后，来复余曰，薛君定一点三十分来访面谈，届时果来。然薛君未将余要求之函带来，故余敬告薛君曰：此事毋庸议矣。薛君曰：挖泥公司固极愿商议此事。鄙人亦为工程师，该公司虽欲出信，而不知有其难处在焉。余答曰：难处吾固早知之矣。苟事不成，非从此余得有借口之利益乎？此本为暂时息争之计，既欲余停止刊登，则我必须稍有补偿之物。薛君见余意决，欲以刊登报纸，无益之语折服余之意见。余答以敬谢教言，余仍当行吾之事，而接续登录吾之函件也。

致《文汇报》编辑函

《文汇西报》(*The Shanghai Mercury*, 1879—1930)于1879年4月17日由开乐凯(J. D. Clark)和布纳凯·李围登(C. Rivington)创刊。该报是中国最先使用煤气引擎轮转机印刷报纸的报馆。该报刊登新闻不求周全完备,而讲究轰动效应。1885年还一度出版发行英文《文汇早报》。1899年该报兼并了另一家英文《晋源西报》,把原在《晋源西报》附出的英文周刊《华洋通闻》也并入《文汇西报》,继续出版至1930年。1900年"《文汇西报》馆"改组为"《文汇西报》有限公司",在香港注册,开乐凯任公司董事长兼报纸总主笔,曾赴英国路透总社抗议路透社新闻稿被《字林西报》垄断一事,交涉获得成功,从而丰富了该报的报道内容。日俄战争时期,该报接受日本佐原笃介以个人名义投资入股,从而使日本资本在该公司逐渐扩大。1917年时日资占全部股份的半数,美国资金占三成多,英资股份却已不足二成,使得该报沦为替日本利益做宣传的舆论工具。由于该报在报道中一味偏袒日方,为广大读者不满,声望日益下降,虽多方努力并频频改组董事会也无济于事。1930年6月11日,公司董事会决定停办该报,8月被美商《大美晚报》收购。

雅俗辨[1]

译辜鸿铭博士二十五日致《文汇报》主笔书：

昨贵报刊论说一篇，题曰《中国人与外国人》，内有“外国人以其所学所行，振拔中国人成一种族，过于中国数千年圣贤”一语。余愿凡读《文汇报》，而曾读余近著之《中国欧斯福大学一事》[2]之绪论者，咸留意于斯言。因忆艾诺尔德文集内某篇，曾引用马凯雷之言，其语意语气，与昨贵报论说之词名相似。马凯雷之言曰：“今日通行英国之文学，较之三百年前世界之文学，殆远过之。”艾诺尔德从而议之曰：“斯言诚然。独不思斯宾诺塞[3]之名言乎：‘自夸乃身心之害之一端也。’”艾诺尔德复谓，我曹若是之自夸，我曹之文学，出以马凯雷矫健之文笔，既入粗俗而又自画矣。外国友人之曾读余所撰《中国欧斯福大学一事》之短篇绪论者曾询余所谓今日输入中国之欧洲文化之粗俗，应作何解？余思余所指之粗俗，余所谓可骇之粗俗，就余所引昨晚《文汇报》之词句证之，蔑以加于此矣。余更欲一言以申明之。夫往日中国圣贤之所以未能振拔华人者，或圣贤误教华人以自夸自骄为非德行，亦如斯宾诺塞所言谓为身心之害者。然今日华人，如效

---

① “晨杂录”之“译辑门”，《尚贤堂晨鸡录》，1910 年，第 4 期，第 15 页。“尚贤堂”是美国传教士李佳白在华创办和经营的书报出版机构，1897 年在北京成立，1900 年迁往上海，1921 年在北京重开设，1926 年再迁上海，1927 年停止活动。该机构以“联络中外、调和各教”为宗旨，其会员来自政、商、学各界，遍及中、美、英、日、德各国，成为近代中国社会敦睦华洋关系、调解文化冲突、开展中西文明对话的重要场所。该刊原名《尚贤堂晨鸡录》，1910 年 2 月创刊，1911 年改为本名《尚贤堂纪事》。

② 即《中国的牛津运动故事》一书。

③ 巴鲁赫·德·斯宾诺莎(Baruch de Spinoza，1632—1677)：犹太裔荷兰籍哲学家。近代西方哲学公认的三大理性主义者之一，与笛卡尔和莱布尼茨齐名。主要著作有《笛卡尔哲学原理》《神学政治论》《伦理学》和《知性改进论》等。

法外人，而争自夸傲，则华人将一振而至于前数千百年来未至之地位。窃谓如昨晚贵报所刊之论说，极有关系，比之《字林西报》所载运动聚会之纪事，固较有关系，而于有思想之人，亦大有裨益也。有思想之人，读余所援引之词句，必引法国之成语曰："余虽枨触于怀，而于余心滋有得也。"

致《英文北京日报》编辑函[①]

《英文北京日报》(*Peking Daily News*)由北洋外交的领军人物颜惠庆(1877—1950)协办并担任主编,1909 年 11 月,颜惠庆受清廷外务部征召回国任主事,进新闻处,主编英文版《北京日报》,又称《英文北京日报》,该报纸是研究辛亥革命的重要历史文献。1921 年朱淇购得由颜惠庆创办《北京日报》(一说 1909 年由朱淇创办),任社长。

北京

1914 年 12 月 10 日

此栏目中所登载的内容只反映作者个人的观点,编辑概不负责。

先生:

我请求贵报登载我在《京报》上曾发表过的一封信函,同时我也要告诉广大的读者们,我已经和《京报》终止了合作关系,因为在我看来,该报的主编在办报方面所奉行的方针丧失了道德标准,趋炎附势、阿谀奉承、注重营利,简直到了无以加复的程度,这对所有的公众利益是极为不利的。我这样做也是不得已而为之,因为我有理由相信,我的署名以及和该报的关系曾为该报赢得了一定程度上的声誉。在那封信函中,我的确指摘了《京报》的办报方针,但是没有对陈友仁

---

① "To the Editor of The '*Peking Daily News*'," *Peking Daily News*, December 10, 1914, 5-6. 这通信函主要涉及辜鸿铭和陈友仁之间的恩怨,由同时期辜鸿铭致骆任廷的信函来看,二人之间的矛盾在当时闹得沸沸扬扬。

先生进行人格或者道德方面的攻击。可是现在看来，陈友仁先生非但没有为受到指摘的办报方针做出合理解释，反而对我进行大量的人身攻击，在人格和道德方面恶意攻讦。我从未试图以这种方式来攻击他，也从不希望或者倾向于那样做。他这样做也是对自己的一种评判，让大众看到，在思想和道德方面他自己究竟是怎样的一种人。至于我的人格和道德水准，在目前的情况下，绝不是像陈友仁先生这种人有资格可以评判或者指摘的。只有在我离世之后，或许世界，尤其是我自己国家的同胞们，才将能够进行评判，辜鸿铭先生终其一生为自己的国家和东方文明奋斗的事业到底是一种成功还是失败？同样，辜鸿铭先生是否达到了他自己所宣扬的那种道德标准？

因此，我将忽略陈友仁先生对我所做的人身攻击。但是，有两点，抑或说是两个事实，我必须予以关注。首先，陈友仁先生说，我的一篇文章**在支付稿酬之后**经由《京报》全文刊登。这种说法是**不正确的**。和《京报》合作，通过贡献文章，我每月将获得的报酬是二百美元。这一合约是从十一月一日开始的。整个月我总共贡献了六篇文章。在十二月一日，我收到了工资支票，而且我相信就在同一天，或者是后一天，我将有关"中国女性"的一篇文章的前半部分交给了陈友仁先生，之后他把稿件扔在桌子上放了三天，当我再次致电询问的时候，他告诉我要删去我反对中国新式女性的一段内容。这才是令人伤心落泪的事实(Hinc illae lacrimae[①])!

其次，陈友仁先生还告诉广大读者一个有趣的事实："辜鸿铭先

---

① 来自于古罗马戏剧作家泰伦提乌斯(Terence Publius Terentius Afer, 195/185 - 159 BC)的著作《安德罗斯女子》第一百二十六行。该作品是泰伦提乌斯创作的五幕喜剧，反映了古罗马重血缘亲情的社会现实。泰伦提乌斯共写有6部剧本，全部保存下来：《安德罗斯女子》(*Andria*)、《自责者》(*Heauton Timorumenos*)、《阉奴》(*Eunuchus*)、《福尔弥昂》(*Phormio*)、《两兄弟》(*Adelphoe*)、《婆母》(*Hecyra*)。

生在过去的日子里，一直是靠外国朋友的接济来过活的，‘揩外国朋友的油’的说法也许更为恰当。”然而这同样是**不正确的**。我认为，我的所有外国和中国的朋友都知道，在目前的动荡年代，我的经济状况是不容乐观的。我的外国朋友虽然为数不多，但他们或许想知道我负债情况到底是怎样的，目前我在北京的负债总额是二百五十美元。这笔钱是我从一位外国朋友那里借来的，我认为自己提供了非常充足的抵押品，而他也接受了抵押品。

在一篇有关于“现代报纸和战争”的文章中，我曾提到过威胁文明的一种新祸害：现代中国人。而陈友仁先生的所作所为迫使我不得不说，他自己就是这样一种典型的现代中国人。我不知道是否许多外国朋友们也同意我的这种看法。但是有一个更大的问题，我们看到，现代中国人从革命动荡期伊始发展到现在的如日中天，他们是威胁文明的祸害。无论外国读者朋友们是否同意我的这一论断，我都将严肃而认真地请所有具备思考能力的外国友人来扪心自问，自己的行事是否符合正确的道义？在陈友仁先生暴露各种本质后，尤其是他用上述两则不符合事实的事例来对我进行人身攻击后，依旧鼓励并资助陈友仁先生及其《京报》的行为是否符合高尚的道德标准呢？这些责问意义十分重大，因为不说别的，作为表达公众意见的机构，《京报》对于这个国家中接受过西方教育的年轻人有着极大的影响力。这一问题我将交由一些人通过他们的良知来进行判断，这些人就是所有在北京和中国的真正有思考力并且严肃认真的外国人士，尤其是那些与中国和中国人友善的外国人士。

最后，我还想对接受过西方教育的中国人说几句话，这些年轻人是我的同胞，他们也是《京报》的读者，并且与之有着各种关联。虽然我并不期待他们当中的大多数人会听进去我说的话。最近，我送给我在上海的一个学生一本书，扉页题上了这样一句话：

年轻人，要学习如何能成功，你只能找别人，因为从我这里，你只能学习到何为高贵的灵魂，何为真正的努力。（Disce, puer, virtutem ex me verumque laborem, fortuam ex aliis.）

年轻的朋友们，你们知道，而且我自己也知道，我并不是世俗意义上那种成功人士，因此我将要对你们所说的话是非常伤感的。但是我希望你们可以仔细看一看下面的话，当我离开这个世界的时候，你们这些年轻人届时也将都会变成长者，因此你们很有可能那时有机会来阅读并且研究我的一生，之后你们或许就会懂得，正像陈友仁先生说的那样，在“高贵的灵魂”这方面我是无法率身垂范的，但是你们将会理解，“真正的努力”究竟意味着什么，你们也将会理解，我到底付出了怎样的“真正的努力”，因此克服了各种困难、抵制了各种诱惑、历经了各种危险和敌对，也忍受着各种贫困，那种在生存边缘上挣扎的贫困，那种依靠外国朋友的施舍来过活的贫困，按照陈友仁先生的说法就是“靠揩外国朋友的油”来过活，我再次强调的是，迄今为止，我从未揩过外国朋友的任何油。这种“真正的努力”就是首先要全面地进行自我教育，在获得良好的修为之后，再来捍卫自己国家的利益和文明。当你们已经理解了“真正努力”的含义的时候，你们就将能够在我离世之后继续肩负起这种使命，虽然恐怕你们现在还没有真正理解这种使命是什么，至少在我们所有接受过西方教育的同胞当中，只有我在独自地履行着这种弘扬真正文明的使命，一种从我们的祖先代代传到我们肩头的使命。最后，如果你们真正想要理解高贵灵魂和真正努力的含义，我想说的是，这些东西当然无法指引你们取得世俗层面的成功，即陈友仁先生所尊崇的那种成功，但是会带给你更深层意义上的成功。因此，你们要统统远离陈友仁先生以及像他这种类型的人，远离他们所写的或者所做的一切。对于陈友仁先生这种类型的人物，我想要告诉你们，他们接受的是浅尝辄止、一知半解的教育，他们阅读的是现代欧洲无政府主义的文学作品，从而形成了扭曲的道德观，他们的思想智识低俗不堪。更为糟糕的是，他们狡黠而圆滑，言辞华而不实、卑鄙可耻，因此他们不仅仅对你们以及中国文明是真正的威胁，对整个世界文明也是真正的威胁。

此信稍有冗长，特此致歉。

辜鸿铭

12月9日

1914年

附录一：

美国海军少将 R.D.埃文斯致辜鸿铭函[①]

罗布里·邓格利森·埃文斯（Robley Dunglison Evans，1846—1912），生于美国弗吉尼亚，美国海军服役，后升至少将军衔。1902 年任美国亚细亚舰队总司令，曾率领“肯塔基”舰至日本海附近。1907 年奉美国总统罗斯福之命，率领美国海军舰队访问全球。德国海因里希亲王在 1902 年 2 月率船队访问美国期间，埃文斯奉总统命宴请招待海因里希亲王一行。海因里希亲王曾多次访问中国，与辜鸿铭交好并保持着长期的联系[②]，故推断辜鸿铭与埃文斯的通信应该与他们共同的朋友海因里希亲王有关系。

1902 年 7 月 27 日

写于中国烟台，发自美国“肯塔基”舰

辜鸿铭先生

我亲爱的先生：

承蒙您厚爱，赠送此书与我，请允许我向您致以谢意。我怀着浓厚的兴趣读完了您所写的每一个字，我相信我受益良多。最后，我在

---

① 此通信函录自 1923 年《北华正报》报社重新刊印的英文《尊王篇》一书，在正文前的“出版说明”的末尾，辜鸿铭附上了该信函的内容。

② 详见辜鸿铭致卫礼贤的第十六和二十一通信函。

许多很感兴趣的问题上站到了中国人一边。

您的极其真诚的
再次感谢您的厚谊
我乞望保持
(签名)R.D.埃文斯

附录二：

列夫·托尔斯泰致辜鸿铭函

列夫·托尔斯泰（ЛевНиколаевич Толстой，1828.9.9—1910.11.20)，全名列夫·尼古拉耶维奇·托尔斯泰，19世纪末20世纪初俄国最伟大的文学家，也是世界文学史上最杰出的作家之一，他的文学作品在世界文学中占有重要的地位。代表作有长篇小说《战争与和平》《安娜·卡列尼娜》《复活》以及自传体小说三部曲《童年》《少年》《青年》。

致一位中国绅士的信函

1906年9月13日

亲爱的先生：

一

我收到了您寄来的书，并且饶有兴趣地拜读完毕，尤其是《尊王篇》一书。

我向来对于中国人民的生活极为感兴趣，也曾尽己所能去了解中国人的生活，尤其是去了解中国人的智慧——孔子、孟子、老子的著作及其注疏。我也阅读过中国的佛经和欧洲人撰写的关于中国的书。近来，欧洲人，在很大程度上是俄国人，对中国实施了诸多暴行，无论是在当时还是现在，中国人民的性格倾向特点都引起我特别强烈的兴趣。

虽然遭受到欧洲民族这样多非道德的、极端自私的和贪得无厌的暴行,而直到现今,中国人民都是胸怀宽容,理智而平静,宁愿忍耐也不愿与暴力来斗争,进而来回答加之于他们头上的一切暴行。在此我所指的是中国人民,而非中国政府。伟大而强健的中国人民所表现出的这种平静和忍耐,只是引发了欧洲人越来越多傲慢无礼的侵略行为。粗鄙自私和只过着兽性生活的人总是这样,与中国频繁接触的欧洲民族也正是如此。中国人民过去和现在仍经历着的磨难是巨大而沉重的。但正是在现在,重要的是中国人民不能失去忍耐,也不要改变对暴力的态度,否则,忍耐暴力、不以恶报恶所应取得的巨大成果定会丧失殆尽。

基督教的教义说:"惟有忍耐到底的,必然得救。"[①]虽然人们难以接受,但是我认为这是毋庸置疑的真理。要克制自己不以恶报恶,同时也不参与邪恶之事,这不但是自我得救,而且也是战胜恶者最为妥善的手段。

中国人在把旅顺割让给俄国人之后,便看到了这教义的正确性得到显著地证明。极力用武力从俄国和日本那里夺回旅顺,无法给俄国和日本带来极为有害的后果。而把旅顺割让给俄国对于俄国和日本而言,却给他们带来了物质层面上和道德层面上的恶。割据了中国威海卫和胶州湾的英国和德国也必定将会如此。

一些强盗的得逞引起了其他的强盗的垂涎,捕获的猎物引发了纠纷,这将导致强盗自身的毁灭。狗是这样,堕落到动物水准的人也会是这样。

---

① 《圣经·新约·马太福音》第十章第二十二节,以及《马可福音》第十三章第十三节都录有此句。

二

正因为如此，我现在心怀恐惧和忧虑，听到并从您的书中看到中国表现出的奋争精神、用武力抗击欧洲民族施加的暴行的愿望。如果情况果真如此，如果中国人民的确失去了忍耐，并且按照欧洲人的方式武装自我，企盼用武力驱除一切欧洲强盗的话（中国人民以自己的智慧、坚忍、勤劳，而主要是众多的人口，可轻而易举地做到这一点），那么结局就可怕了。这不是西欧最粗野和愚昧的代表人物——德国皇帝所理解的那种意义上的可怕，这种可怕是指：中国将不再会是真正意义上、切合实际的民族智慧的重要基础。这种智慧蕴含在和平的农耕生活之中，这种生活对于一切有理智的人都是再自然不过的了，离弃了这种生活的民族迟早都一定会重新来过。

三

我认为，在我们的时代，人类的生活中正发生着伟大的转变，在此转变过程之中，中国作为东方民族中的领头羊必须要发挥巨大的作用。

中国、波斯、土耳其、印度、俄国，或许还应包括日本（如果她还没有完全落入欧洲文明的腐化堕落的罗网之中的话）等东方民族的使命是给各民族指明那条通往自由的真正道路。正如您在您的书中所提到的，在汉语中能用来说明这一点的除了“道”之外便没有别的词了，即符合人类生活永恒基本规律的活动。

根据基督教的教义，自由也是经由相同的方式来实现的。基督说：“你们必晓得真理，真理必叫你们得以自由。”①西方民族几乎不可挽回地失去了的这种自由，也正是东方的民族被召唤来实现的那种自由。

---

① 《圣经·新约·约翰福音》第八章第三十二节。

我的想法是这样的:

这种情形从最远古的时代起就已经发生了,从热爱和平和辛勤劳作的人们中间分化出了野蛮残暴的一群人,他们崇尚暴力鄙视劳动。这些未经开化的游手好闲之徒侵犯并迫使热爱和平的人为他们劳作。无论是在西方还是东方,这种情形发生在一切过着国家生活的民族之中,如此这般地持续了几个世纪,现在仍在继续着。然而在古代,当征服者占领了人口稠密的广大区域时,他们无法对被征服者造成太多的伤害,因为统治者少,而被统治者多(尤其是在通讯条件非常原始的情况下),因此在广大的区域中,只有少部分人遭受到统治者的暴行,而大部分人还是可以过上和平的生活,不会同压迫者有直接接触。所以在全世界范围内都曾如此,直到最近,在东方的国家之中,尤其是在幅员广袤的中国,情况依然如此。

但是,这种情况在过去停止、在当下也不能继续下去的原因有二。首先,施暴者的政权就其本质而言越来越腐化不堪;其次,被统治者获得的教育越来越多,也能越来越清楚地看到屈从于政权的危害。这两个原因的作用日益加强,这是由于通讯条件不断得到技术层面上的改善:道路、邮政、电报、电话等纷纷出现,统治者凭借它们可以把自己的影响施展到那些原本受通讯条件所限而无法触及的地方去。也正是出于同样的原因,被统治者彼此间的联系比以往更加密切,也能越来越清楚地认识到自己的不利地位。

随着时间的推移,这些不利变得如此不堪承受,以至于被统治者感到无论如何也都必须要改变自己与政权的关系。

西方民族早就察觉到了这种改变的必要性,也很早就用西方民族共同的方式改变了自己对待政权的态度,即通过用议员代表来限制权力,实质上,这是对权力的一种分散,把权力从一个人或几个人手中移交给更多的人来共同掌控。

目前,我认为东方民族和中国人民认识专政政权种种危害的时机已来临,并且他们也应寻求从中解放自己的手段,因为目前的生活条件已经变得难以承受。

四

我知道，中国有一种学说认为，君王，即“博格德汗”[①]，应该是最具聪慧贤德之人，如果不是这样的话，那么臣民们可以而且也应该不再听命于他。但是我认为，这种学说的目的只是为政权的合理性来辩护，因而与欧洲民众间流行的使徒保罗所谓君权神授的学说是同样站不住脚的。中国人民无法知道他们的皇帝是否聪慧贤明、道德高尚。同样，信奉基督教的各国人民也无法知道，到底是不是上帝赋予了这位君主权力，而非另一位与之作战的反对者。

当各民族大都感觉不到政权危害性的时候，这些对政权的辩护或可站得住脚，但是就目前来看，独断专权或者是极少数统治大多数的所有弊端以及不公已被广为人知，那么这些辩护就不再行之有效了，因此各民族都要以这样或那样的方式来改变自己对待政权的态度。西方民族早已经做出了这种改变，现在是东方民族做出改变的时候了。我认为，俄国、波斯、土耳其和中国都正是在目前这种相同的情况下才真正认识了自我。所有这些民族都到了忍无可忍之时，他们无法继续维持以前与统治者的那种关系了。俄国作家赫尔岑曾正确地指出[②]，一个发着电报、操纵着电机的成吉思汗是无法想象的。如果东方现在还有成吉思汗或者类似他的人，那么很显然，他们的末日已经到了，他们是旧时代的最后一批人。他们无法继续存在下去，既是因为电报和一切所谓文明的出现，会使他们的政权显得过

---

① 原文为“The Bogdikhan”，是当时蒙古人对满清皇帝的称呼，常为俄国人借用。

② 指的是赫尔岑《致沙皇亚历山大二世的信》。赫尔岑（Aleksandr Ivanovich Herzen，1812—1870）是俄国哲学家、作家、革命家，被称为“俄国社会主义之父”。

于残暴,也是因为在这文明之中,各民族就能特别强烈地感受并意识到,有没有这些成吉思汗对他们说来并不像是以前那样无关紧要了,相反,他们遭受的灾难几乎全部来自于这种政权,他们只是出于习惯才甘于俯首,其实对他们自身毫无益处可言。

这也正是俄国目前的情形。我认为,土耳其、波斯和中国也是同样如此的。

对于中国而言尤为如此,中国各族人民热爱和平,但是军队涣散不整,因此欧洲人有可能寻找借口,以同中国政府的各种冲突不和为由,肆意掠夺中国大地却不受任何惩罚。

中国人民急需改变自己与政权的关系。

五

现在,我从您的书中和别的消息渠道中得知,中国有一群草率之徒,即所谓的改良派,他们认为做出改变就应当是重复去走西方各民族已走过的路径,也就是用代议制政府替换专制政府,模仿西方模式来组建军队和创办实业。

这一方案乍看起来似乎是最简单也是最自然的了,然而根据我对中国的了解,它不仅是肤浅草率、愚蠢透顶的,而且完全不符合聪明的中国人民的本性。按照西方模式创立那种宪法,组建那种军队,或许还要建立那种兵役制,创办那种工业,就意味着要摒弃中国人民过去和现在赖以生活的一切基础,要摒弃他们的过去,要摒弃理智和平的农耕生活,然而事实上对中国乃至全人类而言,这种生活方式蕴含着真正且惟一的“道”。

我们可以设想,中国人为自己建立起欧洲的制度之后,必将去驱赶欧洲人,也将会拥有像欧洲那样的宪法、强大的常备军队和工业。

日本已经做到了这一点,他们制定了宪法,扩展了陆军和海军规模,发展了工业,所有这些措施不可分割、彼此相连,其后果也已经很明显了。日本人民的境遇越来越接近于欧洲民族的境遇,而这种状况是令人难以负担的。

六

西欧各国表面上非常强大,现在也能够击败中国军队。但是,这些国家的人民的生活状况不但不能同中国人民的生活相比,而且是最多灾多难的。在这些国家里无时无刻不存在着斗争与冲突,一贫如洗、满腔怨恨的工人群众与政府和富人进行着斗争,那些因受到欺骗而组成军队的士兵只能通过武力去镇压弱势群体。在贪得无厌、穷兵黩武的国家之间也悄悄地进行着这种斗争,并随时有可能酿成巨大灾难。

不管这种状况有多么的可怕,西方民族的灾难的实质也并不在此。他们不能用自己的粮食来养活自己,他们的整个生活完全建立在攫取别国的生活资料基础之上,他们需要用暴力和狡诈的手段去侵犯还过着合理农耕生活的中国、印度、俄国和其他国家,这才是西方民族主要和基本的灾难所在。

改良派人士建议你们效仿的就是这些寄生性民族以及他们的行径!

宪法、保护性关税、常备军队,所有这一切把西方民族变成了现在的样子:他们抛弃了农业,并且与之疏远,他们占据着城市,在工厂里生产出的产品大部分并非生活必需品,他们和军队对于形形色色的暴行和掠夺已经司空见惯。他们的状况乍看起来无论是怎样的光辉耀眼,其实都是没有出路的。只要他们不改变目前以欺骗、腐化和掠夺农业民族为基础的整体生活模式,他们就会必然灭亡。

由于害怕西方民族的蛮横和武力而去效仿他们,这等于一个明智、纯真、勤劳的人去模仿一个挥霍无度、傲慢无礼并且失去劳作习惯的恶棍一样,也好似是为了有效地对付一个道德败坏的恶人而使自己也变成同样没有道德的恶人一样。

中国不应该效仿西方民族,而是应该以他们为鉴,免得陷入同样的绝境。

西方民族正在做的一切可以并且应该为东方民族提供一个例子,但不是可被效仿的一个范例,而是无论如何应该避免的一个反例。

七

走西方民族的道路就意味着走上了必然毁灭的道路。但是,在俄国的俄国人、在波斯的波斯人、在土耳其的土耳其人和在中国的中国人若要原地踏步也是不可取的。对于你们中国人而言,这样尤不可行,因为你们爱好和平,自己国家没有军队,而又被无法独立生活的军事强国所包围,这将不可避免地会遭受掠夺和侵占,因为那些强国要维持自己的生存的话就一定会这样做的。

那么该采取什么措施呢?

至于我们俄国人,可以毫无疑问地说,我知道我们俄国人不应当做什么以及我们应当做什么来摆脱目前正在蹂躏我们的这种邪恶,以免陷入更糟糕的状况中去。首先,我们俄国人不应当服从现在的政权,但是也不应当去支持我国一些不明智人士,以及贵国的改良派人士所尝试的那些做法。我们不应当效仿西方,不应当通过制定宪法来用另一种政体,无论是君主政体还是共和国政体,来替代目前的这种政体。我们一定不能这样做,因为这种做法将很可能会使我们陷入西方民族所处的灾难境地之中。我们必须且可以做的只有一件事,并且简单至极:过一种和平的、农耕的生活,忍受可能施加于我们的暴力,不以武力对抗暴力,也不参与暴力。在我看来,你们中国人有更多的理由而且必须要做的也正是这件事,这不仅是为了使你们的土地免遭欧洲民族的侵占和掠夺,而且也是为了摆脱你们的政府的不合理要求,这种要求使你们的行为违背道德和良心。

惟一要坚持的自由存在于遵循合理的生活方式之中,这也正是"道"的体现,这样你们的官吏们强令你们所做的一切就会自行取消,欧洲人的压迫和掠夺也就不可能实行了。不去执行官吏们的命令，关键是不服从他们，这样也就不去协助互相奴役和掠夺的行径，你们因此就会从官吏们的淫威下得以解放。遵循“道”，不承认自己隶属于任何一个国家或是有义务为政府效力，这样你们就会从欧洲人的掠夺下得以解放。

欧洲民族施加于中国人民的种种侵略和掠夺之所以发生，都只因为存在着一个中国政府，而你们视自己为其臣民。如果中国政府不存在了，其他民族就不会在国际关系的幌子下找借口去施加那些残暴行为。而且如果你们拒绝服从中国政府，那么外国针对你们的暴力行径也就因此不会得到鼓励。如果你们无论于私于公都不为政府效力，那么你们正在遭受的种种灾难也将不复存在。

八

不能为了消除邪恶而去反对邪恶的后果：诸如政府滥用权力、毗邻民族之间的侵犯与掠夺等，而是应当去和邪恶的根源作斗争，去解决人民与权威之间的关系问题。只要人民认为人的权力高于上帝的权力，高于律法（“道”），那么人民就会永远是奴隶。而越是这样，他们所建立并服从的政权体制（如立宪体制）就越是复杂。只有认定上帝的律法（“道”）是惟一高于其他律法的人民才可能是自由的。

九

个人和社会永远处在从一种时段向另一种时段过渡的状态中，但是常常也会有这样的时期，个人和社会都能特别明显地并且清楚地意识到这些过渡。就像是一个人会突然感觉到他不能再继续过童年的生活一样，各民族的生活中同样也会有这样的时期，社会不能按照以前的生活方式继续下去，人们感到有必要改变自己的习惯、制度和活动。在我看来，无论是在东方还是西方，所有民族现在正经历的正是这种从童年到成年的过渡时期。这种过渡蕴含在一种需求之中:我们要从无法容忍的政权下解放出来;我们要将生活建立在生命的根基上而不是政权上。

我认为,这一事业在历史上注定要由东方的民族来成就。

就此事业而言,东方民族正处在特别有利的条件下,他们尚未抛弃农耕,尚未被军事化、宪政式和工业化的生活所腐化,尚未失去必须遵循上天或者上帝的最高律法的信念。他们目前正处在一个分叉口,欧洲民族早已从那里走上了错误的道路,因此使人从权力中解放出来变得异常困难①。东方民族既然看到了西方民族的一切灾难,自然会努力从权力所造的谬误中来解放自己,这当然不是通过用类似限制权力或是代议制这种虚假的、欺骗性的手段来完成,尽管西方民族曾努力借此来解放自我。东方民族应该采用更为激进和简单的方法来解决权力的问题。对于那些仍然相信必须遵循上天或上帝的最高律法,即"道"法的人们而言,这种方法尤为适用,即服从"道"法,因为这一律法排除了任何服从人的权力的可能。

只要中国人继续过以往的那种和平的、勤劳的、农耕的生活,遵循自己的三大宗教教义(儒教、道教、佛教三者的核心教义本一致,儒教要摆脱一切人的权力,道教强调己所不欲、勿施于人的观念,佛教重视对一切众生的博爱),他们现在所遭受的一切灾难便会自行消亡,任何力量也都不能战胜他们。

在我看来,现在不但是在中国面前,而且在一切东方民族面前都摆着一个问题,它不仅仅是要解放自我、不遭受本国政府和外国势力的压迫,而且也是要向所有民族指出,全世界都处在一种过渡的状态之中。

除了从人的政权下解放出来和服从上帝的权力以外,不会再有,也不可能再有别的出路。

---

① 托尔斯泰注:为什么会这样,我在题为《俄国革命的意义》一文中给予了详细的阐述。

译者按：1906年3月间，辜鸿铭（1856—1928）通过俄国时驻上海总领事寄给托尔斯泰两部他自己的英文著作，一部题为《尊王篇》（*Papers from a Viceroy's Yamen*, Shanghai: Mercury Ltd, 1901），另一部题为《当今，皇上们，请深思！论俄日战争道义上的原因》（*Et Nunc, Reges, Intelligite! The Moral Causes of the Russo-Japanese War*, Shanghai: Mercury Ltd, 1906）。托氏收到书后很快做出回应。他先请秘书切尔特科夫（Vladimir Grigorievitch Tchertkoff, 1854—1936）代致答谢信，随后把他在国外出版的违禁作品回赠给辜氏。当年9月13日，托尔斯泰又亲自书写了复信，题为《致一位中国绅士的信函》。该信全文在英语世界中最早发表在《政治、文学、科学和艺术周六评论》杂志上，英文译者正是托氏的私人秘书切尔特科夫。英译者在注释中提到："托氏在写这封信之时，刚好创作完成了一篇题为《俄国革命的意义》的长文，而这封信的内容可以看作是对这篇长文最好的总结。"[①]在1907年，托氏出版了英文论文集《俄国革命》，其中的第四章同样完整收录了这通英译书信，值得一提的是，该书第一章正是《俄国革命的意义》这篇长文[②]。此信先后还曾发表在德国《新自由报》（Neue Freie Presse）、法国《欧罗巴邮报》（Le Courrier Européen）、日本《大阪每日新闻》报、上海《世界周刊》英文报等媒介上，在欧、亚两大洲产生了广泛的影响，在中俄文化交流史上具有重要价值。该信又曾以俄语单行本的形式出版，并收入《托尔斯泰全集百年纪念

---

① 详见 Leo Tolstoy, "Letter to a Chinese Gentleman", *The Saturday Review of Politics, Literature, Science and Art*, No. 2666 Vol. 102., December 1, 1906, 670 - 672。

② 详见 Leo Tolstoy, *The Russian Revolution* (London: The Free Age Press, 1907), 78 - 88。

版》第36卷中。详见李明滨《辜鸿铭与托尔斯泰》,载《中华读书报》1998年5月20日。1908年9月9日(俄历8月28日)正值托氏80华诞,包括辜氏在内的一些中外人士在上海集会庆祝,受"亚洲太平洋协会"委托,辜鸿铭亲自起草将献于托氏的祝寿文①,以中、英、法三种文字写成。笔者在致信托尔斯泰故居庄园博物馆"亚斯纳亚-博利尔纳(Yasnaya Polyana)"手稿部主任塔雅娜·尼基夫洛娃(Tatyana Georgievna Nikiforova)女士后得知,祝寿文连同辜氏的"亲笔签名"在当时的确寄送给了托氏,现仍由博物馆保存。1908年10月25日,辜在上海又寄给托氏两部译作《中庸》(*The Universal Order*)和《大学》(*The Great Learning of Higher Education*)(《大学》在当时并未正式出

---

① 《给托尔斯泰的祝寿文》全文内容如下:"今日我同人会集,恭祝笃斯堆八秩寿辰。窃维先生当代文章泰斗,以一片丹忱维持世道人心,欲使天下同归于正道,钦佩曷深。盖自伪学乱真、刍狗天下,致使天下之人汩没本真,无以率性以见道。惟先生学有心得,直溯真源,祛痼习而正人心,非所谓'人能弘道,非道弘人'者欤? 至若泰西各国宗教,递相传衍,愈失其真,非特无以为教,且足以阻遏人心向善之机。今欲使天下返本归真,复其原性,必先开民智,以祛其旧染之痼习,庶几伪学去,真学存,天下同登仁寿之域焉。今天下所崇高者,势力耳,不知道之所在,不分贵贱,无有强弱,莫不以德性学术为归汇。今者与会同人,国非一国,顾皆沿太平洋岸而居,顾名思义,本期永保太平。孰知今日各国,专以势力相倾,竞争无已,匪特戕贼民生,其竟也,必至互相残杀,民无噍类。故欲救今日之乱,舍先生之学之道,其谁与归? 今之所谓宗教,如耶、如儒、如释、如道,靡不有真理存乎其中,惟是瑕瑜互见,不免大醇小疵;各国讲学同人,如能采其精英,去其芜杂,同一天下之宗教,然后会极归极,天下一家。此真千载一时之会也。同人不敏,有厚望焉。是为祝。"详见杜英穆《崇古好辩的辜鸿铭》,载《别传丛书第五种·学术名家别传》,台北:名望出版社,1988年,第129—130页。

版)[①]。托氏在1908年10月26日的日记中写到,辜氏的译作"引发思考"[②]。2014年9月23日至12月22日间,在北京国家博物馆举办的"列夫·托尔斯泰与他的时代"的大型主题展览上,曾展出过这通2页(18.3厘米×22.4厘米)篇幅的手稿信札。

据黄兴涛、杨天石和杨建民的研究表明,中文世界里最早译介此信的是著名学者刘师培(1884—1919)。该信于1907年初在日本发表时,引起了中国革命党人的注意,宋教仁(1882—1913)和张继(1882—1947)皆有意将其转译成中文,并发表在同盟会机关刊物《民报》上,然而未能成行。最终刘师培于同年首先在创刊于日本的《天义报》上发表了节译,其按语称:"此书之意,在于使中国人民不复仿行西法,其言最为沉切。至其要归,则在中国实行无政府。"信件全文又于1908年3月15日发表在《天义报》第16—19期合刊上,译文前亦有按语:"俄托尔斯德《致中国人书》,其大旨在于使中国人民实行消极无政府主义,不可效泰西代议政体,较之巴枯宁之昌破坏,苦鲁巴金之言共产,虽有殊异,然其重农数端,则固中国人民所当遵守者也。"[③]在此之后的1911年,《东方杂志》也刊登出该信的节译,其译本文辞古雅,且文中还刊载了托尔斯泰亲笔签名照片一幅,故有学者推

---

① 详见Leo N. Tolstoy (1828—1910), *Complete Collection of Works*, ed. Vladimir Grigoryevich Chertkov(1854-1936), vol.56 (Moscow-Leningrad: Gosizdat, 1928—1958), 408, 513—4 n397。

② 详见Derk Bodde, *Tolstoy and China* (Princeton: Princeton University Press, 1950), 50-58。

③ 详见黄兴涛《辜鸿铭文集下册》,海口:海南出版社,1996年,第603页;杨天石《托尔斯泰〈致一个中国人的信〉》,载《横生斜长集》,天津:百花文艺出版社,1998年,第26—28页;杨建民《张庆桐·托尔斯泰·辜鸿铭》,载《中华读书报》2012年5月23日。

断,译者或许正是辜鸿铭本人。然而译文前的“译者志”中,有“兹觅得其与中国某君一书,译录之以觇其概略,玩其语意,当为十年以前之文字也”的说明,可见译者对信件书写时间并不清楚,因此这种推断是没有道理的[①]。或许现今流传较广的是味荔的版本,然而此译文只是转译上海英文报纸《世界周刊》第13期刊载的节选内容[②]。本译文由英语世界中最早发表在《政治、文学、科学和艺术周六评论》上的信件全文转译而成。

① 详见佚名(译)《俄国大文豪托尔斯泰伯爵与中国某君书》,载《东方杂志》第8卷第1号,1911年,第11—13页。

② 详见味荔(译)《托尔斯泰的两封信·给辜鸿铭》,载《东方杂志》第25卷第19号,1928年,第85—87页。

附录三：

雅各宾主义的中国：一个中国官员致一位德国牧师函[①]

尊敬的牧师先生：

大约五年以前，在下给《字林西报》以"一个穿长衫的中国人"的名义写过一篇文章，在该文中我表示："就我所见，目前中国维新运动中出现的狂热思潮，注定将要导致一场灾难发生。"现在，我的预言不幸应验，灾难来临了。共和主义革命以袁世凯将军成为中华民国的大总统而告一段落。未识事情真相的人们都称对此感到意外，在下却不以为然。如果您读到辜鸿铭先生撰写的题为《中国牛津运动故事》一书，您会发现，他将中国人分成三个等级——第一等：满洲贵族；第二等：中产阶级儒士；第三等：普罗大众或曰群氓。

也许您有必要了解一下，中国过去二百五十年的历史开始于满人当权，在太平天国暴乱后，中产阶级儒士的势力崛起。中日甲午战争后，满人重新掌权。世纪之交，义和团运动爆发，进而导致"庚子事变"发生。尘埃落定后，中国进入"三头执政"的权力真空期。而在眼下这场"新学"拳民暴乱之后，我们就不得不面临庸众掌权的惨淡局面了。

正如我说过，五年以前我所预言的巨大灾难，现在来临了。然而，真正的灾难，请让我在此指出，它还不仅仅是导致全国流血漂橹、

---

① 转录自黄兴涛编《辜鸿铭文集》，海口：海南出版社，1996 年，第 284—293 页。

十室九空的暴行,真正的灾难是这场革命竟然以袁世凯成为共和国总统而告终!

目前这场革命,始于四川那场暴动,即保路运动。就这场暴动本身的性质而言,我们可以认为它是合理的。此前,帝国政府公然允许外国人处理中国的铁路问题,就好像中国人自己倒成了局外人似的。为了反抗这样无耻的妥协,一场以人民群众为运动主力的革命爆发了,这也是这场运动应该被历史记住的原因。总之,目前这场革命暴动的最初起因不应该被忘掉,它是列强对中国内部事务的粗暴干涉。然而,当上海和其他地方的群氓利用人们对帝国政府的不满情绪,并最终将其转化为一场全国范围的革命时,灾难降临了。当像伍廷芳博士那样的人都敢拍电报给皇帝陛下,勒令其逊位时,那实在是一场真正的灾难!马修·阿诺德谈起群氓时说:"至于群氓,不管他是一个粗暴的野蛮人,还是一个庸俗的市侩,如果他能记得——每当我们带着愚昧的激动情绪而坚持一个过激主张的时候,每当我们渴望以纯暴力制服对手的时候,每当我们嫉妒他人、表现得蛮横残暴的时候,每当我们只崇拜强权或成功,叫嚣着反对某些不受欢迎的显贵以壮声威的时候,每当我们残忍地践踏战死者的时候,我们对那些受难者均不会有丝毫的同情之心——那么,意识到这一点的他就发现了自己深藏于内心的那永恒的'群氓精神'。"现在,伍廷芳博士正在参与到那场反对不受欢迎的满人的喧嚣中去,并为之造势。显然,眼前的一切都表明,伍博士身上就有阿诺德所说的那种"永恒的群氓精神",并已彻入骨髓。

真正的灾难,我说过,不是这场革命,而是这场革命以袁世凯当上共和国总统而告终,因为这意味着道德败坏的群氓已将整个中国踩在脚下。袁世凯,正如辜鸿铭先生在他的书中所说的,是中国群氓的化身,他在第一次维新运动时就悍然出卖了同党。现在,群氓的代言人掌权了,手握重兵的袁世凯,自然成为共和国总统"最为合适的人选"。但我认为,他的统治将不会长久。不过,在短时期之内,中国一切精妙、美好、尊贵、崇高、亲切、声誉好的东西，都将受到毁灭的威胁。

几天前，你们德国领事馆有位先生对我说，他一直感到很奇怪，何以我们汉人竟然会那么长久地屈从于满人的暴政之下？他问我，满洲人到底为中国做过些什么？我没有直接回答他，而是问他是否见过康熙年间的瓷器，如果他见过，我认真地告诉他，他就应该知道满洲人到底为我们做过什么了——他们给了我们汉人一颗美好的心灵，以使我们能生产出那么精美的瓷器，当然，还有其他美丽而精巧的东西。简而言之，近250年来，中国在满人统治下变成了一个美丽的国家，一个真正如花一样的国度。而当太平天国叛乱平息之后，以儒士为主的中产阶级开始在中国掌权，这个国家的高层职位也逐渐被庸俗的市侩占据了。

辜鸿铭先生在他的书中引述过一个身上带有贵族气质的英国人所描绘的一幅关于广州城和部分裸露无掩的广东百姓的图景，那是李鸿章掌权之下的中国的图景——一个粗俗、丑陋的中国。顺便说一句，正是为了反对这种粗俗丑恶的中国，中国那些保持着传统精神的士大夫们才奋起抗争，发起了中国的"牛津运动"。

如果说李鸿章统治下的中国变得粗俗丑陋——那么现在，在袁世凯统治之下，包括孙逸仙（即孙中山）和美国人荷马李（Homer Lee）的群氓们大权在握，不受限制的时候，我们中国又将变成什么样子呢？我忽然想到这一点。歌德说："压抑我们的是什么？——庸俗。"庸俗，中国所有的那些低级、庸陋、粗俗、卑鄙和可耻的东西，现在都得到了充分的机会和充分的"自由"，可以发展自己了。简而言之，庸俗将成为新中国的理想。更为糟糕的是，我们将不仅拥有中国自身的庸俗，还将拥有来自欧美的庸俗。

歌德死前曾大声警告人们，必须防治"盎格鲁-撒克逊传染病"。去年的大年初二，我去上海最为贵族化的茶园小坐，看到了"新中国"——一伙剪了辫子的中国人，谈吐粗俗，举止嚣张，骚动狂乱，吵吵嚷嚷,其厚颜无耻实在无法形容。当我看到这一切的时候,我第一次充分地领悟到歌德那一警告的意义。现在上海的外国人,他们为袁世凯统治下的"年轻中国"通过剪辫而最终"融入"了欧洲文明这一事实而兴奋不已。这些上当的人们完全没有意识到,"年轻中国"所"融入"的完全不是什么欧洲文明,只不过是上海的欧洲文明——歌德称之为"盎格鲁-撒克逊传染病",即一种欧洲文明肌体内正在滋长的疾病而已。想一想,一旦四万万中国人都染上这种盎格鲁-撒克逊流行病,"融入"这种上海的欧洲文明,都变成像我在新年的茶园所见到的那些剪了辫子的中国人那样庸俗透顶、卑鄙至极和骚动不安的人,那将给世界文明带来一种什么样的后果。而且,请记住,这些新式的鄙俗和满身骚乱精神的中国人已经学会了使用炸弹。人们谈论着袁世凯统治下的新中国,依我看,这才是真正意义上的"黄祸"。"Vo1ker Europa's, bewahreteureheiligsten Gefiter!"(欧洲人,保住你们最神圣的天良!)

现在,在上海,当我与欧洲人,甚至那些有教养的欧洲人谈起上述这些观点时,他们都称我为"理想主义者"。但这些现实主义者们忘记了一件事,在我看来,当今的时事评论家和政客们完全忘记了一个极为简单的真理,那就是,正如一个法国作家所说的那样:"一切文明和统治赖以存在的最终基础,在于民众的一般道德和他们在公共事务中能在何种程度上正直行事。"

中国的旧式政体,让我在此指出,尽管有种种缺陷,它仍然在民众之中维持了一般的道德水准。这一点,从欧洲传教士及其信徒——包括欧美诸国男人、妇女和孩子——能穿过幅员辽阔的帝国游历而不出大的危险这一事实,便能得到证明。至于人们在公共事务中能否正直行事,我们也能从这样一个事实中得到证实:旧式政体下的中华帝国政府尽管财政极端困乏,仍然能够定期支付庚子赔款。

而现在在袁世凯及其共和国统治之下,一切都将不成为可能了。之所以如此,有两个原因。其一,在欧洲,国家和教会是两个分离的机构,而在中国则合二为一。在欧洲,教会负责维持人民的道德,国家则主要负责维持秩序。而在中国,国家既要负责维持人民的道德,又要负责维持秩序,二者兼管。

欧洲的教会得以促进人民道德的权威本源,是上帝;而在中国,国家得以促进人民道德的权威本源,是皇帝。因此,在欧洲,如果你破坏和取消了对上帝存在的信仰,维持民众的道德即便不是不可能,也将是困难的。同样,在中国,如果你攻击皇帝,取消了人民对皇帝的尊崇,你就等于破坏了中国人民的道德赖以存在的整个结构——事实上,你破坏了中国的宗教——它不是超越尘世的神教,而是一种人间宗教,一种以中华帝国大清王朝为天堂,以皇帝为上帝——或曰上帝之代理人的宗教。一旦破坏了这种宗教,你在中国要保持民众的道德,哪怕是一般水平的道德,也是不可能的。正是由于这个原因,我认为在中国对皇帝的忠诚是一种宗教,可以说,它是儒家国教(State religion)的基石,应与欧洲的教会宗教(Church religion)区别开来。正如在欧洲,殉道者因为信仰基督——上帝之子而万死不辞一样,在中国,殉道者则宁愿身受万死,也不放弃对于君主——天子或天使的忠诚。这一点从中国历史上可以得到证明。正是因为这个原因,我认为在袁世凯及其共和国的统治之下,民众连一般的道德水准也不可能维持了。

然而人们会说,在中国,我们发生过许多次以改朝换代告终的革命,中国人都并没有因此沦丧道德。但是,在中国,每一次导致了改朝换代的革命,始终都存在两个条件。其一,革命为人民(people)发动,而不像现在这场革命那样为群氓发动。孟子说:"得乎丘民为天子,得乎天子为诸侯,得乎诸侯为大夫。"显而易见,在目前的这场骚乱中,普通国民(丘民)始终没有参加革命,而且公开反对革命。另一个条件是,那个成功地变作最高统治者的人,必须具备能激发憧憬并赢得全民族尊敬的卓越的道德品质。而袁世凯的所作所为,表明他连一般的道德品质、一般的廉耻和责任感都不具备,甚至连小偷和赌徒也不如。袁世凯奉命出山保卫大清,可他出山后,不是像一个有廉耻心的人那样去尽职尽责,而先是恭顺地屈从于革命党,然后使出百般狡计,使其统率的士兵坠失忠君之心,并拥兵自立,逼迫皇帝退位,最后成为民国总统。在所有这一切过程当中,一个具有最起码常识的普通人,也无法将此种行为与廉耻和责任的最基本原则(即名分原则、忠义观念)调和起来。然而,最令人奇怪的还在于,袁世凯自始至终从没有进行过拒绝屈从的努力,哪怕是装模作样的努力也没有过。这样一种人,怎能博得他统治下的人民的尊崇呢——除非人民丧失了一切廉耻和责任感。

这,就是我认为在袁世凯及其共和国统治下,中国民众即便连一般道德水平也保持不了的另一个原因。而失去了民众的一般道德,又怎能进行统治,遑论所谓"文明"了。

外国人欣赏袁世凯,认为他是一个挽救了中国目前局势而没有导致流血的大政治家。殊不知他不过仅为了一时的需要而规避了必要的少量流血,而将可怕的无政府混乱局面和更大的流血留到了未来。的确,如果我上述所言不差,那么袁世凯的所作所为将比人民流血还要坏上万倍——他不仅毁弃了中华民族的廉耻和责任感,而且毁弃了中华民族的政教和文明。大清王朝不仅是中国权威尊崇的象征和旗帜,而且是中国政教和中国文明目标的象征与旗帜。这面旗帜交托给了袁世凯,但他却像一个懦夫和卖国贼一样,以"挽救这面旗帜的布料"为借口,不得不将大清抛弃。然而,负责保护这面旗帜的官员的责任并不仅仅在于挽救这面旗帜的布料,不在于那些花费了许多金钱的物质,他的责任在于捍卫那为之战斗的目标——那无价的道德利益,而旗帜的布料只不过是其载体罢了。对于像袁世凯这般行事的官员,每个有廉耻感的人都会认为他是一个懦夫和叛徒。

我的许多外国朋友笑话我,认为我对满人朝廷愚忠,但我的忠诚不仅是对我世代受恩于她的王朝的忠诚,在这种情况下也是对中国政教的忠诚,对中国文明目标的忠诚。辜鸿铭先生在他的《中国牛津运动故事》中试图告诉人们的，就是我们为了这一目标——中国文明、中国政教那种名誉和责任宗教的目标，来反对现代欧洲文明，反对那种利欲宗教。为了实现这一目标，中国人正在做孤注一掷的奋斗。这个故事的寓意，现在能见到的真理，包含在这样一句话中："你不能既侍奉上帝，又供奉财神。"张之洞大人告诉我们并教导文人学士们说：我们能够而且应该调和。现在这种局面，就是我们调和的结果。辜鸿铭先生在此书中写道："纽曼博士和张之洞大人所采用的调和办法，在道德上和宗教上导致了耶稣会教义的产生，在政治上则导致了那个被称为'马基雅维利主义'的东西；——在中国，张之洞向儒生和统治阶层所传授的这种马基雅维利主义，当被那些品德不如他高尚、心地不如他纯洁的人所采纳，诸如被袁世凯这种天生的卑鄙无耻之徒所采纳的时候，它对中国所产生的危害，甚至比李鸿章的庸俗和腐败所产生的危害还要大。"

正是张之洞大人所传授的这种耶稣会教义的作用，使得整个中国的儒生们在革命者和袁世凯面前，其忠诚与抵抗能力瞬间土崩瓦解，令人费解。

事实上，正是这种耶稣会教义，使得中国的儒生们在袁世凯屈从于群氓、逼迫皇帝宣布退位并成为民国总统后，当袁世凯欺骗他们说他仍然忠于皇上时，儒生们竟然信以为真。最后，也正是这种耶稣会教义的阴险狡诈精神——即那种只要目的正当，可以不择手段的精神——甚至使得那些有教养的外国人，对这样一个明显的事实，即袁世凯的所作所为连盗贼也不如的事实视而不见。

爱默生在《英国人的性格》一书中谈到英国人实事求是，憎恶两面讨好、见风使舵、见机行事的机会主义者时说道："牛津那些激进的暴民追随在托利党人埃尔登(Eldon)勋爵之后，大声叫喊着：'老埃尔登在，为他喝彩：他从不叛卖！'"接着，他又提到英国人给予路易·拿破仑的荣誉并对此加以注解，说道："我相信，当伦敦的贵族和平民在这个成功的小偷面前，像一个那不勒斯下等人那样卑躬屈膝的时候,我有幸结识的英国人当中,没有一个人会以此为然。然而,尽管这种行为令人作呕,作为国家,怎样才能采取一系列必要而有效的措施来加以抵制呢?政府总是太晚才知道,任用不诚实的代理人,对于国家就如同对于个人一样有害。”

如果像我所说,中国革命以袁世凯当上民国总统而告终是一场巨大的灾难,那么,我以为,若是外国列强找不到抵制袁世凯及其民国的办法,迈出承认它的令人作呕的一步,那将是一场更大的灾难,它不仅危害中国,而且危及全世界。有一个故事,讲一个西班牙贵族,当他受命接纳一个身居高位的臭名昭著的卖国贼时,说道:“我完全服从命令,然后便焚毁自己的家园。”如果外国列强承认袁世凯,那么,中国人就将同那个西班牙人一样,暂时接纳他,但随后必定焚毁自己的家园,在焚毁自己家园的同时,也会将大火引向全世界。

最后,让我再一次强调中国共和主义意味着无神论的事实。当罗伯斯庇尔在法国大革命期间公开宣布无神论,并制定理性女神(Goddess of Reason)的法令时,所有的欧洲人都渴望见到自由、平等和博爱的黄金时代的到来。然而,在不到六个月的时间里,随之而来的不是黄金时代,而是动摇整个欧洲王权的“恐怖统治”。现在在中国,袁世凯的喉舌不仅无耻地宣称共和政体是最好的统治形式,而且实际上宣称共和国对于中国人民来说,就等于是无神论的代词。所有欧美人都希望看到一个改良、进步和繁荣的新中国,但在我看来,袁世凯及其共和国在中国存在的直接后果,甚至于比法国的“恐怖统治”还要可怕——它必将迫使欧美诸国非常严肃地反省他们对待中国及其文明的方式。

汤生

附录四：

《字林西报》主笔格林致骆任廷函[1]

1911 年 11 月 1 日

上海《字林西报》暨《北华捷报》

亲爱的骆任廷先生：

三周前，我和报社的业务经理讨论了您上封来信的内容，结果令人欣喜不已，以至于未能及时给您回信。

但我也得遗憾地告诉您，他在谈话中表示，这些作品若以书的形式再版的话，希望不是很大。以往的经验表明，能在远东地区让作者和出版商都从中受益的此类作品微乎其微，因为著作需要能够吸引到更为广泛的读者群体。这些文章当然可以先在《字林西报》上刊登，然后，您也完全可以在英国的其他报刊重新发表。然而，现在还不是发表的最佳时机，就算在革命事件平息之后，也定会有各种各样随之而来的事件发生，这势必将占去报纸的大量版面，而您的译文在篇幅上也一定很长。不过您能否先将文章打印出来然后寄给我？由于文章的内容听起来十分有趣，我也乐于拜读大作。

然而，我还是想提一点建议。对于辜鸿铭本人著作权的问题，我们该如何解决呢？在对他本人的意愿尚未十分了解之前就将译文发表，这是否可行呢？而且您也知道，虽然他与《字林西报》的关系非常不错，可是他的脾气极为火爆。因此，只要他的脚一踏进我的办公

---

① 此通信函藏于苏格兰国家图书馆骆任廷资料档案中。

室,我会按照惯例马上将他推出去,因为他的长篇大论太令人难以招架了。若是在未获得他本人明确授权的情况下就发表这些译文,我想这一定会让他火冒三丈的。

总而言之,如果您能将译文打印出来,就请劳烦寄给我。鄙报社的稿酬标准也正如我先前告诉过您的那样,是每期专栏八到十美元。如果您决定在欧洲重新发表的话,我们的稿酬恐怕付不了这么高。不过,鄙社无论怎样都不会接收重发的稿件的。也劳烦您告知我辜鸿铭的意见。

您真诚的

格林[①]

---

① 全名为:欧文·莫蒂默·格林(Owen Mortimer Green),英国新闻记者和作家。1907年来华,任中国的主要英文报纸上海《字林西报》主笔,他同时也是《泰晤士报》的驻沪通信员。1931年辞职返英。著有《中国同独裁者的斗争》(1942)、《在华外国人》(1943)、《中国革命史话》(1945)等书。

《中国近现代稀见史料丛刊》已出书目

第一辑

莫友芝日记
汪荣宝日记
翁曾翰日记
邓华熙日记
贺葆真日记
徐兆玮杂著七种
白雨斋诗话
俞樾函札辑证
清民两代金石书画史
扶桑十旬记(外三种)

第二辑

翁斌孙日记
张佩纶日记
吴兔床日记
赵元成日记(外一种)
1934—1935中缅边界调查日记
十八国游历日记
潘德舆家书与日记
翁同爵家书系年考
张祥河奏折
爱日精庐文稿
沈信卿先生文集
联语粹编
近代珍稀集句诗文集

第三辑

孟宪彝日记
潘道根日记
蟫庐日记(外五种)
王癸避难日志　辛卯年日记
嘉业堂藏书日记抄
吴大澂书信四种
赵尊岳集
贺培新集
珠泉草庐师友录　珠泉草庐文录
校辑民权素诗话廿一种

第四辑

江瀚日记
英轺日记两种
胡嗣瑗日记
王振声日记
黄秉义日记
粟奉之日记
王承传日记
唐烜日记
王锺霖日记(外一种)
翁同龢家书
甲午战争汉诗选
达亭老人遗稿